MEMORIA DE LA VENEZUELA ENFERMA
2013-2014

Asdrúbal Aguiar
Miembro de la Real Academia Hispanoamericana
de Ciencias, Artes y Letras de España
Ex Ministro de Relaciones Interiores de Venezuela

MEMORIA DE LA VENEZUELA ENFERMA

2013-2014

Colección Estudios Políticos
N° 9

Editorial Jurídica Venezolana Internacional
Caracas, 2015

©   Asdrúbal Aguiar-Aranguren
Email: correoaustral@gmail.com
Depósito Legal: lf5402015340301
ISBN: 978-980-365-284-5

Editorial Jurídica Venezolana
Avda. Francisco Solano López, Torre Oasis, P.B., Local 4, Sabana Grande,
Apartado 17.598 – Caracas, 1015, Venezuela
Teléfono 762.25.53, 762.38.42. Fax. 763.5239
http://www.editorialjuridicavenezolana.com.ve
Email fejv@cantv.net

Printed by Ligthning Source, an Ingram Content Company
Distributed by: Editorial Jurídica Venezolana International Inc.
Panamá, República de Panamá.
Email: editorialjuridicainternational@gmail.com

Diagramación, composición y montaje:
Mirna Pinto de Naranjo,
Letra Times New Roman 10,5 Interlineado 11.
Mancha 18 x 11.5

"A menos que consideremos al pueblo de Venezuela como al personaje de la comedia de Molière quien después de viejo vino a caer en la cuenta de que hablaba en prosa, sí es posible que todavía no haya "realizado que el que tiene a la cabeza es un tirano".

José Rafael Pocaterra,
Memorias de un venezolano de la decadencia, 1937

"Teniendo en cuenta esta realidad resulta obvio que dormirse en los contubernios de poder, empeñarse en negar las necesidades, no enfrentar las contradicciones, acentuar los odios internos, no hace sino prolongar una agonía de mediocridades".

Cardenal Jorge Mario Bergoglio, S.J.,
Ponerse la patria al hombro, 2005

CONTENIDO

PRELIMINAR

MENSAJE A LOS MAYORES

Concluye el año 14 del presente siglo, llamado de la inteligencia artificial y la globalización, con dos noticias que son síntesis de una tragedia. Ella obliga a Venezuela y sus hijos, quiérase o no, a situarse en el plano de lo dramático, de las opciones posibles y agonales, para que su obra histórica inacabada y los débiles lazos de identidad que la atan desde el tiempo anterior a la Emancipación no queden como piezas de museo.

Antes que un mensaje de aliento y saludo de año nuevo, quien ocupa sin título –por ausencia indiscutible de legitimidad constitucional– el Palacio de Miraflores, Nicolás Maduro Moros, apenas dice que nada tiene que decirnos a los venezolanos salvo anunciar que entramos en rauda recesión económica.

El saldo, a la hora y antes del repique de las doce campanadas de la noche vieja, noche fúnebre en la que se cierra el año con "24.000 muertes violentas" y numerosos jóvenes encadenados desde la Navidad demandando libertad para los presos políticos, es revelador de la grave enfermedad colectiva que nos aqueja a los venezolanos.

Lo cierto es que perdimos la paz conquistada durante el siglo XX una vez como, en nombre de otra revolución más pero esta vez inéditamente ajena e importada, nos conquista el mal absoluto del odio ideológico y el narcotráfico.

Exacerbado como ha sido, además, el Mito de El Dorado que nos viene desde el tiempo precolombino, el único bien material que nos queda –el petróleo– después de haberse destruido todo género de industria y hasta los mismos fundamentos morales de la república –se devalúa y su industria es un arsenal de desechos–. En su defecto ahora le compramos el oro negro a los extranjeros para distribuirlo gratuitamente entre nuestros consumidores locales o mixturarlo con el que nos resta, para pagar la deuda sideral adquirida por el gobierno "bolivariano" desde 1999. No le bastó a éste la riqueza pública que ha dilapidado y hasta expropió el trabajo honesto de nuestras gentes.

Son estos los síntomas terminales de un dislate monumental hijo de la felonía, que se hace evidente desde cuando calla y deja de distraernos el traficante de ilusiones que ocupara la atención de todos, Hugo Chávez Frías, distrayendo nuestra irresponsabilidad colectiva e inmadurez ciudadana.

Luego sobreviene, inevitablemente, el paroxismo: "Chávez era el muro de contención de nuestras ideas locas", reconoce Diosdado Cabello, teniente del ejército y presidente de la Asamblea Nacional, uno de sus "tarazonas".

Cabe que repita, pues, a propósito y para curarnos del olvido que nos hemos común a los venezolanos, algunos breves párrafos de mi introducción al libro sobre *El golpe de enero en Venezuela*, editado el pasado año.

"Durante 14 años he escrito sobre el régimen político y "constitucional" que aquí se instala desde 1999. He dicho que se trata de una suerte atípica de "demo–autocracia" más allá de sus ribetes socialistas, bolivarianos, cubanos, o populistas, luego bautizada como Socialismo del siglo XXI.

"Tal categoría –obra de la anomia social y política corrientes en buena parte de América Latina y Europa– identifica al gobernante que personaliza el ejercicio del poder y lo ejerce de modo absoluto; cuyas decisiones no son atacadas, limitadas, o frenadas con eficacia por otras fuerzas dentro del mismo Estado o la sociedad, las que se le subordinan; y las hace valer sin más ante los ciudadanos y sus mismos colaboradores.

"La moderna separación de los poderes públicos y la sujeción de éstos a la ley, características de la república, las aprecia de formulismos estériles, hijas de su voluntad y amoldables bajo su voluntad; a cuyo efecto hace dogma y extiende la denominación constitucional que se le otorga al mismo gobernante como Jefe del Estado. Pero, he aquí lo novedoso, ejerce su autocracia una vez como la valida mediante el voto popular en elecciones de corte fundamentalmente plebiscitario, sin propósitos de alternabilidad.

"Se afianza así, entre nosotros, una modalidad posmoderna y atípica de dictadura personalista por los caminos de la democracia. Se usan y manipulan sus formas hasta vaciarlas de contenido. Democráticamente se le da partida de defunción a la democracia o acaso se la sostiene, nominalmente, perturbando y haciendo de su lenguaje una Torre de Babel. Sus valores y principios –que paradójicamente anudan con las libertades y los derechos humanos y con el Estado de Derecho– son reinterpretados a conveniencia por la Justicia constitucional sometida, para encubrir a la autocracia y minar las resistencias de la opinión pública democrática. Los textos legislativos y sus palabras acusan significados variables, según lo dicten las circunstancias y necesidades de este "modelo" que el ex presidente ecuatoriano, Osvaldo Hurtado Larrea, prefiere llamar "dictadura del siglo XXI"[1].

---

[1] Osvaldo Hurtado, *Dictaduras del siglo XXI: El caso ecuatoriano*, Paradiso Editores, Quito, 2012, passim.

"Lo que es más grave. No cuenta ya la ética de la democracia, a cuyo tenor los fines legítimos reclaman de medios legítimos y viceversa. Se impone, en apariencia, la llamada dictadura de las mayorías u oclocracia, situada por encima y más allá de la Constitución; pero a la sazón encarnan tales mayorías en el mismo autócrata, quien habla y decide por ellas y hasta por encima de ellas.

"Su falta de transparencia –que es de suyo la característica que la domina y se practica con cínica impudicia– no permite siquiera emparentar dicho fenómeno actual de la política con la tradicional experiencia, de neta estirpe bolivariana, del "gendarme necesario", que describe a cabalidad la sociología de Laureano Vallenilla Lanz, autor de Cesarismo democrático (1919).

Así las cosas, tal y como lo planteo en mi primera crónica de este año, es bueno y necesario, urgente, apelar hoy a la razón profunda y no ocasional que nos permita imaginar formas de vida decente para Venezuela, sin tener que dar manotazos al miasma nuestro. Y el reclamo al respecto va dirigido a los mayores, a las élites políticas, económicas o morales del país, a quienes cabe interpelar.

Al pueblo llano, fácilmente denostado desde las escribanías oficiales u opositoras, es injusto preguntarle ¿cómo aguanta? Lo cierto es que cada Juan Bimba acaso tiene tiempo para medrar en los gusanos o colas de la ignominia que, situadas a las puertas de cada abasto de alimentos o despensa de medicinas, esperan por un pan o una lata de leche que les alivie el crujido de los estómagos. No entiende el hombre y la mujer comunes que pasó o les pasó, luego de pasada la borrachera revolucionaria.

Y acerca de los jóvenes, sobre quienes a menudo tales escribanías y sus turiferarios también cargan sus tintas y verbos para conjurar las culpas propias, cabe decir que viven con intensidad y en buena hora sus horas del sacrificio auténtico, de ideales que intuyen en búsqueda de darles un sentido "con las manos puras y el corazón inocente", diría Romain Rolland en su Más allá de la contienda (Au-dessus de la mêlée, 1914).

¿Acaso no es llegada la hora agonal de esas élites ensimismadas, me pregunto, para que recompensen –como tribunos de oficio, como líderes o guías– la brega por la cotidianidad del pueblo o el heroísmo de nuestros imberbes estudiantes?

La inflación electoral ha sido mucha durante 15 años de guerra disimulada, que se inicia con el zarpazo de la Constituyente en 1999. No nos dio más democracia, nos la quitó a fuerza de elecciones porque dejaron de ser lo que son en una democracia verdadera. Los comicios –no los plebiscitos antidemocráticos– son altos severos en el camino para la reflexión y para que el pueblo juzgue el rumbo que lleva, decidiendo sobre lo conveniente pero de un modo informado, meditado. Durante tres lustros vivimos en un alto permanente para elegir permanentemente, en suma, para no elegir, haciendo meras instantáneas con la emoción de coyuntura. Y allí están ominosas las consecuencias económicas, sociales y políticas, sobre todo morales que nos anegan.

Reconstruir la nación –lo recuerda Mons. Jorge M. Bergoglio, hoy Papa Francisco– implica entonces reencontrar nuestras raíces; volver a ser nación demanda, como en 1811 y en 1961, un acuerdo sobre los valores fundantes civilizados compartidos y celebrantes de la pluralidad. Exige mirar el pasado, con ojo crítico, desterrando lastres de conveniencia que impiden nuestra madurez, como el citado Mito de El Dorado y la invocación del mesianismo, del padre bueno y fuerte que aún nos lleve de la mano, de neta inspiración bolivariana.

Se trata de mirarnos, mirándonos en los otros. Hacer memoria de las grandes hazañas de nuestra modernidad, olvidadas tras una aviesa reescritura de nuestra historia contemporánea y que superan con creces el quehacer fratricida de nuestra Emancipación: suerte de dogma que nos hace tragedia y nos niega a la elección de lo dramático.

Hay que tener coraje ante el futuro. Ningún pueblo, como reunión de diferentes acordados sobre los propósitos trascendentes, alcanza serlo sin mitos movilizadores.

No se trata de hurgar en el desván para sacar de allí los amuletos y reencontrarnos con el azar. Es reconocer que existe algo más allá de nosotros, que todavía no conocemos y podemos alcanzar humanamente. La generación de 1928 hizo de la democracia civil y de partidos su mito, en un momento de absoluta oscuridad para la república. Y con el sembró la esperanza sobre la resignación.

Y como no se trata de reinventar en falso, cabe no disimular la realidad. Vivimos algo peor que una dictadura totalitaria o un régimen comunista. Hemos perdido las certezas. La despersonalización nos es hábito. Hemos congelado nuestras dignidades humanas haciéndolas inútiles, a la espera de que una buena nueva nos llegue en una cadena de televisión del Estado y por boca de Maduro o Cabello, nuestros carceleros de la ciudadanía.

La "posdemocracia" –esa que hemos conocido los venezolanos durante el siglo corriente y nos lanzó hacia último vagón del ferrocarril de la civilización– es la cara perversa de una globalización salvaje en curso, huérfana de categorías constitucionales. No es derechas ni de izquierdas. Es anomia total. Es el vacío que ocupa el traficante de ilusiones de sociedades sedentarias que se niegan a tener rostro, quien entiende el "liderazgo como celebridad mediática". Y que lo sostiene, como lo hemos dicho, sin mediaciones institucionales, ajeno al debate, intocable, ante un pueblo abúlico y al que apela sólo para justificar su legitimidad sin devolverle sus derechos. Usa y desecha a la democracia, como papel sanitario. La nutre de propaganda sin importarle el enlatado de ocasión, sea el Capital de Marx o las Cartas de San Pablo. Y, sobre todo, confisca o corrompe todo medio de información para asumir directamente su control y monopolizar su púlpito.

Cambiar las cosas sin violencia, contener el poder e impedir sus abusos, y darle voz propia y rostro a la gente, es así el deber ineludible de las élites en 2015, si anhelan lo que todos anhelamos, la recuperación de Venezuela y la refundación, mejor todavía, la reinvención de la democracia.

Reúno a propósito y por lo anterior, como memoria que refresque lo inmediato y a la manera no sólo de un diagnóstico sumario de los males que nos aquejan como nación sino de las miradas que al pasado concitan los mismos y las orientaciones que cabe imaginar como terapéutica, mis columnas publicadas en la prensa nacional y extranjera independientes durante los dos años anteriores (2013-2014). Son la crónica del deslave de amoralidad política que ocurre ahora, desde cuando, rotas las amarras y pasado el ilusionismo, se impone, mediante un zarpazo de la Justicia, la herencia envenenada del propio Chávez Frías.

Lo que en las páginas siguientes se cuenta o describe, mira lo que choca sin dejar de trazar enseñanzas, sea sobre la democracia o el Estado de Derecho, sea sobre los derechos humanos y la libertad de prensa, o acaso sobre los que nos indica la ética de la decencia humana y los atentados a sus estándares, que se traducen en presos políticos o exilados, en usurpación y abuso del poder, en violencia mortal y criminalidad de Estado, en fin, en castración de toda iniciativa que signifique libertad. Eso sí, pone al desnudo –reclamando conciencia y acción– nuestra vuelta definitiva como país, encarnado en el Mito de Sísifo, a ese instante de realismo mágico que recrea el cuento Los Batracios, de don Mariano Picón Salas, cuando la espada de un capataz rural y coronel de montoneras, Cantalicio Mapanare, decide, intoxicado de alcohol junto a su peonada, asaltar a la república para que lo ascienda a general.

No por azar, Simón Bolívar, ataca de modo directo el ideario republicano y germinalmente democrático que prende, en el caso de Venezuela, durante los años 1810 y 1811, sembrando los vientos que se han hecho tempestad secular.

Desde Cartagena, en 1812, a la caída de la Primera República, afirma que "nuestros conciudadanos no se hallan en aptitud de ejercer por si mismos... sus derechos"[2] a contracorriente de las creencias de nuestros Padres Fundadores, en su mayoría, cabe decirlo, egresados de la Universidad de Santa Rosa de Lima y Tomás de Aquino e integrantes de la primera Ilustración venezolana.

Más tarde, con su celebérrima Constitución de Chuquisaca de 1826 y como lo explico en El problema de Venezuela, mi discurso de incorporación a la Real Academia Hispanoamericana de Ciencias, Artes y Letras, en su sesión de Cádiz, concreta El Libertador su modelo final de ideario político, fraguado entre avances y retrocesos y al mismo ritmo en que se lo imponen las circunstancias de su tarea como guerrero en pro de la libertad hispanoamericana;

---

[2]   Simón Bolívar, Discursos, proclamas y epistolario político, Editora Nacional, Madrid, 1975, p. 43.

pero concitando la severa y admonitoria protesta de Tomás Lander, amigo de Miranda y miembro de su propia Secretaría: "Los artículos 76 y 79 de la Constitución dictada... por el Libertador Presidente para la República de Bolivia es lo que ha sobresaltado nuestro celo, porque S.E. la ha considerado adaptable a Colombia, y como tal recomendándola para su establecimiento a los hombres públicos de ella; pero lo cierto es que los mencionados artículos erigen un Presidente *vitalicio e irresponsable* con la facultad de nombrar su sucesor en la persona del Vicepresidente y de conmutar las penas capitales, sin acuerdo de los tribunales que las impusieren".

Venezuela sigue enferma, en suma, y urge de los cuidados y la atención devota y leal de sus hijos mejor dotados y adiestrados, obligados a su recuperación moral.

Alguna vez, en circunstancia similar y ante el mal absoluto que llega a ocupar a su patria, Raúl Alfonsín, apóstol de la transición argentina, tuvo a bien señalar que "cada sociedad debe elaborar su propia respuesta, de acuerdo a sus peculiares condiciones y características políticas y sociales..."; pero observa que no se pueden construir los cimientos de una verdadera democracia desde una claudicación ética.

Sanar a Venezuela exige, en consecuencia, más allá y más acá de sus emergencias económicas y sociales, la vigencia plena de todos los derechos humanos para todos los venezolanos y el castigo severo de sus violaciones, que a la vez implican atentados del derecho a la democracia; la modernización de nuestro sistema político a la luz de las coordenadas del tiempo nuevo, como lo pedía el fallecido ex presidente venezolano Ramón J. Velásquez; y el encuentro de los consensos fundamentales para la edificación de una república democrática y plural que, con vistas a lo anterior, si posible, sea capaz de reinventarse en un esfuerzo de concertación entre distintos sin renuncia de las cosmovisiones locales y hasta caseras, como el entendimiento alcanzado por los padres del Pacto de Punto Fijo –Rómulo Betancourt, Rafael Caldera y Jóvito Villalba– el 31 de octubre de 1958.

Caracas, 6 de enero de 2015

2013
CRÓNICAS DE LA ILEGITIMIDAD

LA PRESIDENCIA PERPETUA SE NIEGA A LA REPÚBLICA

(8 de enero de 2013)

El régimen constitucional venezolano, tanto el actual como que viene desde muy atrás, desde cuando Venezuela adquiere entidad real y propia como Estado en 1830, es de carácter republicano. Por lo mismo, los mandatos que reciben y ejercen sus poderes constituidos son mandatos a término, que se inician y concluyen en fechas precisas y siempre mediando un acto de elección o de reelección.

Sólo en las monarquías el poder se ejerce *sine die*, se prorroga en el tiempo y sin otro término que la muerte del monarca.

Es por esa razón que en todas las Constituciones de Venezuela, desde aquella que sanciona el Congreso de Valencia luego de separarnos de Colombia en 1830 hasta la vigente de 1999, los períodos constitucionales comienzan y concluyen. No pueden se extendidos más allá de sus términos y los gobernantes en ejercicio –incluso siendo reelectos para un período constitucional sucesivo e inmediato– nunca pueden continuar ejerciendo sus cargos de forma ininterrumpida, sin solución de continuidad, sin volver a juramentarse, sin "la promesa legal antes de entrar en el ejercicio de sus funciones", como reza nuestro constitucionalismo histórico.

Bajo las constituciones anteriores a la de 1999, que permiten la "reelección" inmediata del Presidente de la República (la de 1857, las gomecistas que van desde 1909 hasta la de 1931, o la perezjimenista de 1953) o la relección diferida (1947 y 1961) o que prohíben que el gobernante en ejercicio sea reelegido (1830, 1858, 1864, 1874, 1881, 1891, 1893, 1901, 1904, 1936, 1945), todas a una disponen, por lo mismo, la llamada "resignación de poderes".

Concluido cada período constitucional el Presidente en ejercicio no puede gobernar más allá del mismo y automáticamente, ora estando impedido de ser reelecto ora aceptándose su relección, y en la fecha precisa de terminación del mandato constitucional debe transferir el poder detentado a manos del titular del otro poder público constitucionalmente designado para el ejercicio temporal o provisional de la Presidencia de la República y hasta tanto el Presidente electo o el Presidente reelecto se juramenta y con ello inaugura el nuevo período constitucional.

Ello es así por ser el principio de alternabilidad y temporalidad en el ejercicio del poder sustantivo a la experiencia republicana.

La Constitución de 1999, por lo mismo, en su artículo 230, que prescribe la relección presidencial, precisa y dispone sin ambigüedades que el período presidencial "es de seis años". Ni un día más, ni un día menos, así medie la relección del Presidente quien antes ejerce la Jefatura del Estado y del Poder Ejecutivo. Al concluir el período, el Presidente en ejercicio deja de ser tal y el Presidente electo sólo podrá serlo en ejercicio una vez como tome posesión del cargo mediante juramento. No por azar, la Sala Constitucional del Tribunal Supremo de Justicia, en sentencia de 29 de mayo de 2009, advierte claramente, sin medias tintas, que la juramentación "es formalidad esencial para la toma de posesión del cargo y condición inseparable del acto previo de elección popular".

Todo lo anterior mejor se entiende a la luz de lo indicado, es decir, de nuestra tradición republicana y sus muchas constituciones

Las constituciones gomeras, adherentes que son, como la actual, a la reelección "perpetua" del gobernante, no obstante ello estipulan, textualmente, que "el Presidente y el Vicepresidente de la República cesan en el ejercicio de sus funciones el día 19 de abril del año en que termine el período presidencial, y el mismo día se encargará del Poder Ejecutivo el Presidente de la Corte Federal y de Casación hasta tanto tome posesión el nuevo Presidente electo".

La Constitución de 1961, que proscribe la relección inmediata y precede a la vigente de 1999, ordena al Presidente electo tomar juramento y posesión durante los diez primeros días de instalado el Congreso en sesiones ordinaria en el primer año del período constitucional; y caso de no hacerlo "dentro del término previsto… el Presidente saliente resignará sus poderes ante la persona llamada a suplirlo provisionalmente en caso de falta absoluta" y a la espera de que el Presidente electo se juramente.

La "resignación de poderes" y el "juramento" son, así, exigencias sustantivas atadas al término e inicio de los períodos constitucionales republicanos; que están más allá de las circunstancias personales de los gobernantes que ejercen el poder o lo concluyen y también para los que lo asumen por vez primera o los que son reelectos como tales.

El corte del tiempo constitucional es imperativo y las fórmulas han sido muy variadas para resolver el vacío de poder durante ese momento "puente" y breve en el que un Presidente deja de serlo y otro espera serlo –incluso siendo el mismo– y aún no lo es, por falta de su juramentación.

Lo explicado es dogma constitucional y republicano. Lo es tanto, a un punto tal que, como lo dice la Constitución de 1857, que admite la reelección, "el Presidente cesará en el ejercicio de las funciones ejecutivas en el mismo día" de concluido el período constitucional, asumiendo como encargado el Vicepresidente del Consejo de Gobierno; la de 1893, negada a la relección, habla de la "cesación de hecho y de derecho" del presidente en ejercicio al término del período constitucional; la célebre constitución de 1947, primera que es obra verdadera de la soberanía popular y enemiga de la relección inmediata, manda resignar los poderes presidenciales a manos del Presidente de la Corte Suprema de Justicia mientras se juramenta el electo; y la muy dictatorial de 1953, cuidando de que el Presidente en ejercicio no pierda su poder hasta tanto se juramenta como "reelecto", dispone que aquél, en el interregno, por respeto incluso formal de la exigencia republicana, ejerce el poder "con el carácter de Encargado del Poder Ejecutivo Nacional".

La reconducción automática del mandato del hoy Presidente de la República por encontrarse reelecto, llegado el día 10 de enero y sin más, sin juramentarse, tal y como lo han anunciado tanto el Vicepresidente de la República como el Presidente de la Asamblea Nacional, representa un golpe de Estado, es una violación flagrante a la Constitución y la negación misma de nuestra condición republicana.

NO RECONOZCO A LOS DÉSPOTAS

(15 de enero de 2013)

Durante 14 años he escrito sobre el régimen que se instala en Venezuela desde 1999. Lo llamo "demo-autocracia", pues expresa –obra de la anomia y la amoralidad política corrientes– al gobernante que personaliza el ejercicio del poder y lo hace de modo absoluto, sin miramientos. Sus decisiones no son limitadas o frenadas con eficacia por otras fuerzas dentro del mismo Estado o la sociedad, que se le subordinan. La separación de los poderes y la sujeción de éstos a la ley, características de la república, le significan formulismos estériles o las digiere si son hijas de su voluntad y amoldables a su voluntad. Pero, he aquí lo novedoso, se hace autócrata por consentimiento popular y en elecciones plebiscitarias.

Se afianza así una modalidad de dictadura por los caminos de la democracia. Democráticamente se le da partida de defunción a la democracia, o acaso se la sostiene nominalmente pero perturbando y haciendo de su lenguaje una Torre de Babel. Sus valores y principios son reinterpretados a conveniencia, para encubrir a la misma autocracia y minar las resistencias de la opinión pública democrática.

No cuenta la ética de la democracia, a cuyo tenor los fines legítimos reclaman de medios legítimos y viceversa. Y se impone, en apariencia, una dictadura de mayorías, más allá y por encima de la Constitución, pero a la sazón éstas encarnan en el autócrata, quien habla y decide por ellas.

Esto ha sido así hasta ayer.

La "heterodoxia" democrática llega a su final y la cobertura engañosa de sus formas rueda por el piso. Al autócrata lo vence la fatalidad y en la hora postrera sorprende e intenta amarrar el futuro, con apego a la ortodoxia: "Si como dice la Constitución... si se presentara alguna *circunstancia sobrevenida*, así dice la Constitución, que a mi me inhabilite... para continuar al frente de la Presidencia de la República Bolivariana de Venezuela, *bien sea para terminar*, en los pocos días que quedan... ¿un mes? ... Nicolás Maduro no sólo en esa situación *debe concluir, como manda la Constitución, el período*; sino que mi opinión firme... –en ese escenario que obligaría a *convocar como manda la Constitución de nuevo a elecciones* presidenciales– ustedes elijan a Nicolás Maduro como Presidente...", son las palabras de Hugo Chávez Frías, dichas el 8 de diciembre pasado, en una suerte de contrición y enmienda ante la disyuntiva de su inhabilitación física o desaparición.

Pero una cosa piensa el enfermo y otra sus herederos. De modo que, llegado el 10 de enero, cuando concluye el período constitucional y el Presidente en ejercicio acepta desde antes que deja de ser tal ese día y a la espera de que en su calidad sobrevenida de Presidente electo, nuevamente, jure para otro período, éstos deciden mantenerlo a distancia, invisible, lejos de intrusos e interesados en "su" patrimonio. Y presa y preso como es y está, en manos de Cuba, la "demo-autocracia" que crea y recrea muda en despotismo, con la aviesa complicidad de una Justicia arrodillada. De nada valen su testamento ni la claridad de nuestro orden constitucional para eventualidades como las suyas.

El despotismo predica un ejercicio del poder más ominoso que la autocracia. Es el poder movido por la pasión, sin frenos, dominado por los caprichos, que todo lo arrasa y arrastra a todos, y abate los ánimos sembrando desaliento en el más débil sentido de la dignidad, dada la vocación servil de los gobernados. Al déspota se le cree o presenta como a un Dios o su descendiente, o Sumo Sacerdote; y en eso, justamente, a conveniencia, mediante un artificio jurídico que autentica como escribana Luisa Estella Morales, es transformado Chávez por los Maduros y los Cabellos, guiados por los albaceas testamentarios de los Castro, bendecidos por los Insulza y hasta por Marco Aurelio García, a nombre de Brasil.

La Constitución cambia en horas de espaldas al poder constituyente. El gobernante enfermo, luz de la revolución es llamado a mantenerse como tal, más allá de sus circunstancias. Los usurpadores de su voluntad, aprendices de déspota, piden se le reconozca como Ser sobrenatural, atemporal, libre de juramentos o ataduras profanas y mundanas. "Puede volver cuando le de la gana", espeta hace algún tiempo José Vicente Rangel.

Ese orden de facto que hoy nace, en el que el "déspota" decide si jura o no lealtad a la Constitución y cuyo mandato jamás se extingue, es irreconocible para los venezolanos. Es la negación de los valores de la república imaginada en 1811 y que nos dimos a partir de 1830. "El pueblo de Venezuela, fiel a su tradición republicana,... desconocerá cualquier régimen, legislación o autoridad que contraríe los valores, principios y garantías democráticos...". Así lo prescribe el artículo 350. No lo olvidemos.

LA SOBERANÍA NO RESIDE EN LA HABANA

(20 de enero de 2013)

A Rafael Caldera, el parlamentario

En Venezuela ha cedido el orden constitucional. Todavía más, han declinado las formas republicanas que, desde 1830, dictaminan entre nosotros el ejercicio temporal, regular, finito y de los mandatos constitucionales, acatado por dictadores y demócratas. Mucho se ha escrito al respecto en los días previos y posteriores al 10 de enero pasado, cuando la Sala Constitucional del TSJ –cuyos magistrados se incorporan a la historia patria de la ignominia– hace de la Constitución de 1999 un objeto mutante. La cambia, la hace decir lo que no dice, y le asigna a sus palabras significados distintos de los que tienen, a contrapelo de nuestra historia constitucional y sus enseñanzas. Adhiere, por preferencia, a las directrices políticas trazadas e impuestas por un gobierno extranjero, a quien apenas le interesa asegurar sus intereses sobre nuestra geografía, y poco o nada ya el destino de nuestro gobernante, enfermo e inhabilitado.

El cuestionamiento jurídico constitucional ha de sostenerse, no obstante, sin pausa ni tregua. Hay que dejar evidencias de la gravedad de cuanto ocurre hoy, para no desviar ni perder luego autoridad sobre el camino republicano y democrático que nos interesa restablecer y cuidar para lo sucesivo. Poco debe importar la pasividad y omisión cómplice de los gobiernos que integran el Sistema Interamericano, tan acéfalo como nuestra propia República, no poco de los cuales se afincan en la conducta dubitativa y resbalosa de algunos actores de la oposición de circunstancia y clientelar.

La enojosa situación es propia de la hora y comprensible, pero no por ello justificable, si observamos la igual indolencia de la comunidad internacional ante los genocidios que se ejecutan en pleno siglo XXI –como el de Siria, aliada de la Revolución Bolivariana– y que resultan tan próximos al Holocausto del siglo XX. Éste, cuando menos, incide en la Segunda Gran Guerra, cambia el curso de la historia universal, y por vez primera fija límites a la soberanía de los Estados y a la inmunidad de los gobernantes criminales y responsables de violaciones flagrantes a la dignidad humana y al sentido de Humanidad.

Lo cierto, en todo caso, es que el ferrocarril de la historia no se detiene y si lo hace monta en sus vagones a quienes perspicaces y atentos lo esperan en cada estación. De modo que, de cara a nuestra grave crisis constitucional corriente, menos desgraciada que la que vive el pueblo sirio, pero no menos urgente de ser resuelta, cabe mirar hacia el porvenir. El número de bajas

–20.000 homicidios– que cada año rinde nuestra Nación en el altar de quienes hacen de la inconstitucionalidad y la ilegalidad, y de la impunidad, hábito propicio para los fines de la dominación cubana sobre nuestro territorio, debe ser frenado sin titubeos.

De los malos hijos de la patria, quienes permiten –lo diría alguna vez Andrés Eloy Blanco– que los buenos hijos mueran o se encuentren desterrados lejos de ésta o en la cárcel, ha de ocuparse la misma historia. Es un hecho fatal. Ella es inclemente llegado el momento para el cobro y pago de las deudas de la política, una vez como el Derecho es restituido.

La acción, obra de la imaginación

Cabe, entonces, ejercer cabalmente la oposición. El finado Rafael Caldera, en escrito que dedica al poeta venezolano –"amortiguador de la Constituyente"– *in memoriam*, recuerda que ella tiene como función irrenunciable "transmitir en sus palabras el dramatismo de una angustia". A los voceros del gobierno –cuando son sensibles y sirven a los intereses del pueblo– les cabe demostrar que hay soluciones a los problemas y "refrigerar los ánimos cuando más tensos sean".

Nuestra sociedad democrática, bajo liderazgos plurales, sensatos, firmes y unitarios, ha de cuidar con celo a Venezuela en su deriva hacia el despotismo y la disolución planteados, más allá del hecho electoral. Menos candidatos y más líderes es la urgencia. No es el instante de servir y complacer a la opinión, hija de la pasión. La disyuntiva demanda hacer y crear opinión estable y amalgamarla, incluso a contracorriente de la dominante, sin temor a los ataques o la indiferencia, atendiendo a las demandas superiores de la República, en suma.

Debemos redescubrirnos como venezolanos y en lo que somos, y evitar nos trague la acefalía institucional y el tremedal que nos amenazan, intimidan e inmovilizan. Estamos llamados a luchar por las libertades dentro de la Constitución. Debemos restablecer nuestro pacto de convivencia, devolviéndole a Venezuela "su" constitución material y afectiva; pues como bien lo testimonian los revolucionarios franceses de 1789, donde no existe garantía de los derechos ni separación real de los poderes, sin medias tintas, no hay Constitución.

A la saga de éstas reflexiones, en espera de otras que han de venir, vuelvo a Caldera y la justificación que, como miembro de la Asamblea Nacional Constituyente de 1947, hace valer para explicar su nacimiento y carácter imperioso, como producto que fue de la situación de facto que provoca el 18 de octubre de 1945: "Cuando la constitución positiva caduca y con ella cae todo el ordenamiento jurídico positivo, entonces el poder constituyente –la sociedad, el pueblo, la gente– asume plenamente la soberanía nacional y se convierte en la única autoridad legítima".

Lo predicado es prístino. Si los Maduro y los Cabello usurpan mandatos y se subordinan a un gobierno extranjero, y si no respetan a la Constitución para asegurar constitucionalmente la regularidad de la autoridad constitucional en su actual acefalía temporal o acaso absoluta, la soberanía reside en donde está el pueblo. Debe actuar en Venezuela y no en La Habana, menos en la OEA. La autoridad legítima la detenta el propio pueblo y no los usurpadores.

RÉQUIEM POR LA OEA

(29 de enero de 2013)

A la república –hecha de mandatos y períodos constitucionales fijos, regulares e improrrogables, que respetan con celo sacramental hasta nuestros dictadores militares– le es firmada su acta de defunción por el TSJ el pasado 10 de enero; luego de lo cual asume el poder un gobierno de facto, por inconstitucional además de bifronte, que comparten el Vicepresidente Maduro y el teniente Cabello. Y sobre tal vacío sobreviene la Masacre en Uribana, que bien me recuerda la otra que ocurre en la Isla del Frontón, en Lima, cuando militares quienes solo saben de la guerra derriban con dinamita las columnas de la cárcel allí sita para aplacar la revuelta de unos reclusos, silenciándolos para siempre. La OEA condena los hechos y al gobierno peruano, en 1996.

Esta vez los muertos, en la cárcel venezolana mencionada, por obra de una acción disciplinaria que se acompaña de una decena de tanques de guerra, ya suman 57 mientras la cifra de heridos alcanza a 95. Pero lo primero y esto, el acto judicial que rompe toda regla de civilidad y su primera consecuencia, paradójicamente y para nada le preocupan al observatorio democrático que es la OEA; de donde cabe entender que es ya otra caja de huesos sin espíritu, en espera de su igual y cristiana sepultura.

Cuando en 1826 se decide en Panamá la unión, liga y confederación perpetuas de nuestras nacientes repúblicas y se le da vida al principio de la No Intervención, ello ocurre, justamente, para protegerlas de acciones que intenten revertir el modelo político en emergencia para reinstalar, en su defecto, la experiencia despótica derrotada con las armas de la libertad.

El celo del proponente, Simón Bolívar, reposa en la mirada cuidadosa que hace sobre la experiencia de los griegos. La democracia que nace en las ciudades helenas llega a su final por considerarse cada una de éstas, a sí, como célula autónoma e impermeable, cuyas vivencias políticas moran y se agotan dentro de sus paredes. La idea de la anfictionía, practicada en el istmo de Corinto –por temor a los persas– no dura más allá de la circunstancia. "El griego despreció la lógica, y seguro de sí, se enfrentó a la historia, no para cambiarla, pero sí para negarle supremacía", lo recuerda Cuevas Cancino. Y así terminan todas sus ciudades y "sus" democracias siendo pasta y pasto de las invasiones; tanto como Venezuela, hoy y en esta hora, es pasta y pasto de los hermanos Castro y del colonialismo cubano sin que nuestras repúblicas hermanas pongan sus barbas en remojo.

En 1948, reunida en Bogotá la Conferencia que le da vida a la actual OEA, la línea de consideración es la misma. Se predica la soberanía e independencia de nuestras repúblicas y su pertenencia a la nueva anfictionía continental, pero bajo la condición existencial del respeto y sostenimiento, por todas, de la democracia constitucional.

De modo que, cuando en un momento de quiebre histórico –mediando el mal ejemplo del presidente peruano Alberto Fujimori, electo democráticamente y quien sucesivamente desfigura a la república y a la democracia para transformarse en autócrata– se adopta en Lima, en 2001, la Carta Democrática Interamericana, la idea que priva es la de advertir que la república democrática no se reduce a mayorías. Pero mal podía imaginarme que José Miguel Insulza será el apóstol, el Judas quien entrega la OEA a manos de su "cancerbero", el perro guardián de las puertas de ese infierno que hoy se llama Socialismo del siglo XXI y se sostiene con los dineros de Venezuela.

No por azar, así como ayer le pone cortapisas a la Carta en cuestión, arguyendo el principio de la No Intervención, luego regresa sobre sus palabras para cuidar los predios del eje Caracas-La Habana, inmiscuyéndose en las situaciones constitucionales de Honduras y Paraguay. Y sonriente, al lado del Canciller de facto venezolano, Elías Jaua, hoy declara ser incompetente para conocer sobre la "mutación constitucional" que le pone fin a nuestra república democrática y provoca su primera masacre; al fin, cohonesta la suerte de consulado de facto en que nos transformamos, regido a control remoto y permitiendo que la Nación que somos desde 1830, desnuda de identidad, se la engullan a conveniencia la monarquía tropical y corrupta de los Castro.

Mas, en buena hora quien le compra su cargo y le entrega desde antes las monedas para la traición de los ideales americanos hoy declina fatalmente. No es capaz, Hugo Chávez Frías, de amarrar el futuro. No logra moderar siquiera a sus ambiciosos herederos, y tampoco salvará al mismo Insulza de su ostracismo dentro de las páginas de la historia democrática continental. Esa tenemos, por ahora.

LA TRANSICIÓN ES UN HECHO Y MADURO EL PASADO

(3 de febrero de 2013)

Soy convencido de que Venezuela vive "su" circunstancia, de la que difícilmente nos hubiésemos zafado con Hugo Chávez o sin él. Llega otro parto dentro de nuestra azarosa y rebelde historia. En lo adelante nada será igual. Tampoco nos espera otro momento circunstancial; pero, eso sí, es la hora de la imaginación y de una voluntad constructora similar a la desplegada por nuestros Padres Fundadores.

La ausencia –quizás definitiva– del caudillo populista que es Chávez, resabio de nuestras aguas modernizadoras y contrabando de esa historia pretérita que se nos cuela por los intersticios a finales del siglo XX, provoca desde ya un desajuste o sismo inevitable sobre el tablero político y al término de otra etapa transicional, al paso de otra generación, que se inicia en 1989.

El nuevo juego aún no comienza, y el duro entrenamiento ha llegado a su final después de 14 años. Las piezas del ajedrez, las del gobierno y las de la oposición, se han desordenado y caen, ceden ante lo inesperado, por encima de los propósitos de unidad estratégica o táctica que hayan tenido uno u otro sector en los años precedentes.

!Y es que lo novedoso es la enfermedad del gendarme alrededor de cuya fuerte personalidad el país se une y se divide, para bien y para mal, desde 1998; como novedosa fue y también es partera de nuestro porvenir la enfermedad terminal que lleva a la tumba al primer caudillo de nuestro pasado siglo, Juan Vicente Gómez, en 1935!

Esa historia nos muestra que el carácter y el carisma de los caudillos no se hereda por testamento, y menos amarran éstos al futuro. Y también nos enseña que ella muda en su momento preciso, estén o no preparados sus conductores, pues la historia y el desenvolvimiento de sus sucesos –lo dice bien Laureano Vallenilla Lanz– son el producto de una acción colectiva, no siempre ruidosa agregaría pero sí implacable.

El tren de la historia –de nuestra historia– avanza de nuevo

El momento inmediato posterior venezolano, al igual que en 1936 queda en manos de los herederos del caudillo fenecido. Y llega otra vez a nuestra estación, como antes y el igual retraso del siglo XX, el tren que habrá de llevarnos hacia el siglo XXI. Y en sus vagones se montarán los pasajeros más avisados, a quienes con mejor criterio y aguda visión interpreten el contexto que nos acompaña, como lo hace Rómulo Betancourt antes del 18 de octubre de 1945, sin dejarse ganar por distracciones o pleitos inmediatos con los demás pasajeros en espera o en actitud tumultuaria sobre los andenes.

La transición hacia nuevas formas de organización social y política, por obra de la ruptura que determina la globalización desde finales de los años '80 –la sustitución de la fuerza estable de los Estados como cárceles de la ciudadanía por una mudable sociedad de vértigo, desestructurada pero más humana, que se nutre y dibuja bajo el fenómeno virtual de las autopistas de la información– y, en nuestro caso, la modernización y desarrollo alcanzados por los venezolanos durante la segunda mitad del siglo XX, se plantea como exigencia impostergable desde el año 1989 señalado. Pero ella es despreciada por la abulia de las élites políticas y económicas, y evitada por la sorpresiva emergencia de un gendarme de nuevo cuño que ocupa los espacios de éstas mediante la violencia.

En el lapso que se inicia a finales del gobierno de Jaime Lusinchi –quien crea la Comisión para la Reforma del Estado y la encomienda al hoy ex presidente Ramón J. Velásquez– Carlos Andrés Pérez y luego Rafael Caldera se esfuerzan por llenar el vacío de coyuntura; pero finalmente lo hace ese desecho de nuestra modernidad citado, Chávez. Todos a uno no encuentran eco al acometer la reingeniería constitucional pendiente o simulan acometerla, en el último caso, para que todo cambie sin cambiar a la manera "gattopardiana".

De nada servirá hacia el porvenir, sin embargo, el criterio oportunista de quienes aprecian lo ocurrido hasta hoy como un simple pase de factura que la historia reciente hace, por su supuesto fracaso e indolencia, a los líderes civiles de nuestra república civil.

No se olvide que en 1958 somos un país de letrinas –Pérez Jiménez construye 450.000 en una década– y nuestro promedio de vida alcanza a 53 años, en tanto que, hacia 1998 el promedio vital supera los 72 años una vez como el pueblo venezolano dispone servicios de aguas blancas y la canalización de sus aguas negras. Y si en 1958 los estudiantes se ven obligados a viajar hacia las capitales de sus estados o a capitales distantes para seguir estudios secundarios o de universidad, hacia 1998 toda la geografía cuenta con todos los niveles de la educación, buena o mala, pero educación al fin y al cabo. Tanto como el tránsito humano se hace más fluido sobre nuestro territorio, que luego de alcanzar 6.000 km de carreteras en 1958 hacia 1998 se ve cruzado por 92.000 km de carreteras con un 80% asfaltado.

La sociedad venezolana, en una perspectiva intelectual distinta de la dominante y hasta ahora conveniente para los traficantes de ilusiones, durante la última década del siglo XX se hace madura, exigente, capaz de poner sobre la mesa –sin mediación de partidos ni sumisión a los gobernantes de turno– sus propios problemas y desafíos. El asunto no es –aun cuando lo sea– el de la pobreza. Ante la inmovilidad de ánimo que acusan las élites políticas y económicas –es lo que ocurre efectivamente– llamadas a reconducir esa fuerza modernizadora alcanzada hacia finales de la última centuria, ella desborda, se hace anomia; y los espacios huérfanos de la política son ocupados por la insensatez.

Las piezas sobre el tablero

La reciente decisión del TSJ, que provoca otro manotazo a una Constitución repetidamente violada desde su vigencia a fin de hacer gobernar a quien ya no lo hace, por postrado en La Habana, en el fondo busca suspender el juego. Las piezas del gobierno esperan ordenarse antes de retomar el partido, y las de la oposición no logran ordenarse porque la perspectiva de los acontecimientos en curso las divide.

Lo cierto, sin embargo, es que en la historia por venir no caben –así lo pretendan– los pichones de dictador, a la manera del ilegítimo Maduro, ni los arrestos cuarteleros de los Cabello. La idea de la legitimidad y la reconstitución institucional de la Venezuela democrática, y el reencuentro de la identidad nacional trastornada, así lo reclaman.

Las visiones que apuntan a una mera sobrevivencia negociada con el parque jurásico de nuestra política; o la que defiende el sistema republicano conocido, pero sin más, sin percatarse de los odres constitucionales renovados que exigen las realidades en curso; o la que cree que al pueblo más le interesa comer que afirmar las virtudes de la libertad y la igualdad de todos ante la ley; todas, por reduccionistas, parecen no entender que el mundo es otro y, si cabe, es una red o retícula de cavernas y localidades hecha de cosmovisiones caseras, pero que esperan de un liderazgo que les fije un norte común, un espejo en el que todos podamos mirarnos sin mengua de nuestras diferencias.

LOS BATRACIOS

(12 de febrero de 2013)

Se trata de un cuento, reflejo de nuestra cruda realidad. Y no es cuento. El autor de Los Batracios, Mariano Picón Salas, muestra que estar en el gobierno o la oposición es obra de la circunstancia. La gente cambia de silla según sus temores e intereses, mientras el caudillo de turno conserva el poder. Se trata de sobrevivir, de cuidar el pellejo a fin de cuentas.

¡Y no es que las cosas sean distintas más allá de Venezuela, pero el caso es que en nuestro caso pesa mucho la ausencia de identidad o el sentido de pertenencia, el "no ser", salvo que lo indicado sea el "ser" de los venezolanos!

Los yugoeslavos pierden a Tito, y la república que él forja como molde para contener a culturas diversas, una vez como se desmorona, aquellas regresan y atan otra vez, incluso a costa de una cruenta guerra. Para nosotros, entre tanto, es irrelevante la muerte de la república. Poco importa que Luisa Estella Morales firme su acta de defunción. Que nuestra bandera, el escudo, el nombre de la misma república cambie o sean enajenados nuestro patrimonio y territorio a manos de extranjeros, no nos inmuta.

La "ausencia" de Hugo Chávez Frías, gendarme moribundo alrededor de quien se explican nuestros odios y pasiones como colectivo –¡sin él como que nada somos!– crea un terremoto anímico inaudito; similar al que procura la larga enfermedad y muerte de Juan Vicente Gómez.

Nada significa, pues, que algunos diputados de la oposición salten la talanquera y midan costos de oportunidad, por huérfanos de toda textura principista o social. Antonio Leocadio Guzmán, padre del presidente Antonio Guzmán Blanco, al preguntársele por la razón de su militancia liberal, responde sin más que es liberal por cuanto a sus adversarios los llaman conservadores.

El Coronel Cantalicio Mapanare, personaje del cuento, en su fundo coriano –donde si manda– halaga una noche a la peonada. Le da a beber cocuy. Prepara el asalto del poder, la toma de la jefatura civil del pueblo. Impondrá su autoridad, la ley del machete. Ya no soporta que el jefe civil lo multe a cada rato para evitar que se alebreste y que éste pretenda que no se burle de las ordenanzas. "La ley pareja no es dura", lo entienden ambos.

Lo cierto es que el Coronel quiere mejorar la "república". Al efecto llama a su abogado, quien le aconseja organizarse mejor para su propósito. ¡A Usted lo llame para que redacte la proclama, no para que se inmiscuya en las cosas de la guerra de las que nada sabe, por civil!, ajusta Mapanare; tanto como el pasado mes de enero lo espetan Nicolás Maduro y Diosdado Cabello ante la escribana Morales, presidenta del TSJ.

Borracho y amanecido Cantalicio Mapanare se dirige al pueblo, ordena a su doctorcito tomar apuntes de la gesta, y asalta la jefatura civil. El policía de guardia escucha el ¡patria o revolución! Los vecinos cierran sus puertas y ventanas, pues el asunto no les concierne. Y al encontrarse solo, frente al caudillo revolucionario, le dice tembloroso: ¡Usté sabe mi coronel, que a nosotros nos mandan!

Arrestado y en calzoncillos, al jefe civil se le obliga tomar sus aperos y volver a la montaña desde donde vino hacia la costa. Y celebrando la victoria con sus seguidores, uno de estos llama General a su Coronel. Es elevado a la jerarquía por el "plebiscito" de los suyos y manifiesta, como lo hace Páez ante Bolívar: ¡Si la república lo autoriza, así sea! Y el leguleyo, en nombre la república, extiende las actas.

Una vez como el ahora General Mapanare se marcha del pueblo, anoticiado de que las fuerzas constitucionales avanzan hacia el sitio, le pide a su abogado tener coraje pero santiguarse, y él también lo hace: ¡Con dos te veo, con tres te ato, la sangre te bebo y el corazón te parto!

La Habana y sus babalaos vienen a mi memoria e interrumpo la lectura del cuento de Picón, pero al continuar, constato la miserable enseñanza.

Cantalicio es hecho preso junto a su abogado. Sus labriegos, sin esperar, alzan los brazos y dicen ante los constitucionales, ¡a mí me llevaron! Ninguno tiene que ver con la cuestión. Pero el hombre de leyes y picapleitos, quien solo escribe, se tropieza con un viejo compañero de escuela –esbirro y con ojos de batracio– quien, por lo visto, tiene viejas cuentas que ajustarle. El doctorcito, quien calla por civil y escribe proclamas, termina sus días en la cárcel. Nada le vale la oración del "enemigo oculto" rezada por el ahora General: ¡Con dos te veo, con tres te ato…!

Hoy, opositores y herederos del caudillo enfermo, creen a pie juntillas que la prioridad es aún repartir o sobrevivir. Plata o plomo, es el dilema de Wolfgang Larrazábal en 1958. La república y su Constitución es preocupación ingenua de los firmantes del Pacto de Punto Fijo, pero dura hasta 1998.

RATZIGER, TESTIMONIO DE LA ESPERANZA

(13 de febrero de 2013)

En apenas dos semanas, a las 8 de la noche del día 28 de febrero, se consuma un ejemplo que llena de luz a las tinieblas del mundo que nos acompaña, en el que se afirma, incluso, la muerte de Dios y dado lo cual todo cabe, hasta destrucción total de lo humano. Benedicto XVI, el Papa, vuelve a ser quien es desde su nacimiento, en una familia de agricultores de la Baja Baviera, Alemania, y es quien será hasta su despedida de la Ciudad del Hombre. Como sacerdote sigue en su condición de Cardenal de la Iglesia Católica. Deja todo para dejarnos todo.

Se trata del Papa con mejor formación y densidad filosófica y teológica que haya conocido nuestra generación. La vida de San Agustín, quien sufre la vida humana a cabalidad, con pérdida y recuperación de su dignidad en medio de una lucha agónica hasta alcanzar la Ciudad de Dios, es el primer escalón de su fragua como intelectual y religioso. Estudia el tema de la familia cristiana en el mundo contemporáneo y la reconciliación y penitencia dentro de la misma Iglesia. Deja una obra escrita generosa, que se inicia con sus lecciones universitarias sobre Introducción al Cristianismo. Es un académico consumado, incluso, en el ámbito de las ciencias y distintas universidades del mundo, muy prestigiosas, lo acogen como Doctor Honoris Causa.

Pero la mejor síntesis de su personalidad y obra la ofrece el título del libro que un grupo de autores realizan sobre él: "En la escuela de la verdad". Se explica así que el prontamente Cardenal Ratzinger nos deje, como preciosa herencia de su pontificado, tres enseñanzas cruciales; sus tres encíclicas: *Deus carita est, Spe salvi,* y *Caritas in veritate*, que buscan orientar al mundo de la política, de la cultura, de la economía, de las ciencias, de lo humano, y de lo religioso, con base en lo esencial, sin detenerse en lo adjetivo o coyuntural.

Benedicto XVI nos previene sobre el peligroso uso actual del nombre de Dios para la venganza y hasta para la violencia, siendo que estamos llamados a amarnos los unos a los otros, a respetar a nuestro prójimo en su igual dignidad; pero nos invita a no ceder a la esperanza, como razón de ser del mismo hombre y para tener ante la vista certezas que darnos y lograr a fin de hacer llevadero el presente; y en fin, nos muestra que la esperanza es posible, siempre y cuanto fundemos el amor (*caritas*) a los otros y nuestra misma esperanza en la verdad.

Sobre la mentira, la falsedad, el engaño, la falta de transparencia, la perturbación del lenguaje hasta hacerlo ambiguo a conveniencia, nunca florece ni fermenta la solidaridad o el afecto verdadero por quienes menos tienen y por quienes hacen parte de nuestro entorno ciudadano, social o familiar.

Así como Cristo se entrega a sus opresores por amor y para salvarnos a todos, en suma, Ratzinger deja la silla de Pedro para dejarnos todo, a saber, el testimonio de su vida coherente, íntegra, que es luz que ha de iluminar el porvenir del mundo.

PÁNICO AL PORVENIR

(17 de febrero de 2013)

En la historia venezolana nada es más cierto que el uso de la legislación anticorrupción para la persecución de los adversarios políticos; para borrarlos del afecto en el imaginario popular e impedirles su vuelta al poder. No hay persecución de "corruptos", entre nosotros, hecha con transparencia, ajena a los móviles subalternos, o extraña al ajuste de cuentas.

El oficio de los denunciantes de oficio, por lo general, tiene como explicación última el militantismo, la estrategia para desmontar a quienes les resulta imposible sacar fuera del juego político mediante el debate a profundidad, con base en las ideas, en la confrontación abierta de las cosmovisiones y promesas.

Aun así, cabe admitir que tal lucha, en la experiencia conocida, ocurre al principio de los mandatos y por quienes llegan al poder con el sano propósito

–real o simulado– de instalar una ética de la cosa pública. Ese es el caso de quienes, durante la Revolución de Octubre, instalan los Tribunales de Responsabilidad Civil y Administrativa. El mismo Congreso gomecista, sabedor de los hechos de corrupción ocurridos durante el régimen del Benemérito al que sirven, es, paradójicamente, el que dispone los actos de confiscación de bienes de los funcionarios de éste comprometidos, a la muerte del dictador, y también de sus familiares.

Incluso así, la iniciativa degenera. Algunos de los actores de 1945 asumen tal empresa "moralizadora" para enterrar toda aspiración política por quienes, incluso siendo honestos, hubiesen militado al lado de la causa dictatorial y su prolongación durante los gobiernos de López Contreras y Medina Angarita. Se le levantan expedientes a tirios y troyanos, se involucran hasta las esposas de los jerarcas, por cuanto el objeto es, antes bien, borrarlos como estamento social y político de la faz de Venezuela. La familia de José Vicente Rangel es una de las víctimas.

Concluida la dictadura de Marcos Pérez Jiménez ocurre otro tanto, pero sin que los actores de la República civil nacida en 1958, por mirarse en el espejo de lo ocurrido antes, buscasen arrasar como un todo con quienes adhirieron de buena fe y libres de pecado a la protección del gobernante. Los expedientes que abre la naciente Comisión Investigadora de Enriquecimiento Ilícito tienen como destinatarios a funcionarios públicos concretos, clara o presuntamente responsables de atentados contra el patrimonio nacional.

Cabe decir, no obstante, que en plena democracia, entre 1959 y 1999, no son pocos los ministros y altos empleados actuantes quienes sufren detenciones y cárceles señalados por hechos de corrupción, y hasta son investigados o depuestos presidentes de la República, ocurriendo un fenómeno de autocontrol. Aún así, hay espacio para las desviaciones, como cuando se enmienda la Constitución de 1961 para impedir –sobre hechos ya pasados– el acceso al poder de quienes condenados por corrupción aspirasen regresar a la vida pública. La norma se instituye por cuanto el ex dictador Pérez Jiménez logra ser electo senador por el Distrito Federal y a quien, a la sazón, se le anula su mandato arguyéndose no haber votado éste en las elecciones que lo favorecen.

Hacia los años '80 se aplica la ley que promueve el mismo presidente Luis Herrera Campíns –la Ley Orgánica de Salvaguarda del Patrimonio Público– en un momento de deterioro grave en el debate político cuyas aguas o consecuencias llegan hasta el presente, y sus adversarios, por cosas del destino, se encargan de usarla en contra de los suyos para expulsarlos del juego democrático. Se usa una ley de la democracia para fines abiertamente antidemocráticos. Se degrada la lucha contra la corrupción administrativa, convirtiéndola en teatro de utilería.

Hoy ocurre lo paradójico. El régimen profundamente inmoral y corrupto instalado en el país, coludido con la industria criminal del narcotráfico, que hasta enajena nuestro territorio y su soberanía y vacía la botija petrolera para regarla a la izquierda internacional, llega al poder anunciando truenos y centellas contra la corrupción política. Pero nada hace al respecto. En 14 años no hay un expediente ni una sola sanción ejemplarizante. Y a su término, no al principio, habla de corrupción para perseguir a la disidencia, no a los propios. ! Los nuestros son corruptos, dicen, pero son nuestros!

En la hora de la transición, intuyendo lo que se les viene encima por una ley de la fatalidad y próxima la hora de que expliquen ante el país su gestión hecha "contenedores de comida podrida", los chavistas, a diferencia de sus predecesores, no cuestionan el pasado. Pelean y cuestionan el porvenir.

!Al ladrón, al ladrón, gritan los Maduros y los Cabellos, apuntando a los imberbes políticos opositores, a quienes les tienen un verdadero pánico!

Esas tenemos.

ÉTICA DE LA DEMOCRACIA Y PAROXISMO DE LA CLEPTOCRACIA

(25 de febrero de 2013)

A mediados de los años '90 se firma, en Caracas, la Convención Interamericana contra la Corrupción y su puesta sobre la mesa regional deja testimonio de la incidencia creciente de dicho morbo sobre las cuestiones públicas o políticas del momento. Entonces se la restringe o entiende como la violación agravada de la ley por el funcionario quien se enriquece ilícitamente, malversa fondos públicos o permite el cohecho y hasta el nepotismo, pero se la advierte en lo adelante como un elemento de corrosión de todo el orden social y democrático, del mismo Estado de Derecho, incluso con efectos transnacionales.

En su novedad, encontrando un adecuado contexto, dicho instrumento sirve de pórtico apropiado a otro suscrito un lustro más tarde, la Carta Democrática Interamericana, luego de lo cual se afirma que la democracia, sin dejar de ser un procedimiento para la elección de los gobernantes, sobre todo es probidad y transparencia, respeto por las personas y sus derechos, y libertad de información y opinión, a través de la prensa, para el escrutinio de la *res publicae*, de todo cuanto interesa o afecte a la sociedad en su conjunto.

Para hombres con espíritu de amanuense, como José Miguel Insulza, Secretario de la OEA, tales decálogos representan, sin embargo, un mero ideal o desiderátum, tanto que los gobernantes de hoy los desprecian sin temor a las consecuencias. No obstante, importa destacar que la Carta nace sobre una preocupación de mayor entidad es el caso del ex presidente Alberto Fujimori y su corrupto como corruptor Ramiro Montesinos, quienes manipulan los elementos de la democracia y los pervierten para establecer un despotismo de cuño renovado, una autocracia electa con propósitos de perpetuidad y clara disposición a la "cleptocracia", a la apropiación del conjunto del Estado y sus bienes para disponerlos a su arbitrio, como cosa propia, y así someter al pueblo, explotándolo, degradándolo.

La transparencia, concepto que se desarrolla con amplitud desde el siglo XVIII y alude a la publicidad de los actos y acciones de los gobernantes y su conocimiento abierto por la opinión pública que los controla y elige, cede, de tal modo, ante la pérdida de los consensos sobre el vocabulario político y democrático provocada deliberadamente. Y jueces al servicio de los "gendarmes del siglo XXI", ganados para la corrupción –que bien significa la alteración o mutación de una cosa que, dejando de ser lo que es, se le sigue llamando como antes– se encargan de hacerle decir a cada Constitución y a las leyes lo que no dicen o le asignan a sus palabras significados que no tienen, corrompiéndolas. La corrupción de la democracia y dentro de la democracia se vuelve política oficial.

La mentira, el engaño, el ocultamiento y su efecto, la pérdida de la confianza en el valor del discurso político y sus predicadores, se hacen espacio y multiplican, y la corrupción clásica –el peculado y el uso indebido del patrimonio público– se expande cómodamente y se desfigura hasta presentársele como una suerte de virtud ciudadana. Se roba y expropia para fines propios del gobernante quien trafica con las ilusiones y de sus cómplices, a la par que se confiesa la necesidad de la perversión institucional y el relajamiento de los controles bajo el imperativo del provecho social y la redención de los necesitados.

Es máxima de la experiencia en América Latina la disposición espasmódica del instrumental jurídico que reprime a la corrupción, unas veces cierta y evidente y no pocas veces forjada o parcialmente encubierta, para el ajuste de las cuentas políticas; para el despacho hacia los anaqueles de la historia de generaciones de políticos y hasta de sus partidos, hayan o no participado de hechos de corrupción en tiempos de dictadura y durante los interregnos en que rige la democracia formal. La transparencia es un artículo de lujo. Y atrás de todo esto, cabe decirlo sin ambages, moran taras que nos vienen desde la colonia y nuestras independencias.

La creencia en el Mito de El Dorado –herederos que decimos ser de tierras bendecidas con todo género de riquezas y dogma cultivado en los niños desde las primeras letras– y la aceptación, como necesaria o fatal, de la persona del caudillo, del "césar democrático", el padre bueno quien nos dona la libertad por medio de las espadas y no como producto de la razón, abonan en favor de la tolerancia de quienes, bajo tal título, se hacen acreedores de todos y del todo, poseyéndonos y prosternando nuestras dignidades, pero apaciguando como costo, eso sí y mientras pueden, nuestras urgencias y necesidades vitales.

Una ética práctica nos invade a los latinoamericanos y la fundamos en un discernimiento moral, entre el bien o el mal, según que lo bien o mal hecho nos aproveche. Nos movemos entre la llamada moral de dinosaurio –que hace pétreas e inmodificables las convicciones heredadas– y la moral del camaleón, que bien describe la Odisea: "Los pensamientos de los hombres cambian según la luz fecunda con que el mismo Zeus, su padre, ha iluminado la tierra". Vivimos una moral de conveniencia y postiza, que fecunda y permite la corrupción sin escandalizarnos o mostrando silencio ante su presencia; pero sólo hasta el momento en que la protesta y la irritación nos hace presa en épocas de carestía, de pérdida de bienestar, o en ambientes proclives a la discriminación. Mas, las cosas según lo dicho, esta vez, sin ser distintas son más ominosas y complejas.

A diario se disponen medios políticos legítimos para fines ilegítimos y viceversa, como la permanencia en el poder de los gobernantes electos y quienes pretenden hacerse del poder hasta que Dios se los quite. Se les niegan o confiscan los derechos a unos, con el argumento de favorecer a los otros y los más. Se desfiguran las legislaciones de la democracia, interpretándolas según convenga, para castigar a los disidentes o a quienes denuncian la corrupción, o favorecer la impunidad de quienes corrompen y se corrompen en nombre del pueblo endosando las sotanas del Redentor.

En suma, no cabe duda y es pertinente decir con Vaclav Havel, fallecido gobernante checo, que el desafío y sueño de nuestra hora es fundar al Estado sobre la verdad y demandar de los gobernantes transparencia. Ya Peter Haberle, luz intelectual de la Alemania del presente, jurista y pensador quien hace exégesis del primero de los nombrados, nos interpela al preguntarnos si acaso es posible que el Estado constitucional fije con urgencia los límites dentro de los cuales se permite la tolerancia…, "porque no puede decirse que sea posible tolerancia alguna sino hay un deseo sincero por la verdad".

INSULZA, ENTERRADOR DE LA DEMOCRACIA

(26 de febrero de 2013)

Nadie le ha hecho tanto daño a la democracia como José Miguel Insulza, Secretario de la OEA y aspirante a Senador chileno. Ni siquiera los déspotas electos y de nuevo cuño –Chávez en Venezuela y Correa en Ecuador, para no citar a otros– quienes manipulan a la democracia y el Estado de Derecho horadando sus contenidos y las garantías que aseguran todos los derechos para todos los individuos. Y el asunto es simple. Más grave es el perjuicio que causa el juez quien omite juzgar que el delincuente quien tuerce a la ley con su arrebato.

Cada vez que se le llama para que haga valer la "seguridad colectiva" democrática o apoye al sistema de protección de derechos humanos, sobre el camino lanza la piedra de la soberanía del Estado y el principio de la No intervención. Obvia sus deberes y desfigura a conveniencia la teleología del principio señalado, nacido para la protección del modelo republicano. Es el mismo argumento que baten a sus anchas las dictaduras más ominosas conocidas, incluida la del general Augusto Pinochet, de quien Insulza dice haber sido víctima pero con quien Insulza, al final de las cuentas, comparte comunidad de "ideas".

Su historia, como cabeza del plenario interamericano, es larga y desdorosa. Al señalar que "espera que la situación en Venezuela se resuelva la próxima semana" y al referirse a la forma en que los poderes públicos venezolanos interpretan la Constitución para sostener las prerrogativas presidenciales de un paciente terminal y aún Presidente electo, apunta que "en términos políticos esto ha evitado un conflicto que no era necesario".

Le es intrascendente que los poderes de dicho Estado se carguen al orden constitucional y democrático y provoquen "mutaciones constitucionales" –verdaderos golpes de Estado, en el lenguaje más ortodoxo– haciéndole decir a la Constitución lo que no dice o atribuyéndole a sus palabras significados que no tienen, siempre que se alcance el objetivo que aprecia de valioso, a saber, la estabilidad del "gendarme" de Caracas, incluso trucado de Cid Campeador.

Las páginas editoriales del mundo, sin sesudas indagaciones observan que en Venezuela ocurre lo anterior. Les resulta escabroso que un mandatario moribundo, desde el extranjero, sin que medien partes médicos sobre su situación, siga gobernando al concluir su mandato. Que dicte actos y los firme desde su sede gubernamental sin estar en ella, y gobierne sin término, oculto, en la práctica secuestrado, avalado por una Justicia obediente y obviando, desde antes y esta vez a su vuelta, el sacramento de la juramentación o declaración de fidelidad a la Constitución; ese que todos los mandatarios republicanos acatan y respetan en las democracias y hasta en las dictaduras, al iniciar o concluir sus funciones.

No cabe bajar hasta el barrial, pero queda la cuestión que hace pública el gobierno de Venezuela y no es desmentida. A Insulza lo eligen una vez como hace concesiones al presidente Chávez, quien le fija un precio alto a su voto y cuyas consecuencias gravosas las sufre la democracia en el Continente. Su comportamiento en los casos de Honduras y Paraguay, por subalterno y penoso, no reclama agregados.

Para cuando deje de ser lo que es, Insulza deja en su haber –a fuerza de posturas resbaladizas– su contribución con la muerte de la OEA, que pierde su objeto fundacional, como lo es proteger las democracias y los derechos humanos e imponer cordones sanitarios a las autocracias.

En su cara le han montado organismos sustitutos y mejor avenidos con las "demo-autocracias", como la CELAC y UNASUR. Y a la par, para complacerlas y también satisfacer su ego, debilita a los órganos de la Convención Americana de Derechos Humanos, hasta doblegarlos. Pretende que éstos decidan y juzguen según la máxima que rige en la Cuba de los Castro –expulsada de la OEA y luego reingresada a su seno con honores– a cuyo tenor debe favorecerse siempre al gobernante (*pro regnum*), aun en perjuicio de los derechos ciudadanos y las libertades (*pro homine et libertatis*).

Declara que la democracia se encuentra en alza, por cuanto los gobiernos son más poderosos y aplastan a las fuentes de poder ajenas que los contienen y contrabalancean. De allí su abulia cada vez que Chávez o Correa, o Cristina Kirchner, persiguen a la prensa, que es la "columna vertebral de la democracia".

Y con retardo, dice hoy estar pendiente del desenlace "institucional" de Venezuela, que mira con ojo de político taimado, muy a la "cubana" –de cuya estirpe ideológica procede– y con desprecio por la democracia constitucional. Nada comenta sobre la "condena a muerte" que el régimen de facto de Nicolás Maduro le ha impuesto ayer a Iván Simonovis, preso a perpetuidad por razones políticas.

MUERTA LA CONSTITUCIÓN, TODO CABE

(3 de marzo de 2013)

Quizás queden pocas horas, o algunas semanas, o algo más o menos para que se cierre en Venezuela el "pontificado" de Hugo Chávez. Y el más o el menos ya no depende de él, pues sus "camarlengos" y pretendidos sucesores –Maduro y Cabello– se han encargado de torcerle hasta su voluntad postrera –volver al redil constitucional democrático– para llevar el reino de la mentira y el engaño instalado hasta el paroxismo. Nunca como ahora, por lo mismo, la cuestión central que tenemos por delante los venezolanos es nuestra reconciliación con la verdad y su condición fundamental, la transparencia.

De poco sirve remendar pequeñas partes de nuestra cotidianidad –asegurarnos el pan de cada día, pedir condiciones para los actos electorales– si lo primero no ocurre, en pocas palabras, si no entendemos el costo muy gravoso que al final, para todo y para todos, tiene la poca importancia de nuestro culto a la verdad. Ningún logro es estable o rendidor en un mundo de simulaciones, menos en el campo de lo electoral.

En los predios del engaño, la manipulación, la perturbación del significado de las palabras y de las cosas, son imposibles la comunicación y el diálogo reclamados por el orden civilizado, no solo ciudadano, y menos la Justicia. Allí encuentran su mejor asiento la corrupción, el crimen, la traición como hábitos de vida. La democracia es, en contrapartida, encuentro de los diferentes sobre el camino de la confianza.

Desde inicios de la modernidad se afirma bien que sólo existe Constitución –la verdad civil o de los laicos– allí donde son garantizados los derechos humanos y al efecto se divide el poder del Estado y se contiene el poder personal arbitrario de los unos –o de uno– sobre los otros. Y cuando lo último ocurre siempre ha lugar al despotismo, que se funda en el desprecio por los otros, al subestimárseles y considerar que requieren de tutela permanente, sea autoritaria, sea ilustrada, sea utilitaria.

Así las cosas, en la hora corriente lo que cabe es que demandemos y nos demandemos servir a la verdad. Desatar el nudo de la situación de Chávez y respetar la Constitución. Lo demás viene por añadidura.

Nicolás Maduro y Diosdado Cabello, barriales que apenas son –suerte de "dientes rotos" diría Pedro Emilio Coll– de la jornada del 4F y 27F, hoy mienten como siempre y de manera contumaz. Ocultan la verdad sobre su líder. Manipulan su tragedia abriéndole espacios peligrosos a la incertidumbre. Horadan su dignidad al borde de la muerte, tanto como éste horadó, sin miramientos, la dignidad del pueblo al que manipuló con su simulacro de revolución y quien lo aceptó minado por la ilusión.

Pero otro tanto cabe decir de la oposición al régimen, en tono autocrítico. Sus actores matizan las realidades –políticas e inconstitucionales– que hacen posible lo anterior. Arguyen costos de oportunidad o comportamientos "responsables" para no atizar el fuego y la violencia. La actitud "atenuada" y dispar asumida ante la "sentencia de la mentira", dictada por Luisa Estella Moralles y los suyos desde el TSJ para disfrazar el absurdo de verdad, ha implicado comparsa con el engaño: "Chávez no está pero no está ausente, o gobierna sin gobernar".

La incertidumbre es lo contrario a la seguridad. Sólo hay seguridad allí donde existen reglas y son respetadas en sus contenidos, no como formas para enmascarar al engaño.

En fin, somos un país cuya Constitución, cuyo referente cotidiano para la verdad, ha muerto. Ha quedado enterrada bajo el imperio de la miopía. Y como diría Dostoievski, "si Dios ha muerto, todo está permitido".

Y por ser exigencia vital, inherente al sentido más pleno y primitivo de la supervivencia, la búsqueda humana del piso firme, real y no aparente, sobre el cual posar la cotidianidad, su encuentro será indetenible. Nuestra hora de inexactitudes, por exacerbada, llegará a su final y ojalá pronto. Entonces habrá que escribir sobre la historia veraz de lo acontecido, de esta Torre de Babel vivida por Venezuela.

Se hablará otra vez, sin lugar a dudas, del 4F, y algún parangón habrá que establecer con la igual circunstancia que vive Cipriano Castro a inicios del siglo XX y que repite Chávez a inicios del siglo XXI.

Uno y otro traicionan sus propósitos iniciales –aquel sus "nuevos hombres, nuevos ideales, nuevos procedimientos" y este su proyecto de "democracia humanista"– y le dan la espalda a quienes, de buena fe, los siguen en sus gestas.

A Castro se le atraviesa en el camino hacia Caracas el célebre Grupo de Valencia, que lo rodea y corrompe. Y éste deja de lado y a la vera a los andinos, a los suyos. Y Chávez, en su tránsito hacia la Planicie y de allí hasta el Cuartel San Carlos y Yare, se deja secuestrar por los Castro de Cuba, por los Rangel, los Maduro y los Cabello, y la legión de sus "boliburgueses". Deja en el olvido a los Comandantes, a los Urdaneta, a los Acosta Chirinos, e incluso a los Arias, a sus "Sesenta" en fin, que es el número de quienes se inmolan junto a El Cabito en su instante de ilusión e inopia y luego se arrepienten.

Papa Ratzinger le da término a su peregrinar elevándose en dignidad, por servir a la Verdad hasta su renuncia. A nuestro enfermo, oculto e imaginario, quien reside en algún lugar de Cuba o en Venezuela –nada se sabe– se le regatea su dignidad y hasta la de su familia, por los suyos de ahora, que son de utilería. Vive su tragedia, a la medida. Y la tragedia que nos deja como herencia encontrará solución, sólo y una vez como la mentira, hecha comportamiento social y política de Estado, quede enterrada junto a sus propaladores.

¡Calma y cordura!

EL GOLPE DE LA MORALES

(12 de marzo de 2013)

En toda democracia, fundada en el respeto de los derechos humanos y asegurada por el Estado de Derecho, léase por una Constitución, es probable que los gobernantes se corrompan y violen la ley. Para evitarlo, el parlamento, sede de la soberanía popular, y también la prensa, forjadora de la opinión pública, teóricamente sirven de veedores o contralores. Son los garantes de la democracia.

Es posible, no obstante, que los últimos, en lo particular los parlamentarios, desvíen sus mandatos, corrompiéndose igualmente, en cuyo caso le corresponde a la Justicia poner orden en la casa de la democracia. Tiene el sagrado deber de limpiar de impurezas al andamiaje político, anulando decisiones o sancionando los comportamientos de gobernantes y parlamentarios quienes solos o coludidos incurran en felonías constitucionales. De modo que, cuando la Justicia se prostituye a manos de los jueces, y cuando éstos dejan de servirle a la ley, la libertad dentro de la república muere, así pretendan embalsamarla.

Revisada nuestra historia y observado el tiempo corriente, cabe decir, en suma, que así como ayer las raíces de la democracia son aplastadas por las botas de los soldados, ahora, formalmente instalada, se la usa y desfigura, con auxilio de los guardianes de la Constitución, para vaciarla de contenido.

Las sentencias dictadas por el Tribunal Supremo de Justicia el pasado 9 de enero y el reciente 8 de marzo, para tratar la cuestión de la enfermedad, muerte y sucesión del presidente Hugo Chávez Frías, de conjunto y deliberadamente le han puesto cimientos a un gobierno de facto en Venezuela, de espaldas a la soberanía popular.

Digan lo que digan, todas a una aceptan que un Presidente puede ejercer, una vez electo, sin necesidad de jurar su lealtad a la Constitución; que puede jurar en el momento en que pueda y ante la autoridad que libremente escoja; que al designar a dedo a su Vicepresidente, éste y aquél ejecutan sus tareas sin límite de tiempo constitucional; y cuando el primero desaparece, su Vicepresidente, sin ser electo y tampoco jurar, ejerce como Presidente. Nicolás Maduro, como se sabe, firma como Presidente Encargado de la República el decreto de duelo por la muerte del mismo Chávez, sin juramento previo. Lo que es más ominoso, por obra de las sentencias que redacta la magistrada Luisa Estella Morales, cabeza del TSJ, el Vicepresidente Maduro ahora es "Presidente Encargado de Venezuela" y no más Vicepresidente. La Constitución dispone lo contrario, pero poco le importa.

Cuando media una falta absoluta del Jefe de Estado, mientras el pueblo elige a otro, a un "nuevo Presidente" como reza el artículo 233 constitucional, el Vicepresidente o el Presidente de la Asamblea, según los casos, asumen el Poder Ejecutivo en calidad de "encargados de la Presidencia" sin dejar de ser lo que son, pues se "encargan", justamente, por ser lo que son y mientras llega el "nuevo Presidente". La única excepción ocurre si la falta absoluta del Presidente tiene lugar al término y no al principio de cada mandato constitucional.

La consecuencia grave del atentado que le irroga a la democracia la juez Morales no se hace esperar. Quien ahora ocupa la Presidencia de facto puede ser candidato, sin renunciar, en fraude al mandato que contiene el artículo 229 constitucional y mediante una desviación judicial de las palabras de éste. Henrique Capriles Radonski, si es candidato de la oposición, como gobernador que es debe separarse de su cargo; Maduro no, porque así lo dispuso la Morales, con desprecio por la moral democrática.

A Luisa Estella Morales, por lo mismo, cabe atribuirle la responsabilidad de este desaguisado y así la recordarán los anales de nuestra democracia. Ella representa a cabalidad, tristemente, al leguleyo del cuento Los Batracios, escrito por el insigne Mariano Picón Salas.

El Coronel Cantalicio Mapanare, capataz de fundo, una vez como llama a la peonada para informarles que asaltará la Jefatura Civil de su pueblo y al invitarla a que beba miche, pide le llamen a su abogado. Éste, ladino y con voz baja, previene a Mapanare sobre las consecuencias de su acto insurreccional, pero acepta el regaño que le viene de sopetón y asume su papel de cagatintas: !Usted nada sabe de armas, limítese a escribirme la proclama! Y eso hace. Pero cuando las tropas constitucionales apresan a Mapanare, cuyos peones antes le ascienden a General en nombre de "la República" y llegado el momento crucial lo dejan solo –!a mi me trajeron!– junto a él cae, bajo cargos más severos, el cronista taimado de la gesta. El abogado del Coronel muere luego en la cárcel, ahogado bajo la fetidez de sus aguas y la mirada escrutadora de los batracios, que nadan fríos a su alrededor.

LA PROCACIDAD DE LOS MANDATARIOS

(17 de marzo de 2013)

Se ha hecho hábito en buena parte de América Latina –Venezuela es el mal ejemplo– el uso cotidiano de expresiones groseras, insolentes, obscenas e indecentes, dichas con desvergüenza y mucho cinismo por parte de la clase política, en lo particular por los presidentes, en una puja de imitaciones que contamina al ambiente social.

Creen que de tal manera logran su mejor sintonía con los ciudadanos, sobre todo con la gente de a pie, apuntando a que la procacidad en el trato es lo corriente entre todos y es la forma ordinaria que tiene el mismo pueblo para zanjar sus diferencias; sobre todo dado que todos a uno se aproximan al diálogo como si fuese una guerra de honor, con opiniones formadas y mineralizadas, sin disposición a escuchar las diferentes.

Las costumbres colectivas, dentro de tal contexto y por efecto, se relajan. La informalidad es la característica de nuestro tiempo, saturado por la ofensa estéril de los opinantes, partidarios o no. La opinión razonada cede ante la agresión verbal. Y hasta la indumentaria de los gobernantes es también desenfadada, como pretendiendo ir más allá de una razón en apariencia válida: El hábito no hace al monje. Poco falta, por lo visto, para que, como alguna vez lo hace ante sus seguidores el político colombiano Antanas Mockus, se haga general que los presidentes se bajen los pantalones y muestren el trasero en la vía pública.

¡El asunto no se queda allí!

No les basta la insolencia y el desenfado verbal, sino que, además, al usar las palabras deliberadamente les atribuyen sentidos diferentes y las oscurecen, según las circunstancias. Es como si a la vez que desprecian a sus audiencias –por considerarlas solo dignas de lo vulgar– además quisiesen confundirlas y dividirlas; como para que nadie más pueda amalgamarlas alrededor de las certezas y la magia de las mismas palabras, ganándoselas electoralmente. De allí que tales gobernantes, una vez como son electos, en procura de lo anterior y para impedir la pérdida del poder, hacen del "diálogo" una justa excrementicia, de muy baja estofa.

Así, la democracia significa hoy una cosa para unos, y para otros, otra, tanto que en nombre de ella y sus virtudes permanentes se cometen los mayores atropellos y crímenes. Y quienes a diario, desde el poder, violan la Constitución y la golpean para concentrar aún más el poder, acusan a quienes los critican de violar la ley y actuar como felones.

"La democracia –cabe advertirlo– no significa un mero traslado del capricho de unas manos a otras", como alguna vez lo señala un ilustre juez de la Corte Interamericana de Derechos Humanos. Y cuando los mandatarios reclaman su derecho a expresarse libremente han de tener presente que, antes que todo, son los garantes de los derechos de los demás y tienen el deber de respetarlos. Y al hablar, desde sus zonas de privilegio, deben considerar que nadie los obligó a las renuncias personales que implican sus cargos. Sus palabras moldean la conducta social, apaciguándola o haciéndola conflictiva, de donde la ponderación, la diligencia y validación de las fuentes a las que apelan al hablar les es más obligante que a cualquier periodista o marchante. La vulgaridad y la opacidad verbal, como políticas de Estado, manifiestan el desprecio que el mismo Estado y sus funcionarios tienen por la gente y por la democracia. Nada menos.

EL "POR AHORA" DE LA COMISIÓN INTERAMERICANA

(26 de marzo de 2013)

Concluyó en la OEA el debate sobre el Sistema Interamericano de Protección de Derechos Humanos. Queda una rendija, no obstante, para que pueda reabrirse, si es que acaso los países del parque jurásico venezolano-cubano llamado ALBA vuelven a reagrupar las fuerzas que ya le menguan en cuanto al asunto se refiere.

Los gobiernos democráticos quienes, por omisión, han permitido que se arrinconase al Sistema –sin dinero ni abogados procesadores de denuncias, quienes gastan para la tramitación inicial de éstas entre 3 y 4 años– finalmente entienden que tal desafuero los deja mal parados y no solo a quienes lo provocan con saña e intencionalidad.

Lo importante es que ahora le corresponde a la CIDH implementar los aspectos de su reforma impuesta (reglamentaria, estratégica, y sobre prácticas), que ven con buenos ojos –pues en algo la han hecho involucionar– la mayoría de los miembros del Consejo Permanente de la citada organización hemisférica.

La cuestión que subyace –de allí que el peligro siga– hace relación directa no tanto con los elementos formales u operativos que atañen a los órganos que amparan y protegen subsidiariamente los derechos humanos ante sus violaciones por los Estados y los gobiernos americanos. Se trata, en propiedad, del mal momento que vive la democracia en la región. Nuestros gobernantes dicen sentirse contentos por la afirmación de ésta en la totalidad de sus geografías, pues se realizan elecciones con regularidad. Pero ello ocurre bajo una dual circunstancia que a todos enloda: unos usan de las formas democráticas y las vacían de contenido para establecer "autocracias electas", en tanto que otros miran a los lados y optan por privilegiar sus intereses nacionales, a costa de la ética de la democracia y su preservación.

La mala consecuencia no se ha hecho esperar. Es ella la que mantiene hipotecada el funcionamiento a cabalidad de la Comisión y la Corte Interamericanas de Derechos Humanos, a un punto tal que ninguna reacción hemisférica proporcional a su gravedad ha tenido el retiro de Venezuela de la Convención Americana de Derechos Humanos; lo que equivale tanto como a su impune renuncia a la misma democracia y sus estándares. Se trata de una enfermedad o conspiración que, por lo visto, busca extenderse a todos los gobiernos del "eje socialista" del siglo XXI.

Esa consecuencia –o acaso presupuesto– no es otro que la idea particular que dichos gobiernos tienen y sostienen acerca de la democracia, que al fin y al cabo es y se reduce al respeto y garantía de todos los derechos humanos para todos.

Luego del Holocausto, a partir de 1945, el mundo asume como paradigma el reconocimiento de la dignidad de la persona humana, cuyos derechos fundamentales se consideran anteriores y superiores al Estado. De modo que, al colisionar las competencias o intereses propios del Estado con los derechos del hombre, sea varón, sea mujer, la controversia debe decidirse siempre en favor del hombre y de su libertad: *Pro homines et libertatis*, es la regla madre.

Pero transcurridos casi 70 años desde cuando la idea de la Humanidad se sitúa como el referente ordenador en el Occidente y las organizaciones públicas pasan a ser el instrumento para su realización, con cinismo inenarrable los traficantes de ilusiones del ALBA, en nombre de los mismos derechos humanos buscan imponer otra regla, a saber, que se decida –es lo que se le pide en pocas palabras a la Comisión– en favor del gobernante: *Pro Princeps,* es la aspiración del totalitarismo tropical y de nuevo cuño.

El argumento es simple. Los remedos de caudillos o gendarmes decimonónicos quienes en América Latina siguen hoy el ejemplo de los Castro, que hace propio el fallecido presidente Hugo Chávez Frías, creen y dicen ser la encarnación viva de sus pueblos. A través de aquéllos los últimos hablan y adquieren personalidad; dado lo cual mal pueden los pueblos –léase sus conductores y "padres buenos"– violarse a sí mismos sus derechos.

Esta visión, en países que como los nuestros asumen complacidos sus postraciones y dependencias como si fuesen arrestos liberadores y a cuyo propósito los abogados apenas sirven para redactar proclamas, está en el origen de nuestras tragedias, que no se reducen a la crisis contemporánea de la OEA.

Nuestros gobernantes, por ende, mal se avienen o conviven con órganos de protección de derechos humanos como los señalados, cuyos estatutos rezan que los gobiernos antes que tener derechos asumen obligaciones y quedan subordinados a la ley, en suma, deben responder ante sus pares de las Américas cuando en sus manos menguan la democracia, los derechos humanos que son su contenido, y el Estado de Derecho que asegura a ambas, de conjunto.

ENTRE EL CULTO A LA MUERTE Y LA COSIFICACIÓN DE LA VIDA

(31 de marzo de 2013)

La campaña electoral venezolana se juega hoy alrededor de la vigencia o no del "realismo mágico". Unos, los opositores, intentan desmontar el Mito que forjan los "beneficiarios" del fallecido Hugo Chávez y, éstos, a su vez, exprimen la muerte del ex presidente para afianzar el culto a perpetuidad de su memoria.

Siguen los últimos huérfanos de identidad que no encuentran en los valores o tradiciones nacionales, si acaso existen. Cambian o prosternan los símbolos patrios como negando a la patria que los viera nacer para darse otra, al punto que hasta jurungan los huesos de lo único que a todos une simbólicamente –Simón Bolívar– y que ya no les basta. Su memoria única ha de ser compartida ahora con ese otro "padre bueno" de reciente partida. No encuentran, por lo visto, capilla ni santoral que los satisfaga como venezolanos u obreros de la política o usufructuarios del Tesoro público.

Lo triste es que se trata de una parte importante de la población venezolana que sigue errante y engañada, condenada al nomadismo espiritual como en sus primeros días. Luego de tropezar, por obra de la casualidad, con la savia romano-hispánica y de beber de ella durante casi 300 años hasta alcanzar textura y las certezas de una pertenencia a la civilización, seguidamente la inhuman en el féretro de la desmemoria. La cultura trashumante y de presente vuelve a tomarla por presa y el propio Bolívar, antes, y su predicado causahabiente, después, se encargan de afianzarla.

Nuestra gente vive al día y cada día como si fuese el último, no obstante lo cual los "herederos" de la quijotesca revolución bolivariana creen, a pie juntillas, que es llegada la hora del "hombre nuevo" y sin historia, quien finalmente hará y se dará su propia historia.

Este foco sobre lo que ocurre en Venezuela es apenas un trazo dentro de la crónica. Sirve para situar la brecha demencial que nos separa del resto de las sociedades latinoamericanas y europeas, decididas a transitar por las autopistas de la posmodernidad y ganárselas a tiempo. Al apreciar sus agendas de opinión e información y al compararlas con la nuestra, descubrimos como único activo propio el haber detenido la marcha de la historia. Nos colamos en el último de sus vagones.

Ayer, no más, entre tanto el usurpador Nicolás Maduro acomoda el camino para suceder a su causante político, casi haciendo ver que desde la Eternidad le llegan sus instrucciones y tanto como éste, en su momento, aduce conversar a diario con el espíritu de su predecesor, el Padre Libertador, las páginas de la prensa francesa muestran la renovación universal que acusa la Iglesia de Roma y el debate ético y político de entidad que concita la manipulación científica de los embriones humanos.

En otras latitudes el espacio de la opinión política e incluso parlamentaria lo llenan, en lo particular, el citado diálogo público acerca del uso, con fines de investigación, de tales embriones y las llamadas células madres embrionarias utilizados para la fertilización *in vitro,* para la procreación de seres humanos y el tratamiento de la infertilidad. Una ley aprobada por la izquierda y que opone a la derecha como a la misma catolicidad, que habla de "cosificación de la persona" –obviemos por lo pronto que los adjetivos derechas e izquierdas revelan hemiplejia moral, como bien lo recuerda Ortega y Gasset– recibe, recién, su primera aprobación por los representantes de la Asamblea gala y como parte del cuadro de leyes que promueven la denominada "liberación" (matrimonio entre homosexuales, eutanasia, etc.) para autorizar se disponga de los embriones humanos.

El asunto es muy complejo y delicado. Afecta e involucra aspectos morales relevantes y trae a juego el valor de la dignidad y la naturaleza humanas. Pero muestran, no cabe duda, los graves desafíos intelectuales que plantea hoy la sociedad digital en marcha.

Algunas pacientes, al contar de sus experiencias hablan de angustia familiar y conyugal por el destino de sus embriones "supernumerarios", no utilizados para procrear, pero que adquieren vida y personalidad incluso permaneciendo congelados. Son miles con potencialidad para su plenitud humana, guardados en los "bancos" de la biomedicina y en espera de destino. No saben aquellas que decidir, si dejarlos morir, si entregarlos a terceras madres infértiles sabiendo que son "sus" hijos potenciales, o disponerlos como simple "materia" para su uso por las empresas de investigación farmacéutica.

La cuestión, por lo visto, nada ocupa o preocupa a los "Maduros". Les entretiene o le es más exigente la diaria supervivencia dentro del poder y la escatología.

Aun así, ya tales temas hacen cuna en nuestras proximidades. Costa Rica debate a fondo el argumento y la Corte Interamericana de Derechos Humanos, en sentencia de finales de año, en el Caso *Artavia Murillo*, concluye que la vida cabe protegerla a partir de la concepción; momento que entiende ocurre, a despecho de otra literatura científica y ética que sostiene lo contrario, una vez como el embrión o cigoto –el óvulo fecundado por el espermatozoide– es implantado dentro del útero de la madre.

En fin, mientras el Interino y su gobierno usan y manipulan a los muertos impidiéndoles su descanso para los fines bastardos del poder personal, la Humanidad discute sobre la vida como promesa, tentando incluso los límites de una libertad humana y científica responsables. Somos los venezolanos de ésta hora, parodiando al padre Bergoglio o Papa Francisco, auto-referenciales. Creemos que la realidad global gira y se agota en nosotros, pero el mundo y su curso avanzan, fatalmente, muy distantes de nosotros.

EL DESAFÍO DE CAPRILES

(9 de abril de 2013)

Descubierta la orden militar que intenta repetir, en la elección presidencial del 14 de abril, la operación remolque ejecutada el pasado 7 de octubre cuando Hugo Chávez vence a Henrique Capriles mediando amenazas a sus abstencionistas, beneficiarios de dádivas estatales, a la sazón pide el General Wilmer Barrientos, Jefe del Plan República, no involucrarlos en la diatriba.

Su pedido es pertinente. Es su deber y el de sus compañeros de armas ser imparciales, y así se los demanda el país; ello, a pesar de la excepción desdorosa que significa el marino Diego Molero, Ministro de la Defensa, rezago y mal ejemplo de su promoción.

La participación militar –no de los militares– en la política es una constante inconveniente, que encuentra como intersticio a la república civil y democrática que nos rige a los venezolanos entre 1959 y 1999. Contra la primera protestan nuestros Padres Fundadores como Francisco Javier Yanes, sobre quien escribe el académico Elías Pino Iturrieta. Mas, lo veraz es que la deriva de las charreteras vuelve como mar de leva, desde el día en el que 600 oficiales y suboficiales profesionales de carrera, con los Comandantes Chávez, Arias, Urdaneta y Acosta Chirinos, a la cabeza, abandonan el 4 de febrero de 1992 sus cuarteles y se van a la calle, sin propósitos de regreso.

El recién fallecido ex presidente, desde su llegada al poder se ocupa de montar una estructura partidaria militarizada como ancla de su "revolución" cívico-militar –una más dentro de nuestras muchas revoluciones– y donde el elemento militar domina bajo una extraña conjunción: al civil se le uniforma y al militar se le cambia su divisa por la de miliciano.

Militares activos o en situación de retiro ocupan los cargos clave dentro de los órganos del Estado. Parlamentos, ministerios, institutos autónomos, gobernaciones, alcaldías, y dentro de éstas los puestos que controlan al personal, las finanzas y las compras, son ejercidos por "ciudadanos de uniforme". Hasta en el TSJ y los tribunales ordinarios tienen su cuota, cuyo epígono ha sido el innombrable Coronel Eladio Aponte Aponte. Hacen parte y acuden con regularidad junto a los soldados a los mítines políticos que organizan la Presidencia de la República o el último municipio "revolucionario" de nuestra enrojecida y muy violenta geografía.

La cuestión de fondo, entonces, no reside en la queja de un General a quien los "chavistas" titulan como "general del pueblo" y hoy viste la toga del vigilante electoral sin compromisos, en un instante donde la República se juega su destino entre la civilidad que garantiza Capriles, con respeto por la profesión de las armas, y el servilismo colonial a los cubanos que promueve Nicolás Maduro, sucesor de facto.

Media una situación estructural forjada a lo largo de 14 años, que es resurrección de tiempos idos y posterga uno de los componentes fundamentales del ejercicio de la democracia, a saber, la subordinación de los cuerpos armados al poder civil.

El asunto es complejo. Tanto que, hasta para la vida política cotidiana los venezolanos asumen los modos de comportamiento propios de los cuarteles. Comandos y grupos de batalla partidarias, arengas llenas de lenguaje violento y soez, particiones entre amigos y enemigos ideológicos, resentimientos que van y vienen como arena en el desierto.

La evolución técnica e intelectual de la mayoría de los miembros de la Fuerza Armada, no obstante, es un dato digno de encomio. De "chopos de piedra", quienes se hacen Generales a sí mismos y ante sus peonadas durante el siglo XIX, pasan a ser Oficiales de escuela una vez entrado a fondo el siglo XX; hasta que, a partir de los años '70, alcanzan nivel universitario y hasta cruzan su carrera con las profesiones liberales, en universidades civiles.

Desde entonces se hace obligante comprometer a los militares y asegurarles su acceso a las tareas del desarrollo nacional. Pero también ocurre la desviación acusada y es llegada la hora de ponerle término. En diálogo con los responsables de cuidar nuestra soberanía ha de exorcizarse la rémora del militarismo en las estancias de las tropas y en la cultura nacional, resumida en el "gendarme necesario" y tutelar, causa de nuestro retraso democrático.

Si los "chopos de piedra" hacen de la revolución y en el pasado una suerte de modus vivendi –los "oportunistas" o buscadores de "empleos" quienes se escudan tras el título de "bolivianos" o lo abjuran sin cambiar de talante, según el mismo Yanes– los de ahora, oficiales de academia, por lo visto, con sus armas a discreción le cantan a la libertad mientras los misioneros de La Habana los poseen y colonizan. Una felonía sin precedentes.

SÓLO PIERDE QUIEN NO VOTA

(14 de abril de 2013)

Es conocido y más que sabido el debate intelectual acerca del valor de los comicios en toda democracia que se precie de verdadera.

Algunos le atribuyen virtudes taumatúrgicas, regeneradoras del organismo ciudadano, y hasta hacen del voto la esencia más acabada de dicho sistema político. Otros, entre tanto, apreciando a la democracia como un mecanismo de organización del poder del pueblo, destacan, no muy distantes de los primeros, que el voto importa pues asegura el carácter procedimental de la misma democracia. Se vota, pues, para elegir y ello basta. Cuenta lo cuantitativo, a fin de cuentas.

Durante la segunda mitad del siglo XX, en la misma medida en que ceden, sobre todo en América Latina, nuestras celebérrimas dictaduras militares, a cuyo efecto la gente comienza a elegir libremente, toma cuerpo la idea de la perfectibilidad de la democracia. Exige de algo más y sustantivo. Por ello, a partir de 1959 se afirma que la democracia equivale a respeto y realización de todos los derechos humanos para todos, bajo el Estado de Derecho o imperio de la ley, y asegurándose la independencia de los poderes como garantía de éste y de aquellos; privilegiándose –como ocurre a inicios de la modernidad– a la libertad de expresión y de prensa como su columna vertebral. De la democracia formal se pasa paulatinamente a una suerte de democracia de ejercicio o desempeño.

No obstante lo anterior, alrededor del mismo voto y con el pasar de los tiempos, unos reducen el fortalecimiento de la democracia a mera inflación electoral; mientras más vota la gente más democracia se supone que existe. Es lo que ha ocurrido en Venezuela en el curso de los últimos tres lustros. Pero a la sazón, paradójicamente, quienes sostienen lo anterior, a la par, una vez como se les cuestiona que la democracia, como simple formalidad, también acusa de manipulaciones e insuficiencias crecientes, reveladas en la inequidad de oportunidades entre opositores y el gobierno al momento de acudir al acto electoral, ajustan a conveniencia que más importa que la gente coma. El formalismo democrático es tachado a conveniencia, así, como cosa de oligarcas.

Lo cierto es que a la luz de lo anterior, la reconstitución de la experiencia democrática a partir de lo electoral y con vistas a la creación de condiciones que hagan posible la institucionalización progresiva de la democracia y sobre todo de la ética democrática entre los venezolanos –a medios legítimos, fines legítimos– sigue siendo un desiderátum. Es el mayor desafío, no cabe duda, que habremos de atender luego de este 14 de abril.

Pero al margen de la anterior consideración, creamos o no en el valor de la democracia procedimental o, en su defecto, de la democracia sustantiva o de realizaciones, la importancia del voto y su ejercicio periódico, si acaso es forma también y por sobretodo es sustancia, y mucha.

Nada sostiene y le da tanto contenido a la dignidad humana, al reconocimiento por parte de cada hombre y mujer de su condición de personas, de seres humanos cuyas posibilidades de desarrollo personal le elevan cada vez más por sobre la naturaleza y las cosas, como la posibilidad de pensar y expresarse. Razonar, dialogar, disentir, opinar, votar en suma nos hace ser, justamente, lo que somos: Seres humanos llamados a una vida de dignidad y no sólo biológica.

De allí que, la forma más perversa de degradación a la que puede ser sometido un individuo y que ocurre en los espacios donde reina el "mal absoluto", es el desconocimiento de la capacidad y voluntad en determinados grupos humanos para pensar y actuar de un modo independiente e inteligente.

Durante la Segunda Gran Guerra y en ocasión del llamado Holocausto, lo distintivo era negar la personalidad humana de los judíos, considerados opositores al nazismo. No tenían derecho ni a ser ni a existir, ni a opinar, menos a votar o elegir entre opciones diferentes. De allí que, apenas reivindican sus dignidades cuando otra vez logran y se les admite como ciudadanos, con posibilidades de escoger.

De modo que, el voto, la posibilidad de manifestarse al margen de que terceros respeten o escuchen a quien se manifiesta e incluso admitiendo que nuestras escogencias al final no se realizan, como lo esperamos, es la expresión más acabada de la autonomía del hombre.

Votar, por ende, es el primer compromiso que cada ser humano tiene consigo mismo y ha de defender por encima de toda circunstancia o consideración; pues al votar declara ante sí y ante los otros que existe y es persona. El voto, pues, es, la manifestación suprema de la libertad. Sólo pierden las elecciones, pues, quienes no votan; pues hasta quienes pierden elecciones, al votar ganan como personas y seres racionales.

La omisión y el silencio cabe dejárselas a los muertos, o a quienes deseen enterrar a sus muertos.

VENEZUELA, EN EL VILO

(15 de abril de 2013)

A tres días del monumental atropello consumado durante elección presidencial realizada este último domingo, el diputado y ex Presidente de la Asamblea Nacional, Fernando Soto Rojas, activo militante del régimen, expresó su preocupación por la eventual victoria de Henrique Capriles: Con todas las instituciones en su contra "un gobierno de Capriles sería una anarquía".

Confesó así lo que todos los venezolanos sabemos. No hay independencia de poderes. Ello explica que la presidenta del Tribunal Supremo de Justicia, Luisa Estella Morales, haya obviado, pasando por sobre la Constitución, la inhabilitación que pesa sobre Nicolás Maduro Moro, Vicepresidente y Encargado de la Presidencia de la República, para ser candidato y por ende Presidente electo de Venezuela. Y no por azar el Consejo Nacional Electoral cuenta hoy con cuatro rectoras –de sus cinco miembros– militantes activas del partido oficial. Hacen proselitismo político y defienden al régimen de modo abierto, tanto como lo hace la magistrada Morales y su par, la Fiscal General de la República, Luisa Ortega Díaz.

¡Que se realicen elecciones, pues, no basta para acreditar a la democracia en el país! Los hermanos Castro y su planta insolente, curadores de la vida institucional de Venezuela, hacen elecciones en Cuba regularmente, desde 1959. A la vez se ocupan de monitorear las nuestras, con el aparataje tecnológico y militar de intervención dispuesto al efecto. No se trata de especulaciones. Son máximas de la experiencia.

La circunstancia de que un tal Carlos "Chacho" Álvarez, argentino, enviado de la UNASUR, cuya cabeza es el ex ministro del régimen chavista venezolano Alí Rodríguez Araque ó Comandante Fausto, diga, como acompañante del ministerio electoral del régimen, que Maduro es el presidente electo y los "resultados deben ser respetados por emanar del CNE", en nada cambia las realidades.

El ambiente previo a los comicios y durante su realización, dentro de una campaña constitucionalmente limitada a 30 días y reducida por el mismo CNE a dos semanas, es testigo de todo lo contrario a lo que demandan las elecciones en una democracia. Ellas no se reducen al mero conteo de votos. Han de ser "justas y libres" y encontrarse revestidas de características imprescindibles, como la objetividad, imparcialidad y transparencia, que rezan los artículos 3, 4 y 25 de la Carta Democrática Interamericana.

Al igual que ocurriera para las elecciones del pasado 7 de octubre, cuando Capriles "pierde" frente al enfermo y hoy fallecido Hugo Chávez Frías, quien crece un 10 por ciento en su votación en tanto que el primero eleva el voto opositor en 57 por ciento, otra vez el fenómeno del abuso del poder total y la corrupción electoral se hacen presentes en las elecciones últimas. No se trata de meros ventajismos o acaso incidencias electorales, irregularidades como las que acontecen en toda elección y en cualquier sitio distinto de Venezuela.

Se trata del sometimiento de la condición humana de los ciudadanos por el poder, a través de los mecanismos de inducción del miedo, de violencia de calle, de presión ilegal y "asistida" sobre la soberanía del pueblo en cabeza de los beneficiarios de dádivas oficiales y funcionarios, de control institucional totalitario, de uso de los dineros del petróleo para el proselitismo oficial, de ocupación y uso –fuera de los límites legales– de todo el aparataje mediático y comunicacional instalado por el chavismo durante 14 años para su propaganda, en fin, de una política orientada a silenciar y anular toda forma de disidencia frente a la revolución.

Es por lo anterior que el Poder Electoral, sometido a la discreción gubernamental, ha prohibido las observaciones electorales internacionales de expertos.

No obstante, sus aliados en la comunidad internacional y los mismos rectores electorales presentan al andamiaje electoral electrónico en funcionamiento como el mejor del mundo –Carter dixit–, e invulnerable por supuesto, para ellos.

Como cabe advertirlo, más allá de las reservas que suscita todo sistema digital o de computación susceptible de ser intervenido desde afuera –lo prueba la penetración por WikiLeaks de las bases de información del Departamento de Estado norteamericano– importa destacar que no son las máquinas. Importan los personajes quienes las controlan y manejan.

Capriles, no cabe duda, ganó las elecciones en Venezuela, aun cuando el Poder Electoral del chavismo, con una diferencia de un punto, le otorgue la victoria al gobernante de facto, Nicolás Maduro Moros.

La buena noticia es que la voluntad democrática de los venezolanos es mayoritaria, a pesar de los esfuerzos en contra realizados por Cuba y sus albaceas venezolanos. El problema o desafío grave, más allá de la justa y necesaria demanda opositora de poner la verdad de los resultados sobre la mesa, a costa de lo que sea y democráticamente, es que el país se encuentra partido en dos mitades.

La gobernabilidad, léase la paz de los venezolanos, se encuentra severamente comprometida. Sólo puede asegurarla un líder capaz de armonizar y, sobre todo, tener sentido común y madurez, ausentes en Maduro y en su discurso desde el Balcón del Pueblo.

EN ENTREDICHO LA LEGITIMIDAD DE CHÁVEZ

(23 de abril de 2013)

En las dificultades es cuando se prueba el talante democrático de los gobernantes. El compromiso con la libertad y el respeto por los adversarios fluye cómodo –incluso en los autócratas– cuando discurren ante auditorios abúlicos, adormecidos por el aire acondicionado. No ocurre lo mismo cuando a las poltronas palaciegas llega el calor de la rabia ciudadana incubada extra muros al sentirse burlada por el poder, amenazante de sus estabilidades, sobre todo las de quienes las ocupan minados por el espíritu de la hegemonía.

Nicolás Maduro, Vicepresidente, en ejercicio interino de la Presidencia, candidato a pesar de la prohibición constitucional que se lo impide, luego declarado Presidente electo y juramentado por los suyos, y el candidato de la "solución" y gobernador del Estado Miranda, Henrique Capriles Randonski, concluyeron su debate electoral en un empate técnico. Las elecciones celebradas el pasado 14 de abril muestran a Venezuela partida en dos mitades, casi exactas.

Capriles se enfrenta, aún, a la poderosa maquinaria estatal del chavismo. Soportó el uso ilimitado por Maduro del andamiaje de medios públicos a su servicio; el voto asistido o acompañado, bajo amenaza, de los votantes beneficiarios de las dádivas oficiales; la violencia armada contra sus testigos; la participación de los militares en tareas partidarias; el uso corrupto de los dineros de la industria petrolera para apuntalar la continuidad del gobierno ahora virtual –posible en el Siglo XXI, pero en un combinado de realismo mágico– del fallecido presidente electo Hugo Chávez, quien al paso y desde ultratumba habla y canta en la toma de posesión de su "designado"; por si fuese poco, la parcialidad militante del rectorado electoral. Se trata de máximas de la experiencia para los venezolanos.

Era previsible, pues, el reclamo, antes, durante y luego de los comicios, y el pedido de reconteo y autenticación de los votos sufragados por parte de Capriles. En ello conviene, de buenas a primera, presa de la euforia, el mismo Maduro –¡ábranse todas las cajas!– antes de arrepentirse y demandar que se le entregue, sin más, su credencial de mandatario electo. Era esperable, asimismo, que Tibisay Lucena, jefe del CNE, subalterna que ha sido del jefe de campaña de Maduro, Jorge Rodríguez, proveyese al efecto sin retardo, y a la sazón descalificase al candidato opositor cerrándole las puertas a la transparencia electoral.

Desde el principio, el reconocimiento de Maduro por los aliados políticos o mercaderiles de Chávez en la región cabía descontarlo. Sus "observadores" –Chacho Álvarez a la cabeza– compartieron los actos proselitistas del chavismo mientras esperaban el dictado electoral, a fin de validarlo. La UNASUR pone las cosas sobre una balanza relativa. Reconoce al "designado", recomienda el reconteo de los votos, pero se propone investigar las protestas de calle omitiendo lo esencial para la democracia y luego sobrevenido.

Puesta en duda su legitimidad democrática, Maduro y los suyos, acalorados y nerviosos, desnudan sus comportamientos antidemocráticos, que apenas atenuaba el difunto según lo confiesa el teniente Diosdado Cabello.

El ahora cabeza del Poder Ejecutivo anuncia la prohibición de las marchas opositoras, la imposición de la vía socialista marxista, y la cárcel para su adversario. El presidente de la Asamblea Nacional, Cabello, a la par y en comandita remueve de las presidencias de comisiones parlamentarias a los diputados de la oposición y les espeta que no tendrán derecho de palabra. Y la presidenta del Tribunal Supremo de Justicia, Luisa Estella Morales, abona a favor de la persecución de Capriles y desde ya le adelanta su sentencia. No habrá auditoría manual posterior de las papeletas que prueban el voto, por ser contrario a "su" Constitución.

Lo cierto es que no puede garantizarse la gobernabilidad sin moderación y sin disposición cierta al diálogo, entre las dos "Venezuelas". Eso han de apreciarlo la OEA y la UNASUR. No basta tenderle una mano a la oposición mostrándole con la otra la bandera cubana. Maduro es un "civil", dentro de un régimen de neta factura militar, negado a la civil. Menos podrá gobernar Maduro sobre la sangre que corre a diario por las calles de nuestra geografía y la amenaza cierta de una recesión profunda. No hay dineros para mantener llenas las despensas y lo que queda es cada vez menos accesible al bolsillo de los pobres.

Lo evidente es que los herederos y albaceas del Socialismo del siglo XXI, con sus desplantes, ponen en entredicho, antes bien, la legitimidad electoral del propio Chávez. La hacen sospechosa. Se han diluido el carisma de éste y su capacidad para el tráfico de las ilusiones. La verdad se encuentra a la vuelta de la esquina.

MADURO Y LA GOBERNABILIDAD, BAJO GRAVE AMENAZA

(28 de abril de 2013)

En condiciones de normalidad, en una república donde la Constitución y sus leyes son interpretadas cabalmente, sin sufrir mutaciones de conveniencia por jueces políticamente comprometidos, y en la que los ciudadanos cuenten con la garantía de sus derechos bajo poderes públicos independientes, Henrique Capriles Radonski sería, sin lugar a dudas, el actual Presidente de los venezolanos.

No cabe, con ello, subestimar la militancia amalgamada a su alrededor por el carismático presidente fallecido, Hugo Chávez Frías; forjada sobre una Venezuela que pierde su cohesión social durante los últimos 20 años del siglo XX; por defecto de las condiciones anteriores; como resultado de la vocación hegemónica de soldado que acusa éste; y además, dada la cultura asistencialista que él mismo refuerza durante sus 14 años de mandato. Pero el *tsunami* de votos –de los cuales 5 millones son pobres– provocado por Capriles, revela que la comedia revolucionaria llega a su final desde el pasado 14 de abril.

Acaso sus actores serán los mismos, "mientras tanto", pero falta el protagonista. La trama que los obliga, ahora es otra.

¡Que el sucesor impuesto por La Habana, Nicolás Maduro Moros, confirmado por el moribundo presidente antes de partir hacia su Gólgota, ocupe hoy la silla de Miraflores y arguya haber ganado en comicios limpios, con un magro 1% de diferencia en los comicios realizados, no cambia la realidad!

Acaso vieja pero encubierta y hoy desnuda, esa realidad nueva muestra datos de significación: (1) La Unidad, como expresión de la Mesa de la Unidad Democrática y alianza entre todos quienes defienden el sistema democrático verdadero, obtiene más votos que el partido único oficial, el PSUV, quien hubo de completar su precio electoral con los centavos que le aportan los micro-partidos que son sus clientes de ocasión; (2) Tres lustros de pedagogía marxista-leninista, bajo dirección de cubanos diseminados por toda la estructura del Estado y la organización comunal que aún hoy intenta sustituir a las formas republicanas, no lograron cambiar la esencia del venezolano, pues se acostumbró a vivir en libertad; (3) Venezuela, si se aceptan los resultados electorales oficiales, muestra estar partida, políticamente, en dos mitades exactas; (4) La negativa del "ministerio electoral" –4 de los 5 miembros del Poder Electoral son militantes del oficialismo– en cuanto a realizar una auditoría imparcial y objetiva, que despeje las dudas sobre la elección realizada y eventualmente confirme la victoria del mismo Maduro, le hace perder a éste y al CNE toda legitimidad ante las mayorías y buena parte de la comunidad internacional.

De modo que, el ahora presidente no las tienes todas consigo.

La gobernabilidad, que es cualidad de las comunidades políticas en donde existe la obediencia cívica a gobiernos que éstas aceptan como legítimos, hace falta para alcanzar la gobernanza –el ejercicio efectivo del gobierno– y aún más para la gobernanza democrática. De modo que no se trata de un mero asunto de números, más o menos, como lo creen Maduro y los otros causahabientes de Chávez. Cuentan más las fracturas sociales profundas.

No se olvide, al respecto, que el poblamiento venezolano con el aporte de corrientes europeas que se suman a los planes de colonización del territorio, es obra de los gobernantes del siglo XX, aun cuando lo inaugure el general José Antonio Páez en 1830, al dictar su decreto favorecedor de la inmigración canaria. El propósito es alcanzar la fragua de una sociedad armónica, que alcance su identidad en el "mestizaje cósmico" que apunta Vasconcelos, pero con una predominancia cultural de corte latino y Occidental. Sin embargo, hacia 1974, cuando adviene la llamada Venezuela Saudita, dentro de un contexto en el que la pobreza, la exclusión y el desarraigo toman cuerpo acelerado –obra de dictaduras y de guerras, que a su vez son propicias a la instalación de la Teología de la Liberación en el mundo andino y centroamericano– otra corriente, distinta, anega y antagoniza, se desplaza hacia Venezuela. Se cruza con sus gentes y cede el patrón cultural dominante. Son millones los desheredados quienes toman espacio dentro de nuestra generosa geografía, progenitores de nuevos hijos y nietos venezolanos. Ocurre un verdadero "parte aguas" social, que se afirma a lo largo de los años '90 y clama luego de urgentes equilibrios y no es ajeno a su explotación "revolucionaria".

Rafael Caldera ejerce su último gobierno hasta 1999 con el apoyo de una minoría mayor dentro de las varias minorías que forman al país, afectado desde entonces por una severa anomia. Es global la crisis de las democracias dentro de la misma democracia y el repliegue estructurador de los Estados y los partidos políticos. No obstante, nadie pone en duda su legitimidad para gobernar; pero el cuadro señalado le obliga –para hacer viable su gobernanza– al aseguramiento de la gobernabilidad reuniendo y obteniendo consensos –incluso muy precarios– entre las partes o pedazos del rompecabezas nacional, amigos, opositores, cuadros diversos de la sociedad civil. Pudo conjurar así la violencia y darnos la paz. No fue derrocado. Tampoco se derrumbó.

Maduro no advierte, en otro orden, que es un "civil" dentro de un régimen de neta factura militar y, por si fuese poco, penetrado éste por la corrupción y el narcotráfico, los mayores factores de disolución social contemporánea.

Intenta gobernar en un país anegado por la sospecha y la desconfianza, que demanda transparencia y servicio a la verdad; cuya mitad "política", cuando menos, cree burlada su voluntad soberana y a la que, junto a su otra mitad, apenas le espera el calvario de la recesión económica. No hay dineros

–el déficit fiscal alcanza a 19 puntos del PIB– a fin de situar la disyuntiva, siquiera, sobre el terreno que antes pisa el Contralmirante Wolfgang Larrazabal en 1958, con su Plan de Emergencia para la distracción popular: ¡O plata, o plomo!, según la expresión de su ministro de relaciones interiores, Numa Quevedo. Y se ha ausentado para siempre, por si fuese poco, el último prestidigitador y traficante de ilusiones que nos lega nuestra larga tradición de caudillos, quien hizo ver virtudes prometedoras de la redención en las desgracias e ignominias muchas padecidas por el pueblo venezolano.

Hemos llegado, pues, al "llegadero".

Maduro, si hace política y marcha al encuentro de toda Venezuela, acusará dificultades con los talibanes y la sargentería que le sostiene; pero quizás pueda alcanzar la gobernabilidad necesaria, acompañado por el universo de los venezolanos, si los respeta. Si huye hacia adelante, opta por profundizar las divisiones sociales y políticas, persigue a Capriles y los suyos como ya lo hace y se lo exigen los primeros, no le bastarán las caponas y charreteras que puso en sus manos el marino "muy oportunista" quien es su ministro de la defensa, Diego Molero Bellavía. Hará méritos, pero para repetir el papel de Germán Suárez Flamerich, civil y diplomático quien sucede en la presidencia al asesinado Coronel Carlos Delgado Chalbaud a partir de 1950, por breve tiempo. Nada más.

LAS AUDITORÍAS DEL PSIQUIATRA Y LA SEÑORA TIBISAY

(7 de mayo de 2013)

Dicen que los psiquiatras tienen a sus propios psiquiatras. Se cuidan para que los desvaríos de sus pacientes no les enloquezcan. Es algo así como un exorcismo al que se someten para purgar sus propias locuras.

Al loquero mayor del PSUV y alcalde menor, Jorge Rodríguez, tal regla de oro le pasa por delante. Su risita nerviosa se acrecienta cada vez más y lo tiene por presa. Queda al desnudo cual si se tratase de un delirante recoge latas, cada vez que habla de auditorías. Es una obsesión con la que afirma su culto maniático por la mentira.

Entre tanto, la que fue empleada del psiquiatra, Tibisay Lucena, hace mutis. Recibe homenajes de los soldados de la revolución, quienes destruyen lo que nos queda de formas constitucionales. Es una experta, también, en la manipulación y perturbación del lenguaje. Trastoca la relación que ha de darse entre medios y fines legítimos en toda relación democrática. Las palabras que usa una cosa significan para ella y otra para los venezolanos. Vivimos, pues, en dos azoteas diferentes.

El comentario viene al caso, pues al referirse Rodríguez al avance de la auditoría que lleva a cabo el "ministerio electoral" de la Lucena y ponderarlo en sus excelencias, me atrapan los recuerdos.

Una vez como ocurre el referéndum revocatorio del fallecido presidente Chávez, bajo el auxilio que SUMATE presta a la antigua Coordinadora Democrática de oposición ésta demanda una auditoría posterior de las votaciones ocurridas en 2004. Jimmy Carter, de concierto con Rodríguez, se encarga de ponerle piedras en el camino. Ambos pactan los términos de la misma, que debe aceptar sin reservas la oposición para no quedarse fuera, como en efecto ocurre al final.

Rodríguez y Carter hacen de las suyas, ligaditos. Carter anuncia haber preparado un programa de selección aleatoria de las urnas, que supuestamente cuidan, con celo, sus colaboradores; pero que llevan ante aquéllos –ya abiertas– los soldados del Plan República. Y el programa en cuestión, al paso, no funciona.

De modo que Rodríguez, en una de sus manías –tramposo contumaz– y en un tris pone en manos del Centro Carter otro programa alternativo para la escogencia de las máquinas y votos a ser auditados. Y los inocentes dedos de la Lucena se posan entonces sobre el "ordenador"–y le impide hacerlo a los funcionarios de Carter para que no vean comprometida su "neutralidad" como observadores– determinando a su arbitrio los elementos auditables. El informe final no podía ser otro. Chávez ganó, según Carter y Rodríguez, y todos aplaudieron, incluida la Lucena.

Por allí, en las páginas del Internet deben estar esos viejos informes. Carter, palabras más, palabras menos, cuenta que la elección no fue justa; que el CNE decidió siempre a favor de Chávez y nunca de la oposición; que las cosas no estaban en su puesto; pero que la victoria gubernamental era impecable. Todo un galimatías.

El informe de César Gaviria, antes bien, que rinde ante la OEA y pide estudiar las denuncias de fraude presentadas por la oposición, desaparece –conservo mi copia– a manos de su sucesor, el destituido y luego encarcelado ex presidente Miguel Ángel Rodríguez, a quien Carter se encarga de meter en cintura.

Luego de los hechos la oposición decide seguir adelante. No mira atrás. Busca superar la circunstancia, pero no faltan las voces –dentro de ella– ocupadas de convencer al país de la victoria del NO y la justa derrota opositora.

Ha pasado mucha agua bajo el puente. Y ahora, otra vez se hace presente la pareja Rodríguez-Lucena. Hace de las suyas y busca hacerle creer a los venezolanos que nuestro sistema electoral está blindado. Cabría, pues, aconsejarle al Departamento de Estado y al Pentágono copiar el andamiaje tecnológico venezolano para que no repita la vergüenza a la que lo somete el hacker Julián Assange con sus WikiLeaks.

En buena hora, nadie coge experiencia sino en cabeza propia. La mayoría de los venezolanos han abierto los ojos. Se han curado de derrotas imaginarias y forjadas, sin acudir a los servicios de un psiquiatra. Han tomado conciencia de ser mayoría, y mayoría creyente en la libertad. Y no tienen dudas, al fin, sobre la caja negra que es y ha sido el CNE, como no tienen dudas acerca del liderazgo renovador y prometedor que les ofrece, con serena voluntad de servicio a la verdad, Henrique Capriles.

A los otros, por lo visto, les espera hundirse en el tremedal. Son mitómanos contumaces y violentos –el psiquiatra Rodríguez su mejor ejemplo– en medio de la inestabilidad mental que hoy les acelera, en lo particular al teniente Diosdado Cabello, la muerte del gran loquero de la Venezuela contemporánea.

ENTRE MILITARES Y PARAMILITARES

(11 de mayo de 2013)

Es un hecho cierto que Venezuela se ha transformado en un cuartel. Ha regresado a su siglo XIX y la primera mitad del XX. Y Nicolás Maduro, cabe lo reitere, es un "civil", preso de los militares quienes le sostienen en su ilegitimidad. Y lo sabe.

Decir "civil", cabe recordarlo a quienes no han pasado por una academia o dependencia militar, equivale a invocar a la nada. "Civil" es la ofensa o el acto de humillación mayor al que pueda someterse un cadete o soldado. La civilidad es excrementicia y por ello se la desprecia dentro del mundo castrense. No por azar nuestros padres fundadores, civiles, reunidos en Congreso hacia 1811, luego son prosternados por loquitos. Osan imaginar para nuestros pueblos, recién independizados, repúblicas civiles, léase "aéreas" como las llama Bolívar.

Desde hace 3 lustros, otra vez, los venezolanos vivimos bajo las botas; porque Venezuela –lo dice alguna vez el Chávez ahora muerto, cuando estaba y se hacía el vivo– es el tesoro perpetuo de los militares. Es lo que cuenta e importa analizar, por consiguiente.

Que quepa llamar como régimen castro-cubano al de Nicolás Maduro y su antecesor, apenas indica que la diferencia entre nuestra reinstalada "república militar" con las otras que ayer conducen, desde Caracas, Cipriano Castro, Gómez, López Contreras, Medina, o Pérez Jiménez, es la dignidad.

Hoy contamos, antes bien, con un Estado gendarme secuestrado por militares quienes han sido colonizados, sin disparar un sólo tiro, por una fuerza de ocupación extranjera y empobrecida, expoliadora, la miserable Cuba de los hermanos Castro.

Rige entre nosotros un pro-consulado militar, que vergüenza concitaría a los militares quienes fueran pares de los nuestros en América Latina y cuyas dictaduras –las de Pinochet, Videla, Somoza, Stroessner, Rojas Pinilla, Trujillo, por lo pronto– las justificaban, cuando menos, en la idea de la patria soberana.

Los nuestros, por lo visto, al quedar en evidencia cometen una estupidez –más que un crimen– al encarcelar al general Antonio Rivero, por decir lo que todos saben y el pueblo grita a voz en cuello. Más de 200.000 cubanos fidelistas dirigen nuestros asuntos más sensibles –los de seguridad nacional–

y hasta los menos sensibles pero importantes por su efecto popular, como los negocios de medicinas y alimentos; para no citar los recursos petroleros que a la manera de prestaciones paga, cual siervo de gleba y a sus señores, Rafael Ramírez, el rico Mac Pato de la revolución venezolana.

Tanta es la penetración castro-cubana que el propio Maduro, irritado por quedar igualmente al desnudo –pues ellos lo forman y lo ponen donde está– señala con su dedo y persigue, acusándolo de xenófobo, a quien exprese su malestar hacia los colonizadores.

De modo que, para los faltos de memoria cabe apuntar que las gobernaciones estratégicas del régimen castro-cubano instalado en Venezuela las ocupan militares, activos o no. Militares son los ministros de las carteras más sensibles –Interiores y Presidencia– y hasta la presidencia del parlamento la ocupa un oficial subalterno, un teniente con ínfulas de mariscal. Y no cuento al Tribunal Supremo pues su emblema militar ya renunció. Huyó perseguido por los suyos para que los asuntos no santos de los suyos quedasen ocultos. Me refiero al Coronel Eladio Aponte Aponte, jefe de la justicia penal revolucionaria, quien la administra para liberar a narcotraficantes y lo hace a nombre de la disciplina militar, no con lealtad a la ley, según lo confiesa desde USA.

Lo cierto es que nuestro invadido ejército ahora se dispone invadirnos, a los venezolanos. Esas tenemos. A contrapelo de la Constitución que nos obliga, ocupa como primer frente de batalla a la barriada de Petare, en el Estado Miranda, gobernado por Henrique Capriles. Pone al margen lo que poco le importa, el carácter "civil" de la seguridad ciudadana, por lo que dos hipótesis saltan a la vista: Una, se trata de la toma de un "territorio" que considera amenaza imperial, pues lo gobierna el candidato a quien los cubanos le escamotean los votos el pasado 14 de abril. Otra, quizás, es el cumplimiento de tareas que los comisarios cubanos le asignan a nuestros soldados para que se distraigan, mientras apagan el ruido de la ilegitimidad que corroe a Maduro y su entorno.

¡Si a ver vamos, si se tratara de una lucha sincera contra la delincuencia lo que determina la irrupción militar en las calles venezolanas habrían de acabar, primero, con el paramilitarismo, que les gana más terreno que los cubanos y son la fuente real de los delitos: las milicias, los "narcosoles", los "tupamaros", todos juntos!

Maduro, por "civil", ha de poner sus barbas en remojo.

DIÁLOGO DE FARISEOS Y RETÓRICA REVOLUCIONARIA

(21 de mayo de 2013)

La urgencia del diálogo nadie la discute, menos su carácter imprescindible para quienes creemos en la democracia y amamos la libertad.

Desde la perspectiva del pensamiento humanista cristiano, el reconocimiento de la igual dignidad de los otros signa las ideas del pluralismo y la convivencia pacífica, como soportes de una verdadera democracia.

Algunos actores de la oposición, apreciando lo dividida e irreconciliable que se muestra Venezuela, hablan de diálogo, se refieren a sus actores necesarios –Nicolás Maduro y Henrique Capriles– y les piden conducir la agenda del entendimiento dentro del respeto a la Constitución. Hasta aquí, desde el punto de vista de los principios, la cuestión se presenta libre de sospechas.

Pero el caso, a todas luces, es que Maduro acusa como su único e inmediato interés superar la deriva de su ilegitimidad, que corre como río sin madre, y (2) sortear, sin disposición a un cambio sincero de rumbo, las gravosas condiciones de la herencia política que recibe del finado Hugo Chávez y que se traduce en improductividad, inflación, corrupción, narcotráfico, pobreza, violencia social sostenidas, en suma, ingobernabilidad.

El diálogo, para Nicolás y su entorno, como fieles discípulos que son o tontos útiles que han sido del credo marxista cubano, no tiene otro significado que el de la táctica dilatoria. Buscan superar su desahucio al saberse gobernantes de utilería y dependientes, bajo condiciones, de la sargentería y los colonizadores quienes les sostienen.

El valor del diálogo, en democracia, tiene otra connotación. No por azar, la ética democrática predica medios legítimos para fines legítimos y repugna a quienes usan de la democracia para luego vaciarla de contenido.

En síntesis, no basta predicar el diálogo necesario si a la par no se reclama de algo más y algo previo a la determinación de las cuestiones muy importantes y hasta urgentes que lo demanden. No hay diálogo posible y honesto entre quienes tienen idiomas distintos y para quienes, asimismo, las palabras, en apariencia comunes, significan cosas muy diferentes. De modo que lo primero que cabe es restablecer en Venezuela el valor político y jurídico de la palabra, para lo cual no basta disponer de una Constitución común. A falta de ello lo que cabe esperar es la retórica y nada más.

Si algún éxito ominoso cabe atribuirle a la experiencia que nos lega el último caudillo de nuestro siglo XX, fallecido en pleno siglo XXI, fue su astuta capacidad para separar a los venezolanos confundiéndonos el lenguaje, transformándonos en una Torre de Babel. Fascismo, golpismo, oligarquía, corrupción, democracia, imperialismo, no significan lo mismo para los unos y para los otros, para los comunistas y para los demócratas.

Mientras Maduro hace retórica y acaso conversa con uno que otro opositor a conveniencia, como en el caso de Lorenzo Mendoza, lejos se encuentra de aquél el ánimo para exponer sus ideas y afectos o desafectos, para intercambiar posturas y encontrar acuerdos, aceptando la validez de las posturas de sus interlocutores y abriendo espacio, incluso, para cambiar las suyas, tanto como puedan hacerlo sus adversarios.

El autoritarismo, por principio, excluye y se niega al diálogo, que no sea bajo simulación. Prefiere apelar a la retórica, justamente, por cuanto su interés es persuadir y convencer a todos de su credo, mediante una manipulación de la opinión. El diálogo genuino busca la verdad sin prejuicios. Es medio y finalidad, a la vez, nunca estratagema o circunstancia.

La cuestión de fondo es, justamente, esa que no entienden quienes hoy promueven el diálogo para superar las dificultades de momento y lo hacen hasta de buena fe. Obvian lo elemental. No hay diálogo sino dentro de la democracia y con apego a su moralidad, sean cuales fueren las cosmovisiones particulares de sus actores.

Maduro es, en esencia y por vocación, el heredero y guardián de la memoria de un dictador, a quien busca salvar e imponer más allá de los tiempos y, a su vez, le rinde culto al totalitarismo de inspiración comunista. Sus adversarios, es mi caso, creemos en el dogma de la democracia. Somos agua y aceite, y quizás algunos demócratas puedan conversar con él, pero nunca podrán avenirse con él salvo renunciando a lo que son.

En síntesis, lo que cabe es la resistencia democrática y, acaso, la conversación –bajo presión, pero nunca mediante diálogo– con el carcelero del momento. Es legítimo pedirle que alivie nuestras penurias dentro de la penitenciaría que llaman Socialismo del Siglo XXI, que nos mantiene tras las rejas a todos, a nuestros derechos humanos, y al mismo Estado de Derecho.

LAS MAFIAS DEL SIGLO XXI

(26 de mayo de 2013)

Luego de las gravosas y podridas confesiones del cagatintas Mario Silva, uno de los discípulos más afectos del fallecido presidente Hugo Chávez y conductor del programa de tv La Hojilla, vocero oficial de la revolución, queda al descubierto lo que el común sabe pero opta por no digerir, dado lo desdoroso. ¡Y es que admitir que el régimen imperante en Venezuela, más allá de su sujeción a la tutela cubana y de mostrar su servil adhesión al socialismo marxista, es, hasta en los tuétanos, una cloaca de criminales, resulta bastante penoso!

Al fin y al cabo todos a uno somos venezolanos, a pesar de la citada hipoteca que ata a casi una mitad del país a los hermanos Castro y sus misioneros. Los camaradas de Silva, denunciados por él mismo luego de revelar que el sistema electoral creado para sostenerlos ha sido penetrado por la derecha, vienen desde las entrañas de nuestro gentilicio. No se trata de marcianos.

Han sido puestos al descubierto como responsables de hechos delictivos que escapan y desbordan la igualmente condenable pero tradicional corrupción de los gobiernos de América Latina, como europeos y también asiáticos.

El caso es que siguen allí como si nada, y mandan. No se trata de parias de la revolución. Son sus jerarcas, la claque, los Maduro, los Cabello, los Rangel, los Rodríguez, los Ramírez, y también quienes los han parido, los Chávez, según lo precisa Silva. Todos a uno, cada vez que en el pasado reciente se les señala y hasta denuncia por sus distintas tropelías desde la oposición democrática, comparten la respuesta manida que no se hace esperar; sobre todo en boca de la desteñida Fiscal General de la República, Luisa Ortega Díaz, ¡Nada tengo que investigar, que presenten pruebas los denunciantes, son infamias de los enemigos de nuestra democracia, de la revolución, del chavismo, coaligados con la derecha internacional!

Aún más, casi con lágrimas en los ojos, al día siguiente de cada acusación que pone en entredicho la moral pública, era normal ver al mismo presidente fallecido o a sus herederos de ahora, abrazando a los pobres. Les hacen ver que la contra-revolución apátrida les desprecia y son ellos a quienes ésta se refiere al denunciar hechos de corrupción.

La imagen de la mafia y el Padrino recreados por el cine, por ende, ilustran bien el desembuche del esbirro del 8, incluida su traición a la "familia". Luego de asesinarlas y sobre la sangre tibia de sus víctimas, los mafiosos acuden a misa y hasta reciben la comunión, como si nada.

Esas tenemos, pues.

El innombrable Silva, quien se ocupa durante los últimos 14 años de horadar reputaciones de opositores en nombre de la revolución y Chávez, haciendo públicas las grabaciones que llevan a su mesa los sapos al servicio de los últimos, hoy bebe de su medicina e ingresa con "honores" al basurero de la república.

Confiesa que a la par de fraguar elecciones acomodaticias los suyos se cargan los dineros del tesoro público sin dejar obra alguna, por lo visto. Advierte la colusión criminal entre los grandes nombres del Socialismo del siglo XXI, para dejar al país sin divisas. Y admite, en lo personal, ser un lacayo del G2 cubano, al que lleva sus infidencias para que los hermanos Castro decidan a su arbitrio sobre nuestro destino.

Lo insólito de todo esto es que se trata de una pandemia que hace escala e instala en distintos sitios de la región, partiendo desde Nicaragua, terminando en la ciudad del tango, Buenos Aires, y comprando silencios gubernamentales por doquier. Allí están los célebres maletines de dólares provenientes de la industria petrolera venezolana enviados al sur para sostener en el poder a la familia Kirchner, empantanada por latrocinios de no menor catadura y sin parangón, por su impudicia, en la historia política de las Américas.

En el pasado, los dictadores corruptos y criminales eran tales y sin trapisondas. No engañaban. No se ocultaban tras el dolor de los más necesitados ni usaban trajes de demócratas a la hora de cometer sus fechorías. Eran transparentes, si cabe decirlo, hasta en la práctica del despotismo Esta vez el Socialismo del siglo XXI, quedando al desnudo desde su sede oficial, Caracas, se muestra cabal como el reino de la mentira, del engaño, del cinismo. Representa y es, aderezado por los cubanos fidelistas, el despojo excrementicio que a su paso dejan nuestras sociedades en el curso ya bicentenario hacia sus modernizaciones.

Esperemos que esta vergüenza propia, ventilada por otra patada histórica más, sirva para iluminar nuestro camino hacia mejores derroteros.

LA MUERTE DE LA MORAL REPUBLICANA

(31 de mayo de 2013)

Al escribir sobre el año 2012, en mi libro sobre la "Historia inconstitucional de Venezuela" (Editorial Jurídica Venezolana), narro que la vergüenza, al término de 14 años de "revolución bolivariana" y de socialismo del siglo XXI, pierde su sentido entre nosotros, los venezolanos.

Milagros Socorro, periodista cabal, hoy relata con mejor tino nuestra Humillación infinita, luego de lo delatado por el verdugo mediático Mario Silva, espía del G2 cubano y ancla de Hugo Chávez en la televisión estatal. Dice que "nos han dejado sin las palabras necesarias para consolar el alma lacerada y dar inicio al relato que contribuya a saturar el país malherido". Silva desnuda su podredumbre y la de sus camaradas.

Tras todo esto, lo veraz es que el militarismo, obra renovada del Zaratustra tropical que es Chávez, asume el poder real antes de que éste abandone su caja de huesos en tierra cubana, y de que los suyos le monten en Caracas un teatro mortuorio de utilería.

Hacia diciembre Chávez escoge a dedo al mascarón de proa o sucesor de impostura que es Nicolás Maduro –para complacer a los Castro– pero previamente le ordena al teniente Diosdado Cabello domesticar la sede de la soberanía popular, la Asamblea, y a Henry Rangel Silva –general de los perseguidos por la DEA– contener el poder de fuego de sus soldados.

A la sazón, desde el Tribunal Supremo previéndose lo inevitable y para asegurar la voluntad testamentaria cierta del Comandante Presidente, uno de sus jueces, Arcadio Delgado, se ocupa de releer a Carl Schmidt, artesano constitucional del nazismo. Imagina la final construcción del Estado total que debe ubicarse, muerto aquél, más allá del hombre común y sus debilidades.

Es el fascismo, pues, la fuente en la que bebe apresurado Chávez guiado por Fidel –más astuto y perverso– antes de despedirse de este mundo y en la hora de "su gran desprecio", como para que la felicidad se nos convierta a sus compatriotas en nauseas infinitas.

Recrea en sí, en su momento postrero, las imágenes que desgrana el ideólogo del nacional socialismo y autor de *Así habló Zaratustra*, Friedrich Nietzshe. Y da gracias por el cáncer que sufre, pidiéndonos –cabe recordarlo– no subestimar la obra del filósofo germano. Marx ya no cuenta.

Nietzsche predica la muerte de Dios, dado lo cual todo cabe y la moral salta por los aires. Imagina al superhombre, quien enloquece a sabios y prudentes, distribuye las riquezas entre los pobres expoliando a quienes las tienen, y llama delincuentes a quienes hablan de "esperanzas sobre terrenales". Chávez, en un tris y al leerlo, se ve como el Sol, pero antes su ocaso.

Schmidt, para el juez del horror citado, le revela a los herederos de Chávez el valor nulo del individuo cuando se encuentra fuera del Estado, alejado de su referente necesario; en nuestra circunstancia, el propio Chávez, su historia, su memoria.

¡Que fuera de Venezuela y desde su hospital cubano nos gobierne sin respetar nuestra dignidad nacional, apenas le dice a éste, por atado a la lectura fascista, que somos infra humanos: suerte de abismos entre el animal o mono que nos precede y él! Nada más.

Que más tarde grite como lo hace en el año 12 ¡Cristo, dame vida!, al verse finalmente tal cual es, hombre a secas, declinante, errabundo en suelo ajeno, gusano del laboratorio comunista, antes sol y "super-hombre", es la lección que también le deja el mismo Nitzsche.

A "los Silva", según la trama del catecismo que el mayor de los Castro le entrega a Chávez para su agonía, les resta el desahogo inevitable o la hilaridad de la locura. Por ello, desde cuando enferma el Comandante Presidente, vomitan éstos la desvergüenza y constatan que hasta el sol se eclipsa, como reza el Eclesiastés.

El ex fiscal Isaías Rodríguez es quien abre fuegos, desde 2012. Cuenta conocer, anticipadamente y por voz del fallecido Presidente, sobre la masacre del 11 de abril. Y le siguen, llenas de un miedo que hace pandemia entre los revolucionarios, las confesiones del Coronel Eladio Aponte, verdugo de la justicia penal socialista, quien acepta haber condenado por dicho crimen a unos Comisarios inocentes y asimismo perdonado a narcotraficantes con vara alta en el Palacio de Gobierno. No se ahorra las palabras.

Nada sorprende, en suma, que dentro de la trama aparezca, como epílogo, concluidas las pompas fúnebres, el esbirro mediático ya citado, buscando conjurar contra los herederos auténticos de su bien amado Comandante, los "milicos", a quienes éste corrompe y les permite latrocinios de toda laya durante su vida y quienes luego se encargan de ejecutar a Silva. Entre tanto, nuestro Zaratustra disfruta su último pecado, desde la oscuridad de su cueva, escuchando el grito de socorro de sus "super hombres".

TRAICIÓN A LA PATRIA

(2 de junio de 2013)

Nicolás Maduro, inmaduro para el ejercicio del poder opta por mirarse en el espejo y anuncia que perseguirá por traición a la patria a sus opositores. Pero olvida y omite, habiendo sido Canciller y ahora sucesor designado a dedo por Hugo Chávez, los antecedentes desdorosos de ambos, que cuadran al pelo con lo dispuesto en los artículos 128 y 138 del Código Penal. Ellos hablan de conspiraciones contra el territorio o nuestras instituciones republicanas de concierto con naciones extranjeras, o de negociados con éstas traicionando el mandato que se tiene y perjudicando los intereses de Venezuela

Recordemos pocos ejemplos.

1998: el candidato Chávez pacta con Libia e Irak, de manos de Fidel Castro, el cambio de nuestra estrategia petrolera para usar el oro negro como instrumento para agredir al Occidente. 1999: pacta, ya Presidente, con las FARC, a la que le ofrece nuestro territorio como aliviadero, lavarle sus dineros sucios y hasta recibir asistencia energética. Y es cuando se extravía un lote de pasaportes venezolanos que se descubren en manos de los primeros cubanos que nos invaden con su consentimiento.

2000: Ramiro Montesinos le suministra armas –10.000 fusiles– a las FARC, financiadas con bonos venezolanos. 2001: nacen los Círculos Bolivarianos, que entrena la embajada libia en Caracas. 2002: queda instalada en Venezuela la "brigada internacional de la revolución cubana", cuyos misioneros suman 7.000 y para ellos pide salvoconducto la embajada cubana durante las horas críticas del 11 de abril. 2003: se firman los primeros acuerdos con el gobierno terrorista de Irán, ofreciéndosele nuestro territorio para sus operaciones "económicas" y financieras.

2004: 500.000 cédulas de venezolanos son entregadas a las FARC para que los colombianos voten en el referéndum, y el propio Chávez reconoce la participación activa de Castro en la formación de la Misión Identidad que le asegura su victoria. 2005: se respalda al programa nuclear de Irán y firman convenios con el dictador libio, Muamar Al Gadafi; y entre tanto Peter McLaren, educador marxista extranjero se ocupa del diseño de nuestra reforma educativa. 2006: Venezuela financia 12 bases militares en Bolivia, arguyendo proteger a Evo Morales.

2007: el Comandante castrista J.J. Ravilero confiesa, junto a Chávez, que residen entre nosotros 30.000 milicianos, sin contar a los médicos. 2008: Irán ya lava sus dineros a través Banco de Desarrollo Industrial.

2009: Chávez reconoce el estatuto de beligerancia de la guerrilla colombiana (FARC y ELN); y hacia septiembre Castro admite ser el negociador de nuestros equipos médicos con la empresa holandesa Philips. Y la deuda con China –comprometiéndose petróleo a futuro– se lleva hasta 8.000 millones de dólares. Se le entrega a Gadafi una réplica de la espada de Bolívar, a la vez que el gobierno oculta las iniciativas de Guyana para cercenarnos el Esequibo y su mar territorial.

2010: la Audiencia española advierte la cooperación del gobierno en la forja de las relaciones entre la ETA y las FARC; los vuelos de Iran Air desde Caracas con escalas en Beirut y Damasco, transportan –según se denuncia– uranio venezolano, llevando como pasajeros a agentes iraníes y personal de inteligencia de Hezbollah. El Comandante cubano Ramiro Valdés, conocido represor, lo involucran Chávez y los suyos en nuestra gestión pública, arguyendo que resuelve nuestra crisis cléctrica; luego de lo cual Colombia nos denuncia ante la OEA por proteger en su territorio a campamentos de las FARC y ELN

2011: Chávez nos gobierna desde La Habana; queda al descubierto el daño patrimonial que sufre la república –estimado en 18.430 millones de dólares– al ascender la deuda con el Fondo Chino hasta 28.000 millones de dólares y ser garantizados en su pago con la entrega de petróleo durante 10 años a un costo de $40 dólares por barril. Cuba, por lo demás, asume el control de la identidad de los venezolanos y la información que ella produce. Luego de lo cual, la imagen del fallecido mandatario argentino Néstor Kirchner preside en lo adelante la Sala del Consejo de Ministros venezolano.

2012: Apoyando la estrategia del ALBA se ordena nuestro retiro del sistema interamericano de derechos humanos, conculcándose el derecho de amparo que consagra la Constitución en favor de los venezolanos; y toma cuerpo el malestar por la presencia de comisarios cubanos dentro de nuestra Fuerza Armada. Hasta que, llegado el 2013, muerto Chávez, sus sucesores ordenan el destino de la república bajo la directriz de Raúl Castro, y Mario Silva hace notorio su condición de espía al servicio del G2 cubano.

La planta insolente del extranjero, por lo visto, horada nuestra soberanía sin la presencia de un Castro propio –como lo fuera Cipriano a inicios del siglo XX– para que nos defienda de tantas felonías.

DEMOCRACIA Y DERECHOS HUMANOS

(9 de junio de 2013)

La primera condición o elemento esencial de toda democracia es, sin lugar a dudas, el respeto y la garantía de la libertad y los derechos humanos, civiles y ciudadanos. No hay república sin ellos y menos todavía logra tener sentido el menos malo y muy antiguo de todos los sistemas políticos.

No por azar las construcciones constitucionales de la modernidad –que nos aportan las revoluciones libertarias de los siglo XVIII y XIX– la americana, la francesa, la gaditana, y también la venezolana parten, todas a una, de una carta de derechos, antes de imaginar las formas de organización del poder público y político.

La Carta Democrática Interamericana (2001) –a la que tan poco afecto le tiene José Miguel Insulza, Secretario General de la OEA, quizás por pequeñeces y recelos ante su predecesor quien la hizo posible, César Gaviria– dispone al efecto que la democracia es un "derecho humano" de los pueblos, que el respeto a los derechos humanos y las libertades fundamentales es elemento esencial de la democracia, y que la democracia es indispensable para el ejercicio efectivo y la garantía cabal de éstos.

Ello explica que la Convención Americana de Derechos Humanos (1969), dentro del rigor jurídico que la caracteriza, afirme –tal como lo confirma la jurisprudencia de la Corte Interamericana o de San José– que su propósito de reconocer y garantizar los derechos humanos sólo es posible dentro de la democracia y sus instituciones; que la democracia es eje para la interpretación de los alcances de los derechos humanos; y que éstos sólo admiten como límites –sin que pueda verse menguados o disminuidos– las justas exigencias del bien común en una sociedad democrática.

El debate sobre la democracia no cabe, pues, sin una referencia central a los derechos humanos y éstos, al considerarse sus violaciones o la pérdida de sus garantías institucionales, no admiten consideración fuera de una evaluación previa y contextual de la democracia, de sus fortalezas y debilidades, en los países donde ocurren aquéllas o ésta.

La Organización de los Estados Americanos celebró recién su nueva Asamblea General en Guatemala y aun cuando la domina, como legítima preocupación, el problema de las drogas y su tráfico transnacional –que deriva en verdadero crimen contra la Humanidad, a la vez que horada nuestras instituciones democráticas penetrándolas y pone en entredicho a los derechos humanos-madre: la vida, la integridad personal y el derecho a elegir libremente a nuestros gobernantes– dentro de su agenda se ha planteado dos temas, por lo dicho, vertebrales: el seguimiento de la Carta Democrática Interamericana y la elección de nuevos miembros de la Comisión Interamericana de Derechos Humanos.

Acerca de la droga, por cierto, y su activa relación con los movimientos narco-terroristas del Continente, no media ninguna resolución particular, salvo aquella –oportuna– que abona en favor de respetar los derechos humanos en la lucha de los Estados contra el terrorismo; que condena al terrorismo, pero que, paradójicamente plantea que las leyes que lo penalicen no se apliquen con carácter retroactivo; cosa que si ocurre al castigarse a quienes son señalados, por actuales gobernantes de la región, como terroristas de Estado y ex dictadores.

Lo que cabe destacar es que pasan por debajo de la mesa, sin consideración mayor ante la opinión pública, la resolución que fija como perspectiva para el entendimiento de la Carta Democrática la de orden promocional o educativo. Desaparece en aquella toda referencia a la seguridad colectiva de la democracia, que es tarea vertebral y fundamento del Sistema Interamericano. Menos se alude al tema de la elección de los Comisionados de Derechos Humanos, luego de la crisis a la que se vio sometida la Comisión Interamericana de Derechos Humanos por iniciativa de los gobierno del ALBA o adherentes al Socialismo del siglo XXI.

A la par de haber aspirado a su reelección dos comisionados probados en cuanto a su compromiso de imparcialidad y de vigilancia de los derechos humanos en las Américas –el mexicano José de Jesús Orozco– quien repite –y el colombiano Rodrigo Escobar Gil– aspiraron otros, entre éstos uno propuesto por el gobernante quien más se ha mostrado como acérrimo enemigo de la CIDH, Rafael Correa, y el otro, por Brasil, que postula a un militante de línea dura del Partido de los Trabajadores de Lula y coordinador de sus campañas electorales, siendo un evidente representante del Foro de San Pablo.

Autoridad moral –léase probidad, independencia de criterio, disposición a la imparcialidad, buena fe– y versación en derechos humanos, son exigencias inexcusables para ejercer como miembro de la Comisión o, con calidad añadida de jurista de elevada formación, para desempeñarse como Juez de la Corte Interamericana. Por lo visto, tales requisitos se encuentran hoy en entredicho.

UN CONSEJO DE INÚTILES, PARA IMPRESIONAR A COLOMBIA

(16 de junio de 2013)

Como efectivamente no es Hugo Chávez, consciente de que su ejercicio presidencial carece de total legitimidad Nicolás Maduro no tiene opción que el calco, la copia burda de los comportamientos del primero, quien le entrega el poder a la manera de los caudillos tropicales.

Y no me refiero, señalando su ilegitimidad, a lo que sale de bulto: el fraude electoral del pasado 14 de abril. Reparo en algo que es esencial al ejercicio del poder y a la capacidad de sostenimiento de la gobernabilidad por los gobernantes, como lo es la delegación efectiva de mando que obtienen seduciendo a la soberanía popular. Eso hicieron, y lo lograron a plenitud Rómulo Betancourt, Rafael Caldera y el mismo Chávez, cuyas sillas no las heredan por testamento o al amparo de un progenitor político.

De allí que, salvo en Estados cuyas instituciones funcionan con solidez, en países afectados por la anomia o la inmadurez democrática los gobernantes de utilería concluyen sumiendo a sus pueblos en la inestabilidad, la incertidumbre y la falta de progreso.

El gobierno actual, en suma, es obra de la improvisación y escenario de ventrílocuos, así éstos residan en ultratumba.

Sin apelar a la imagen de Chávez, Maduro es la nada. Ni siquiera calza, pues ofende a su memoria noble, los zapatos del jurista Germán Suárez Flamerich, miembro de la generación de 1928 y a quien llaman los militares –Marcos Pérez Jiménez a la cabeza– para que asuma, a la manera del comodín, la presidencia de la Junta Cívico Militar luego del asesinato del Coronel Carlos Delgado Chalbaud, en 1948.

El asunto viene al caso, dada la supuesta apelación que hoy hace Maduro al llamado Consejo de Estado, figura inútil desde cuando se aprueba la Constitución en 1999, a fin de ocultarse tras aquel y decidir el curso de nuestras relaciones con Colombia. Intenta envolver, bajo una aparente solemnidad constitucional que no es tal, la ilegitimidad que lo ahoga como cabeza de las relaciones exteriores de Venezuela.

En Colombia, se lo habrán dicho a Maduro los cubanos quienes le llevan la mano sobre el cuaderno de planas, se preocuparán por la gravedad del encuentro "institucional" montado desde Caracas, pues en Colombia si saben de Consejos de Estado, como también lo saben los franceses y nada tienen que ver con nuestra citada caricatura.

En países normales –lo era el nuestro– las decisiones que repercuten sobre sobre el Estado y los ciudadanos en su conjunto, los gobernantes consultan, con instancias serias, solventes, representativas de la nación y sus poderes.

Hasta 1998, a la Comisión Asesora de Relaciones Exteriores, integrada por los ex presidentes y ex cancilleres, servidores en gobiernos de distinto signo, sin mengua de que al Jefe del Estado de turno le correspondiera asumir su responsabilidad y decidir sobre nuestro comportamiento frente a terceros Estados, se la consultaba, con seriedad.

En la hermana república, su Consejo de Estado es una instancia profesional, con autoridad moral e independiente, que sirve de cabeza última al entramado judicial administrativo y también apoya con su asesoramiento al gobierno, a propósito de las iniciativas legislativas de éste, entre otros asuntos. E igual ocurre con los franceses, cuyos Consejeros de Estado, además, no velan tanto por el Estado sino que, antes bien, buscan que la administración actúe con apego al Estado de Derecho y respete los derechos de las personas con sus comportamientos.

El Consejo nuestro es una logia de amigos del régimen –lejana incluso a nuestros Consejos de Gobierno en tiempos de J.V. Gómez– con la que Chávez antes y ahora Maduro pagan y se dan el vuelto, a sí mismos. Es un clon defectuoso, tanto como su actual usuario –invasor del Palacio de Miraflores– sigue intentando clonar las experiencias de quien lo puso allí.

El Consejo de Estado previsto en los artículos 251 y 252 constitucionales lo preside el Vicepresidente y lo integran 5 miembros –entre éstos J.V. Rangel y el inefable Chaderton– designados a dedo por el Presidente; a quienes se les agregan, como mirones de palo, un representante por la Asamblea, otro por el TSJ, y uno más por los gobernadores: 6 a 3, como réplica de nuestro "ministerio electoral".

Pero es el Jefe del Estado quien a su arbitrio le da vida a tal ficción orgánica, en su precariedad y nominalismo; pues solo él decide que asuntos le lleva y si los considera o no trascendentes.

De modo que, tampoco calzamos la horma del Consejo de Estado cubano, que, autoritario y totalitario como lo es, cuando menos tiene el poder de legislar en defecto de la Asamblea Popular, que nunca se reúne.

Maduro carece del sentido del ridículo y lo mejor es que asuma algo de autenticidad, para que el país medio lo digiera como gobernante reflejo que es. Ha de admitir que los consejeros quienes de verdad lo amarran son los hermanos Castro. Nadie más.

JUSTICIA DEL HORROR

(18 de junio de 2013)

Es sabido que el arrodillamiento de la Administración de Justicia, para disponerla al servicio de los fines proselitistas y militantes del gobierno venezolano, viene desde atrás.

Durante la Asamblea Constituyente de 1999 se procede a destituir sin fórmula de juicio a todos los jueces de la República, llenando sus vacantes con jueces provisorios y sin concurso, adherentes a la revolución bolivariana naciente, bajo el lema del saneamiento y la purga de la corrupción judicial; pero en lo adelante jueces sin autonomía, por ser ellos de libre remoción.

Luego, a quienes ocupan provisionalmente los sillones de los magistrados destituidos de la antigua Corte Suprema de Justicia, transformada en Tribunal Supremo de Justicia, al momento de pedírseles cumplir con las novísimas exigencias del texto constitucional naciente y así relegitimarse, deciden en causa propia y sin ambages no estar sujetos a la Constitución.

Mucha agua ha ido al molino hasta el presente. Son muchos los casos en los que esa Justicia sirviente y politizada ha sido objeto de perversa manipulación para ocultar verdaderos crímenes de Estado, diluyéndolos tras el manto de la ley y su interpretación a conveniencia, por verdaderos jueces del horror. O se les silencia, con aviesa impunidad. Allí están los asesinatos de Danilo Anderson y del abogado Antonio López Castillo, la condena de los Comisarios Simonovis, Vivas y Forero, o la privativa de libertad que hasta ayer sufre –mediando el primer milagro del Papa Francisco– la Juez María Lourdes Afiuni.

En su informe sobre Venezuela la Comisión Interamericana de Derechos Humanos, en 2009, señala que se usa a la Justicia para perseguir la disidencia política. Antes, en 2004, Human Rights Watch denuncia la "toma política" de nuestro Tribunal Supremo, o constata después, en 2012, que "el Presidente y sus partidarios están dispuestos (y cuentan con los poderes para hacerlo) a castigar a quienes desafían u obstruyen sus objetivos políticos". No por azar, uno de los jueces supremos, hoy Vicepresidente del Alto Tribunal, Fernando Vegas, afirma que es deber de todo juez perseguir a quienes se aparten del corsé revolucionario.

Se creía que todo estaba dicho y nada más ominoso podía ocurrir hasta cuando, durante el último año de vida del titulado Comandante Presidente, Hugo Chávez Frías, su juez de confianza, quien se declara fiel subalterno, el Coronel Eladio Aponte Aponte, cabeza de la Sala Penal del TSJ, confiesa lo que es un escándalo. Él y las otras cabezas del sistema –la entonces Presidenta del Supremo Tribunal, Luisa Estella Morales, autora de las dos sentencias que en enero pasado le aseguran a Nicolás Maduro su condición de sucesor a dedo en la Jefatura del Estado, y la Fiscal General, Luisa Ortega Díaz– acuden cada semana a la sede de la Vicepresidencia de la República para recibir instrucciones sobre sus desempeños.

A la sazón, este personaje siniestro, actualmente bajo cuidado de la DEA, dice haber redactado, bajo disciplina militar, condenas de inocentes y librado de la cárcel a narcotraficantes bajo instrucciones del Palacio de Miraflores. Ocurre la muerte moral de la República, como lo afirmo en mi libro "Historia inconstitucional de Venezuela" (Caracas, 2013).

El saldo actual es desdoroso. Tanto que ahora, los marchantes espetan, a quienes les reprenden por sus comportamientos disolutos, arbitrarios, o violentos en la calle, que si Nicolás también es gobernante cargándose a la Constitución y las leyes, no tienen razones para respetarlas.

La hora del destape ha hecho cuna en la tierra que otrora ve nacer a Simón Bolívar, su primer "gendarme necesario". Las formas ya ni siquiera se cuidan, y las denuncias laceran pero se olvidan en la hora siguiente.

Las grabaciones ilegales se venden al detal. Y las más emblemáticas, sin que inmuten a jueces o fiscales, muestran a un Mario Silva, vocero del presidente muerto –su instrumento para acabar con la reputación de sus adversarios– desnudándose como espía del G2 cubano y acusando a sus camaradas –entre éstos al Presidente de la Asamblea Nacional, Diosdado Cabello– de corruptos y ladrones. O señalan a diputados de la oposición –como Eliodoro Quintero– de quinta-columnas de la mafia gubernamental y sus empresarios de maletín, encargados de corromper el alma de sus compañeros de bancada.

Agotado, exhausto el honor patrio, nada agrega, pues, la última bofetada que se le propina a la Justicia. Argenis Chávez Frías, hermano del partero de tantas desgracias juntas e ingeniero, denunciado varias veces por delitos contra el Tesoro Público, acaba de jurar, ante la nueva Presidenta del Tribunal Supremo, Gladys Gutiérrez, como Director Ejecutivo de la Magistratura.

¡Dentro del albañal todo, fuera del albañal nada!

MADURO, ¿DÓNDE ESTÁN LOS REALES?

(23 de junio de 2013)

Causa hilaridad y pena propia a la vez –pues se trata de Venezuela– la campaña del presidente de facto Nicolás Maduro, anunciando el final de la corrupción. Trae al recuerdo el cuento del ladrón quien luego de expoliar a su inerme víctima grita ¡al ladrón, al ladrón!, desviando la atención sobre sí y los suyos.

Maduro es actor fundamental del régimen desde 1999. Tanto que logra situarse y colarse como civil, en calidad de heredero del gendarme militar fallecido y primer responsable de todo cuando hoy padece esta patria hecha del lance, del atajo fácil, de la patada traidora, y a buena parte de cuyos hijos –entusiasmados aún con el mito de El Dorado– poco les importa, si hay oro de por medio, hipotecar sus libertades básicas.

Luego de recibir un gobierno –el de Rafael Caldera– que se administra con un ingreso entre 6 y 9 dólares por barril de petróleo, el suyo –que apenas cambia de capataz pero mantiene sus mañas– posee un cepillo de iglesia que durante tres lustros recoge desde 20 hasta más de 100 dólares por barril y en una suma de caudales que ya alcanza a más de 999 mil millones de dólares; sin contar los dineros de una deuda que crece, durante el mismo período, desde 28 mil millones de dólares hasta 200 mil millones de dólares.

Y no debe olvidarse que, hasta el momento en que el causante y su causahabiente ocupan presurosos el palacio de Misia Jacinta y lo asumen como tesoro conquistado a partir de 1999, sus predecesores bajan el endeudamiento nacional a la cifra inicial indicada, partiendo de los 38.500 millones de dólares que debemos los venezolanos en 1983.

Sé que a muchos produce ojeriza mirar hacia atrás, creyendo equivocados que pueden transformarse en estatuas de sal, como la mujer de Lot. Pero lo pasado pasó y es testimonio, y las cosas, por obra del tiempo gastado que no regresa, serán en lo adelante mejores o peores, pero siempre distintas. No obstante, como lo creo –al igual que Uslar Pietri– el libro del presente tiene a lo pasado como su prefacio. Es el capítulo introductorio que mal puede omitirse durante su lectura.

Entre 1958 y 1998 nuestra vida promedio pasa desde 53 años hasta 72,5 años. Éramos y dejamos de ser un país de letrinas. Conocimos el agua potable y la canalización de las aguas servidas, que alejan entonces esas enfermedades y conjuran las pandemias que ahora vuelven por sus fueros. Y si para aquél momento inaugural contamos apenas con 3 universidades públicas y 2 privadas, en 1998 la geografía nuestra recibe 400 núcleos de educación superior y dejamos de ser el rompecabezas social y territorial que somos desde el descubrimiento, al vernos cruzados por 96.000 kilómetros de carreteras y autopistas; que eran sólo 6.000 kilómetros a la caída de la penúltima dictadura, la de Pérez Jiménez, padre de la boutique caraqueña.

De modo que, cuando se hacen las cuentas y se advierte, sobre la desolación física y humana que es el país actual –derrumbado en su infraestructura, importador de todo cuando consume y carente de papel sanitario, cuna de criminalidad y puente del narcotráfico, suelo que abonan con su sangre 177.169 venezolanos víctimas de homicidios entre 1999 y 2012– uno se pregunta sobre el significado del preso del SENIAT.

Maduro, espantado, acusa la presencia de un funcionario extorsionador a quien le incautan 4 millones de bolívares devaluados. Se trata de su primer preso. Trabaja con José David Cabello, hermano del presidente de la Asamblea Nacional, teniente Diosdado Cabello, a quien Wikileaks señala como "uno de los grandes polos de corrupción".

Ello ocurre, por si fuese poco, en el gobierno al que vuelve el teniente Jesse Chacón como ministro, señalado de pagar "testigos estrellas" para ocultar crímenes de Estado y cuyo hermano, el otro teniente, Arné Chacón, se hace banquero próspero tras el paraguas oficial.

Entre tanto, al ministro del petróleo, Rafael Ramírez, se le señala recién por las operaciones sospechosas de una cuenta de 3.000.000 de dólares en el Ocean Bank de USA, cuyos fondos luego pasan a cuentas cifradas en Suiza. Y queda en el olvido –sin que inmute al Ministerio Público– la valija de Antonini Wilson que viaja hasta Buenos Aires, para apoyar la elección de la potentada Cristina Kirchner.

Estos revolucionarios conquistadores, en fin, nos dejan a cambio sus baratijas, las vallas de propaganda estéril y de rojo incandescente que ocultan el paraíso verde y azul que impacta al descubrirnos, hace quinientos años, a Cristóbal Colón. Esas tenemos.

REVOLUCIÓN VS. ILUSTRACIÓN

(29 de junio y 2 de julio de 2013)

Venezuela conoce su primera universidad cuando el Seminario de Caracas pasa a llamarse Universidad de Santa Rosa de Lima y Tomás de Aquino, en 1721 y 1722. De allí sale nuestra primera Ilustración. El Claustro de Doctores, para 1810, lo integran 141 venezolanos formados en teología, cánones, derecho civil, medicina y artes.

Llegada la Emancipación, como cosecha de más de 300 años de tormentosa forja de ideas y realidades sobre un suelo que en sus orígenes es una verdadera Torre de Babel –nuestros indígenas, sin la fuerza de civilizaciones como la Maya y la Azteca, medran dispersos en 11 parcelas idiomáticas y 150 dialectos que los entroncan con el chino– aquellos hombres nos imaginan como nación de ciudadanos posible.

De manos de ellos, que a todos enorgullecen y han sido olvidados –entre otros, José Vicente Unda, Andrés Narvarte, Pedro Gual, Cristóbal Mendoza, Juan Germán Roscio, Tomás Sanavia, Rafael Escalona, Manuel Vicente Maya, José María Vargas, o los abogados Felipe Paúl, Francisco Espejo o Miguel José Sanz– y hablando todos el español, forjan nuestro primer andamiaje constitucional en 1811. Lo fundan sobre una Carta de Derechos previa que dicta el Congreso General llegado el 1° de julio.

Les era inevitable beber de las fuentes revolucionarias de la época –la francesa y la americana– pero no trastocan la pluralidad original que somos y que a la vez es característica de la Hispania que nos conquista. Y en esa vuelta instintiva a la constitución primitiva de ésta, nuestra Ilustración también advierte que el poder reside en el colectivo y el rey lo recibe pero no a perpetuidad, pudiendo serle revocado cuando traiciona el bien común.

Contra ese cuadro intelectual –soberanía popular y pluralismo– se alza en 1812, a la caída de la Primera República, Simón Bolívar, el Libertador, mantuano consumado, descendiente del primer Simón de Bolívar, vizcaíno, quien llega a Caracas en 1589 y sirve como Procurador de nuestros negocios ante el monarca español, Felipe II de Borbón.

Desde Cartagena, por preferir la enseñanza antigua que habla de la *translatio imperi* o la renuncia por el pueblo a su poder, de forma vitalicia y hereditaria, a manos del "déspota ilustrado" quien lo ha de conducir, Bolívar es terminante: "Filósofos por jefes, filantropía por legislación, dialéctica por táctica, y sofistas por soldados", son nuestros Padres Fundadores y su obra germinal.

Contra la deriva democrática –contra los "ilustrados, progresistas, más adelantados que su época" y su Constitución, que es "el granero de las ideas democráticas y federalistas", según la opinión de Alejandro Urbaneja (1895)– opone Bolívar la deriva autoritaria. Arguye que "no estábamos preparados para tanto bien" y apunta a la construcción de "un gobierno fuerte y uno", de laureles, no de togas.

Tomás Lander, liberal, amigo de Francisco de Miranda y cuyo padre y él mismo –por blancos de orilla– son víctimas de los mantuanos, miembro que fue, el primero, de la secretaría de Bolívar, ante su amigo Francisco Xavier Yánez, firmante del acta de nuestra Independencia, hace pública su protesta contra Bolívar, en 1826. "Perdió de vista... los caracteres distintivos de su querida patria" y busca erigir ahora, con su Constitución de Chuquisaca, "un Presidente vitalicio e irresponsable con la facultad de nombrar su sucesor en la persona del Vicepresidente", dice.

El cuento viene al caso por lo actual. No tanto por ser Nicolás Maduro el sucesor a dedo del muy bolivariano Hugo Chávez cuanto por prever los artículos 3, 102 y 1 de nuestra vigente Constitución –leídos en ese orden– que al Estado compete desarrollar nuestras personalidades, para mejor avenirnos con la doctrina de Bolívar. No se nos considera capaces de escoger, libremente, nuestros proyectos de vida y mirarnos en fuentes distintas de la oficial.

De modo que, el "allanamiento goteado" del que habla Tulio Hernández y ejecutan Maduro y los Castro mediante la violencia dirigida y el ahogo económico de nuestras universidades, tiene por base este pecado de vieja estirpe: una Constitución negada a las luces, que son el alma de toda universidad como comunidad de saberes e ilustración, alerta ante todas las dimensiones de la realidad, en proceso de encuentro continuo con la verdad.

De allí la sabia advertencia de don Andrés Bello, en su discurso de instalación de la Universidad de Chile y quien cita emocionado el finado rector Enrique Pérez Olivares: "No se puede paralizar una fibra, una sola fibra del alma, sin que todas las otras se enfermen".

PACÍFICA, DEMOCRÁTICA, CONSTITUCIONAL Y ELECTORAL

(7 de julio de 2013)

Al señalar, Ramón Guillermo Aveledo, las características de la ruta que se han trazado los miembros de la MUD hasta doblegar, en algún momento, al régimen ilegítimo de Maduro y su deriva despótica, sitúa en su justo contexto el dilema actual de los venezolanos.

La cuestión, hasta ahora, ha sido mal planteada, de donde corriente es fijar un parte aguas entre chavistas y antichavistas al describir a la sociedad que somos y en su anomia, dividida entre quienes simpatizan o no con los cubanos ocupantes de nuestro territorio en calidad de colonizadores y no de colonos adoptados por nuestra tierra, o acaso entre "cabello-maduristas" y quienes los rechazan, incluidos algunos de los suyos.

La tragedia venezolana y su desafío democratizador discurre, como lo aprecio, por otra banda de vieja estirpe, hecha de mitos y hábitos ancestrales entre los que cuentan el célebre mito de El Dorado –la creencia, afincada desde la escuela primaria, de haber nacido en una tierra pródiga, bendita por Dios, en la que sólo hace falta una adecuada distribución de la heredad que a todos nos pertenece, sin brega alguna– y el ruego cotidiano por la venida de otro Mesías o salvador.

En el caso de éste se trata, al principio, del chamán o piache, situado allí por los americanos originarios a la manera de un "resuelve" y al confiar en que sólo él y nadie más –por capaz de comunicarse con el más allá y dominar los sortilegios– puede decir lo se ha de hacer o lo que él mismo va a hacer por nosotros para que el destino sea propicio; y más tarde, encuentra su horma en el césar democrático o gendarme necesario, magistralmente descrito por Laureano Vallenilla Lanz. Su epígono es Simón Bolívar, luego José Antonio Páez, y al hacernos modernos, es Juan Vicente Gómez, el "padre bueno y fuerte". Todos a uno, eso sí, resumidos hoy en el fallecido Hugo Chávez Frías, por lo demás soldado de la patria.

En suma, a la luz de este anti-modelo, los venezolanos nos damos por servidos cuando el régimen, por oprobioso que sea, nos da o anuncia que nos dará, sin hacer; pues ese es el "derecho" que tenemos como herederos de unos tesoros cuya búsqueda aciaga se cobra la vida de varias generaciones de conquistadores hispanos y sus acompañantes indígenas y africanos.

Nos molesta, por eso mismo, que otros conquistadores de reciente data, sin estirpe, sin someterse a la inclemencia de una selva feraz y llena de paludismo o sin escrutarla como suerte de Arcano, se lleven proventos que nos pertenecen. De modo que, si Maduro da un golpe de timón y llena los anaqueles de los mercados, poco importará y quedará para la jerga cotidiana que lo llamen, propios o ajenos, ilegítimo, durante los próximos seis años. No por azar alegró mucho el encuentro de éste con Lorenzo Mendoza.

He aquí, pues, porqué razón ya no nos gusta Henrique Capriles. No es –y lo creíamos– un enviado del más allá. Trabaja con tesón y es mortal. Vive animado por el ejemplo de su sacrificada abuela, quien vio rasgada su piel bajo el cilicio de los nazis. Y tiene la osadía de pedirnos, como Churchill, ¡sangre, sudor y lágrimas! No hace milagros.

Chávez, por el contrario, a quien mucho han de añorar ciertos opositores, hablaba y decidía por nosotros. Hasta nos leía el pensamiento. Era la encarnación del todo, un verdadero cacique que prodigaba sin perturbar, salvo a los alzaoso pedirnos compañía en sus rezos e invocaciones interminables al sol y a la luna. Era mito y gendarme, a la vez.

El asunto viene al caso, pues para entender nuestro dilema cabe volver al principio. Unos hombres ilustrados, más adelantados que su época, endosando levitas, nos imaginaron como una nación de ciudadanos posible, por hacer y democrática, en 1810 y 1811; hasta que Bolívar, mantuano y heredero de españoles, los censura por considerar que en estos predios mal se pueden admitir a "filósofos por jefes, filantropía por legislación, dialéctica por táctica, y sofistas por soldados".

A la civilidad le opone las espadas y su carácter expedito; eso sí, con un alto precio, a saber, la deuda eterna de la patria para con sus hombres de casaca.

El considerar que la riqueza que se nos allega o el sosiego que nos alcanza hasta en nuestras hamacas, es un don, una regalía, obra de valientes, no de pacíficos como el sabio Vargas.

La democracia es una escuela exigente, que reclama de testimonio y trabajo permanente. Se niega a los extremos, es perfectible, y mal se aviene con los atajos. De modo que, el asunto no se reduce a la disyuntiva de votar o no votar, o renunciar o no al ejercicio de nuestros derechos por que el gendarme de ocasión los irrespeta. Es entender o no, de una vez por todas, que decidir nos hace dignos, o aceptar que es la concesión humillante que nos dispensan los cuarteles.

EL SEXO DE LOS ÁNGELES

(17 de julio de 2013)

Algunos líderes de oposición todavía discuten sobre la naturaleza del régimen imperante en Venezuela, y ante la duda no se avienen en cuanto a los modos para enfrentarlo. Parece no bastarles, por lo visto, que un teniente como Diosdado Cabello les impida a los diputados –quienes denuncian la ilegitimidad de Nicolás Maduro– hacer uso de la palabra en el hemiciclo, o les destituya de sus comisiones o permita que la bancada oficial les hiera a patadas y sobre sus humanidades.

Parecen olvidar que el Tribunal Supremo de Justicia es una escribanía, que apenas le da forma sacramental a la voluntad arbitraria que habita en el Palacio de Miraflores desde hace 14 años. Por lo pronto, tiene razón Leopoldo López cuando afirma que no vivimos en democracia, y también María Corina Machado, quien afirma, categórica, que vivimos bajo una dictadura.

La democracia cabal, no la de utilería, mal se resuelve con elecciones. De allí que sus estándares demanden, junto a la existencia de comicios libres y justos, la independencia de los poderes y su sujeción a la ley, la fiscalización por los jueces de los actos gubernamentales, la incompatibilidad de la misma democracia con el ejercicio del poder con propósitos de perpetuidad, el respeto a los derechos humanos y sus garantías, la prohibición de las inhabilitaciones políticas y la libertad de prensa. Ese catecismo, para quien lo lea de buena fe y luego, sin escapismos de leguleyos, lo traslade a los espacios que en activo desencuentro ocupamos chavistas y antichavistas, como test advierte que sus reglas no las cumplen ni Hugo Chávez ni su sucesor a dedo.

El expresidente ecuatoriano, Osvaldo Hurtado, en obra reciente, al definir a los Chávez y a los Correa, habla así de "dictaduras del siglo XXI". ¡Y es que éstos, como lo he repetido hasta la saciedad, usan y manipulan los estándares de la democracia para construir "dictaduras consensuadas" y avanzar hacia los predios del comunismo sin renunciar a las "bondades" del capitalismo salvaje, corruptor y corrompido! Por lo que he hablado en el caso y coloquialmente de "demo-autocracias".

Lo único cierto, conforme a Derecho y las enseñanzas de la ciencia política, es que la dictadura moderna –distinta de la añeja dictadura constitucional romana, que le permite al gobernante ejercer poderes absolutos, autorizado por el senado y en un momento de excepción, como ocurre hoy con los llamados estados constitucionales de emergencia– designa a la clase entera de los regímenes no democráticos.

La adjetivación de Hurtado cabe, justamente, por cuanto las dictaduras modernas –las que conoce América Latina durante la primera mitad del siglo XX– procuran la concentración absoluta del poder en una o en varias personas, de facto, sin autorización de las reglas constitucionales. Las de ahora, en apariencia lo permiten y quienes las subvierten o las hacen mutar arbitrariamente al efecto tienen, eso sí, un claro propósito: vaciar de contenidos a la Constitución y a la democracia.

Más allá de sus distintas modalidades o particularismos, hasta ahora no se ha encontrado un término mejor que el de dictadura para calificar a los gobiernos no democráticos. Pueden ser ellos despóticos –ilustrados o no– cuando ejercen el poder pasionalmente, por encima de la ley (*legibus solutus*), de forma absoluta y sacralizando al déspota. Los hay tiránicos, por carecer de título para ejercer el poder o hacerlo con uno falsificado, y asimismo autocráticos, por personalizar el poder o no ser democráticos a cabalidad, como lo piensa Hans Kelsen.

Caben, además, las distinciones entre las dictaduras autoritarias o totalitarias, según que permitan o no, sin ser democráticas, un grado moderado de movilización política de las masas.

Lo que no cabe como duda es que en Venezuela no hay democracia, salvo que la confundamos con nuestros comportamientos libertarios, irreverentes, acatando la ley pero no cumpliéndola, dentro de la mejor tradición hispana. Y lo veraz, bajo el peso de una tradición fatal y más allá del debate actual sobre el sexo de Maduro y de Cabello, es la presencia del caudillismo; ese que nos ata al cacique o al chamán, a Bolívar y a Gómez, y al "César democrático" que fija como patrón nuestro Laureano Vallenilla Lanz.

Vivimos y padecemos, desde hace 200 años, sobre el olvido de nuestros Padres Fundadores, hombres de levita, los hábitos modeladores de los cuarteles y de las armas. Mando y obediencia, en suma. Y Maduro, no les quede duda, es apenas un preso de éstos; sobre todo del general quien le sirve como ministro de la Presidencia, del otro general quien es su ministro de policía, y sobre todo del teniente, cabe repetirlo, quien es su capataz en el Parlamento.

REVOLUCIÓN CONSTITUCIONAL

(21 de julio de 2013)

A propósito de los arrases –no pueden llamarse de otro modo– constitucionales y legislativos que ocurren en Venezuela y Ecuador, y prosternan las nociones de democracia, Estado de Derecho y derechos humanos para darle cabida al denominado Socialismo del Siglo XXI, un calificado periodista argentino me pregunta si dicho fenómeno puede calificarse de "revolución constitucional".

De buenas a primera mi respuesta pudo ser afirmativa, si acaso por revolución se entiende la sola destrucción acelerada del andamiaje jurídico y por ende cultural sobre el cual se sostiene una nación con historia, y nada más. Pero ese no es el caso, cuando menos, de Venezuela.

Una relectura de lo ocurrido durante el curso de los últimos tres lustros, desde cuando Hugo Chávez asume el poder para ejercerlo como encarnación viva de la ley –"la ley soy yo" declara hacia el 2002– y seguidamente entregarlo a dedo y como herencia, mediante la manipulación de unos sacramentos en apariencia constitucionales, a su actual sucesor, Nicolás Maduro, revela que antes que una evolución a ritmo doble se sucede una involución.

Los franceses, en 1789, destruyen el orden existente para abandonar el Antiguo Régimen, en tanto que, entre nosotros, a partir de 1999, se acaba con el orden para restablecer el pasado. Lo que es peor, se personaliza el orden y se le hace depender de la voluntad arbitraria de quien gobierna, bajo paradigmas "constituyentes" vetustos e incluso medievales.

Durante el medioevo el monarca se considera la ley y el mismo Estado. Actúa *legibus solutus*, libre de ataduras legales y por sobre una sociedad sirviente, fracturada alrededor de intereses primarios y locales. Y dentro de tal entorno piensa que los hombres, sus gobernados, no están preparados para el bien de la libertad. Son como como niños e ignorantes. No tienen otra opción que confiar sus libertades a manos del *despotes* y para siempre, quien con su poder le cuida sus existencias a precio, incluso, cabe repetirlo, de la pérdida de la libertad.

A ese déspota luego se le llama ilustrado cuando además de actuar como padre fuerte lo es también bueno, a saber, procura que en su señorío la gente se prepare para encontrarse en la condición de disfrutar alguna vez del bien supremo del autogobierno.

Pero hagamos la historia corta. Caída la Primera República, que bebe de las fuentes francesas y americanas, y marcan el camino hacia la modernidad dado el abandono del absolutismo monárquico, la organización de Estados impersonales garantes de los derechos del ciudadano, Simón Bolívar, no contento con ello reclama nuestra vuelta al gobierno uno y fuerte. En Cartagena, en 1812, cuestiona a la ilustración y esgrime el sublime valor de las espadas, arma nuestra historia para lo venidero. En Angostura, en 1819, le pide al congreso reunido crear un Senado Vitalicio donde los hombres de casaca –jamás los doctores– encuentren perpetuo reconocimiento por la patria y para sus hijos; y llegado 1826, al formular la Constitución de Chuquisaca –para la Bolivia de sus afectos– dispone que el presidente sea vitalicio y capaz de nombrar como sucesor suyo al vicepresidente; lo mismo que ocurre en Caracas y se dispone desde La Habana, en pleno 2013, para asegurarle el poder al ilegítimo e iletrado Maduro.

La declaración francesa de derechos del hombre predica, por ende que no hay Constitución allí donde el Estado no sirve a los derechos de la persona y si éste, a su vez, no opera mediante la separación de sus poderes y se somete a contrapesos y a la ley impersonal. Niega el gobierno uno y fuerte, de estirpe bolivariana. Y ese es, justamente, el índice que marca el abandono del pasado y emulan nuestros Padres Fundadores de 1810 y 1811, quienes luego de firmar el Acta de Independencia y antes de aprobar la Constitución, dictan una carta de derechos inspirada en la primera.

De modo que, nuestros últimos 200 años son el espejo de un dilema aún no resuelto y que explica la grave fractura que aqueja a la sociedad venezolana, partida en dos mitades. Una aplaude al hombre fuerte y de laureles, como al general Pedro Carujo, y otra admira al sabio rector José María Vargas, quien ante la afirmación de éste: !la patria es de los valientes!, le responde categórico que la patria es del hombre justo.

Una Venezuela acompaña al "césar democrático" o gendarme necesario, que describe la literatura de Laureano Vallenilla Lanz, ministro del dictador Juan Vicente Gómez y traza la personalidad de nuestro Libertador. Otra Venezuela se mira en Andrés Bello o en Juan Germán Roscio. Una cree en la fuerza de la ley, otra adhiere a la ley del más fuerte y desalmado, como el teniente Diosdado Cabello.

Se trata, pues, de una disyuntiva agonal que otra vez se plantea a la muerte del último hombre a caballo –Chávez– y capataz de fundo en pleno siglo digital, cuya imagen copa toda nuestra historia de repúblicas de medianía. Vuelve por sus fueros la apuesta entre el ciudadano, quien reivindica su dignidad de hombre libre, y quien, contento de su espíritu colonial dice "tener patria", y en su favor haber renunciado a todo.

LA POLÍTICA, SEGÚN BERGOGLIO

(28 de julio de 2013)

S.S. Francisco descoloca a la opinión pública, no tanto por tratarse del primer latinoamericano –hijo de italianos– quien luego de dos milenios accede al solio de Pedro. Provoca, en el plano de lo emocional, una aparente confluencia de corrientes entre tirios y troyanos.

No obstante, concita reservas en algunos sectores tradicionales quienes aún esperan de su mensaje a profundidad, que trasvase a los gestos. Y a no pocos –he allí parte de la cuestión en una hora de polaridades– les perturba el aplauso que recibe desde la jurásica Teología de la Liberación o la visita urgida de gobernantes quienes denuestan en sus países de la Iglesia.

En el caso de éstos, los gestos parecen bastarles –que es lo propio del tiempo global que a la sazón tanto les molesta– y observan que el testimonio de pobreza franciscana del Papa abonaría en favor de sus ideas.

Cabe decir, aun así, que poco tiempo tiene Francisco al frente de la Santa Sede y la sola circunstancia de haber designado un mini-cónclave cardenalicio para que le oriente sobre las medidas que urge poner en marcha dentro de la Curia, junto a sus gestos: que no son triviales y sí decidores, es bastante por lo pronto.

Además ya media una obra escrita por su predecesor, Benedicto XVI, acerca de temas sustantivos, que sin dilaciones aquél la asume como su primera Encíclica: *Lumen Fidei*. Nos aporta una reflexión de trascendencia política y también religiosa: "Por lo que se refiere al conocimiento de la verdad, la escucha se ha contrapuesto a veces a la visión... , sin esperar a que el ojo responda"; lo que de suyo invita a una vida de "contemplación extática, separada del tiempo concreto en que el hombre goza y padece" que no se corresponde con el dato bíblico, según Francisco.

No cabe, pues, avanzar ideas sobre un papado que aún es promesa. Pero lo cierto es que quienes intenten secuestrar al Santo Padre mediática o políticamente, para hacerlo objeto de sus manipulaciones caseras o de neta factura marxista o acaso liberales puras, han de tener en cuenta que pueden resbalar en su presencia.

Jorge Mario Bergoglio, primero cura, más tarde obispo, en una de sus tantas visitas a la Universidad del Salvador de Buenos Aires, ingresando al auditorio y al toparse con un sacerdote quien se arrodilla ante él e intenta besarle el anillo, lo reprende en voz alta para escucha de los presentes: !Menos reverencias y más trabajo es lo que espero de Usted!

Pues bien, el padre Bergoglio es un hombre muy próximo en el afecto, pero severo en sus convicciones. En 1989, al inaugurar el año académico de las Facultades de Filosofía y Teología, antes que apelar a la metáfora bíblica habla de antropología política como problema pastoral. Advierte sobre una cuestión actual: la vigencia de sociedades altamente politizadas y de políticos ocupados de saciar su apetito de poder, pero que no jerarquizan a la política como valor en el corazón del hombre. Cita Bergoglio el divorcio "entre actitud de politización y cultura política" y previene –lo hace más tarde– sobre quienes "juegan su partida, ajenos a las necesidades de todos" y bajo la sombra del desmembramiento social.

El asunto no es para él irrelevante. Le importa el "hombre real" a quien los sacerdotes anuncian el evangelio, de donde observa que "nadie acepta hoy la fe en el progreso propia de la Ilustración; y en cambio ha penetrado en la conciencia común una especie de *mesianismo profano*".

Huelga ponerle apellidos a los pensamientos del Papa porque ofenden a su trascendencia; pero a buen entendedor pocas palabras. Pero ya Cardenal, llegado el 2004, el Padre Jorge –como agradece le llamen– invita al pueblo de Dios a que se integre al diálogo global, mas sin espíritu servil, defendiéndose de "toda síntesis de laboratorio que nos diluya en lo común". Pide refundar la urdimbre social, los vínculos sociales, la cultura del encuentro en la pluralidad, y juzga crucial abandonar la ley de la selva, hablar con verdad, decir la verdad: "la mentira todo lo diluye", son sus palabras.

De modo que, luego de enseñarnos que "el quehacer político es una forma elevada de caridad" y que el desafío reside en "redescubrir la política" lejos del tráfico de las ilusiones, protesta contra la "quietud" de los centristas, miedosos de los problemas. Demanda coraje ante el futuro y captación de la realidad del presente; exige poner de lado a los "profetas del aislamiento, ermitaños localistas" en tiempos de mundialización. En fin, pide, en esta hora difícil, "no favorecer a quienes pretenden capitalizar el resentimiento, el olvido de nuestra historia compartida, o se regodean en debilitar vínculos, manipular la memoria, comerciar con utopías de utilería".

TORTURAS EN EL GOBIERNO DE MADURO-CABELLO

(30 de julio de 2013)

Hasta su hora postrera y en ejercicio –incluso nominal– de su gendarmería, Hugo Chávez nos impone a los venezolanos una dictadura electa, o demoautocracia; o si se quiere, como lo arguye el ex presidente ecuatoriano Osvaldo Hurtado, una dictadura del siglo XXI. Y más allá de que todas las formas de dictadura acusan parentela –tanto que al calificarse al régimen instalado entre nosotros desde 1999 se le llama fascista, militarismo populista, dictadura marxista– lo cierto es que, todas a una, ninguna puede cobijarse bajo las reglas de la democracia.

Cabe decir, eso sí, que desde ahora, bajo el ilegítimo y espurio gobierno de los "dos cochinitos" –Maduro y Cabello– ocurre algo inédito para nuestra historia. Emerge con fuerza una modalidad de "despotismo iletrado" y como tal despotismo es absolutamente pasional, desligado de todo límite. No cuenta para su desempeño, siquiera, la frontera de la moral instintiva. Es ejercicio brutal de la animalidad, del dominio factual de los unos sobre los otros, creando miedos y sobreponiendo mitos, con prescindencia de la razón humana

Hablo de los "dos" recordando a los celebérrimos "tres cochinitos" –Delgado Chalbaud, Pérez Jiménez, y Llovera Páez– pero advirtiendo las diferencias. Éstos, al igual que aquellos, se reparten el poder con voracidad, luego del derrocamiento de don Rómulo Gallegos. Éstos lo hacen bajo el peso de una organización piramidal que de conjunto respetan, las Fuerzas Armadas, base de la organización real de país. Aquéllos, Maduro y Cabello, prefieren transitar, como lo diría el Dante, por la selva salvaje y fuera de la vía correcta; usan como muleta y mientras le es necesaria el "ícono sobrenatural" del Comandante Eterno, para hacerse déspotas.

A ciencia cierta, lo veraz es lo confesado por el mismo Cabello: Chávez les imponía controles que ya no existen, por lo que lo dominante –como lo vemos– es esa *selva sevaggia* que renueva los miedos, según el verso del padre de la Divina Comedia.

Cuando menos, hasta ayer la ley encarnaba en el testador de estos dos causahabientes de espíritu mefistofélico: "Yo soy la ley, yo soy el Estado", decía Chávez a inicios de su mandato. Su voluntad intemperante y algunas veces tocada por el mesianismo, se imponía, pero era una y segura, no se discutía.

Tanto que los venezolanos, con desagrado pero por necesidad, lo escuchábamos. Nos aferrábamos, así, a un mínimo de certidumbre, al margen de la ley escrita. Hoy las cosas son distintas.

No se sabe en donde reside el fiel de la balanza. Acaso en los Mayores Generales que ejercen de ministros, o bien en La Habana, o en los comisarios cubanos que vigilan a los militares tanto como lo hacen sobre Maduro y sobre todo tras Cabello, en quien, según los mentideros, no confían.

La consecuencia, pues, es ominosa. Un empleado público a quien tropiezo, reclamándole su comportamiento de capataz y grosero, me la revela con crudeza: ¡Si Maduro se hizo del poder violando a la Constitución y en complicidad con Cabello, yo no tengo porqué respetarla!

Las noticias, por ende, siguen y al instante le hielan la sangre al más desprevenido. Tras la Patria Segura, se informa de un cabo –Guinand Yéndez– quien es torturado hasta la muerte por sus compañeros de la Guardia Nacional y luego enterrado en las instalaciones militares donde ocurren los hechos.

Antes sabe el país de las torturas que se les infligen a estudiantes en Barquisimeto –las fotos escandalizan– por no reconocer al ilegítimo; y otro tanto le ocurre a los diputados capriilistas quienes son salvajemente pateados por los hombres de Cabello, en pleno hemiciclo.

Pues bien, luego de estas prácticas criminales, sistemáticas, que se generalizan, ahora circula por las redes el video de otro soldado de la Guardia Nacional –llamada Guardia del Pueblo– quien en presencia de sus compañeros, con un bate en la mano, hace desnudar y golpea sobre sus humanidades a dos jóvenes detenidos. Se les tortura salvajemente, a un punto de que el sentido de la dignidad humana se desvanece dentro de tal estamento que le sirve de guardia pretoriana al régimen y no quedan, salvo el llanto y la queja de las víctimas, sonidos que manifestar ante el silencio indignado que provoca lo visto.

Las torturas, cabe recordárselo a Maduro y a Cabello, son crímenes agravados. Pueden constituirse en crímenes de lesa humanidad. No admiten justificación ni siquiera ante situaciones de excepción o inestabilidad política, ni los excusan órdenes superiores. Presas de la irascibilidad como se encuentran, caminan sobre el filo del Derecho internacional, que obliga a los Estados y castiga también a los responsables de crímenes contra el género humano.

LEYES MORDAZA DE ESTIRPE BOLIVARIANA

(4 de agosto de 2013)

Luego del experimento inaugurado en Caracas, cuando Hugo Chávez demanda de su Asamblea Nacional el dictado de una Ley de Responsabilidad Social de Radio y Televisión (2004), con el propósito nunca oculto de controlar los contenidos de la información y asimismo propiciar la emergencia de una hegemonía comunicacional de Estado, el mal ejemplo lo copian, en seguidilla, la Argentina, con su Ley de Servicios de Comunicación Audiovisual

(2010); Bolivia, con la Ley General del Telecomunicaciones, Tecnologías de Información y Comunicación (2011); más recientemente Ecuador, cuyo mandatario decide amordazar sin cortapisas a todos los medios, incluida la prensa escrita, con la Ley Orgánica de Comunicación de 2013; y ahora sigue en la cola el Uruguay.

Todos a uno integran, casualmente, el eje del Socialismo del siglo XXI. Le rinden culto al Leviatán, mejor aún al "césar democrático" bajo imperio de la regla jurídica *pro princeps* y la máxima de Lenín: "el revolucionario que no sepa unir las formas ilegales de lucha con todas las legales es el peor de los revolucionarios". De allí que ceda en tales espacios el principio, fundado en los tratados internacionales posteriores a la Segunda Gran Guerra del siglo XX, que exige la construcción de sistemas constitucionales garantistas de los derechos humanos y sujetos a la regla de interpretación *pro homine et libertatis*. No por azar media hoy una guerra de baja intensidad entre el modelo que predica la novísima UNASUR y el otro que rige, desde 1948, dentro de la OEA.

La apreciación no es académica o filatera. A diferencia del pasado reciente, cuando la soberanía del Estado y el ejercicio de la soberanía popular permanecen atados al respeto universal, sin discriminaciones, de los derechos de la persona humana, en lo adelante se predica desde tales países que las mayorías todo lo deciden; incluso hasta la renuncia mediante el voto de la libertad o arrancarle de cuajo sus derechos esenciales a los disidentes o las minorías.

Emergen así, sin solución de continuidad, regímenes que vacían de contenido a la democracia mediante el uso de procedimientos democráticos, y construyen andamiajes públicos totalitarios violando las leyes bajo el cuidado de jueces, quienes las interpretan o hacen mutar para que lo ilegal parezca o finja de legal y libertario.

La lectura al unísono de las mencionadas "leyes mordaza" muestra a cabalidad lo anterior. Todas a una inauguran sus textos arguyendo la defensa de la libertad de expresión y prensa pero acto seguido la confiscan; la declaran de interés público, en modo de aproximarla sibilinamente a la idea del servicio público estatal. Quien lo presta o ejerce no lo haría por derecho o cuenta propia sino del Estado, quien la concesiona o censura. A partir de entonces ocurre en la región lo que postulan a su vez todas las legislaciones señaladas, a saber la intervención estatal en los fueros de la prensa, en la libre expresión del pueblo como de los medios libres, condicionándolos a la vez.

Argumentándose la necesidad de reducir los espacios de quienes mantienen una posición comunicacional dominante éstos son hipotecados o se parcelan en beneficio de la propaganda estatal; a la vez se aligeran las exigencias para la formación de amplias redes de radio y televisión públicas o de "medios alternativos" incapaces, por si solos, de subsistir que no sea bajo patrocinio del propio Estado y su gobierno.

Las legislaciones venezolana y ecuatoriana disponen la incidencia oficial directa sobre los contenidos de la información. Los gobernantes mudan –antes Chávez y luego Rafael Correa– en verdaderos jefes de redacción o mejor inquisidores de los medios independientes afectados. A su turno, la argentina, más astuta, lo hace de modo indirecto al imponer controles a la economía y operación de los medios, ampliando o restringiendo sus espectros a discreción, delimitando sus influencias territoriales sobre la opinión, a la que si pueden llegar sin límites de ningún género la radio y televisión oficiales.

No por azar, en el caso de la última y en contravención palmaria de las normas contenidas en la Convención Americana de Derechos Humanos y su doctrina judicial, el gobierno de Cristina Kirchner insiste en la constitucionalidad de las normas de la ley 26.522 que, sucesivamente, proscriben la transferencia accionaria de las sociedades privadas titulares de licencias de radio y televisión (artículo 41) o impiden la disposición por éstas de múltiples licencias (artículos 45 y 48) aun cuando impliquen la prestación de servicios diferentes como el de Internet o la tv por cable que es distinta de la abierta. Se arguyen sin lógica ni razón –salvo la formal– los criterios de pluralidad o diversidad informativas como fundamento de las medidas; pero, antes bien, a través de medios ilegítimos por no necesarios ni proporcionales se retrasa a los medios privados afectados, deliberadamente, en sus capacidades para competir dentro de la sociedad global de las comunicaciones. Nunca podrán alcanzar, con tales leyes, la fuerza de CNN, FOX o Al Jaseera, horizontalmente integrados.

Huelga comentar lo que en dicha ley y a propósito –según la enseñanza marxista– son galimatías, como esa que prohíbe y no prohíbe a la vez la transferencia de las acciones de los medios que intenten adecuarse a la legislación (artículo 161). Pero si cabe referir, lo que es extremo y también desiderata del conjunto de las leyes mordazas ahora vigentes en América Latina. La ecuatoriana sanciona, severamente, el delito de "linchamiento mediático", a saber, la posibilidad de que una "turba" –los medios, los periodistas, la opinión pública– pueda acabar con un "reo presunto", léase con la credibilidad de nuestros actuales gobernantes.

La enseñanza venezolana, argentina, boliviana y ecuatoriana, en suma, es de neta estirpe bolivariana. De Cuba obtienen la metodología. Simón Bolívar, el Libertador, cree a pie juntillas que la gente no está preparada para el bien supremo de la libertad –lo afirma en Cartagena (1812), en Angustura (1819) y en Chuquisaca (1826)– a despecho de cuanto piensan, para la época, nuestras primeras Ilustraciones, civiles, a partir de 1810. De allí la tesis del gendarme necesario, del padre bueno y fuerte, del gobernante autoritario, del Estado en fin, quien hace y piensa por los ciudadanos y en nombre de éstos se expresa, pues a todos y a sus intereses dice encarnar legítimamente para protegerlos a cabalidad.

"ODIO INSTINTIVO HACIA LOS MILITARES"

(10 de agosto de 2013)

Leo un testimonio histórico interesante –*De frente a la realidad venezolana*, 1963– cuyos aspectos conceptuales no comparto pero que encuentro narrado con fina pluma. El Teniente Coronel Oscar Tamayo Suárez, tocuyano, Comandante de la Guardia Nacional en tiempos de Delgado Chalbaud y luego con Pérez Jiménez hasta que éste le pierde la confianza, es su autor. Cuenta sus andanzas de militar y luego como golpista de oficio, en una trama que se aproxima a la del fallecido Hugo Chávez pero sin arrestos de frustración, como éste.

Escribe Tamayo de la historia o de nuestra anti historia a partir de la suya, forjada a fuerza de rupturas sin solución de continuidad –Tamayo se dice revolucionario– y alimentadas por una mescolanza libresca e incoherente, que logra colarse en nuestros cuarteles burlando la censura.

No me sorprende, pues, que el ilegítimo Nicolás Maduro permanezca en el Palacio de Miraflores, apuntalado más por las bayonetas y su lenguaje épico que por los votos escrutados o validados por poderes públicos sirvientes de la voluntad militarista dominante.

Maduro no es Chávez y eso le preocupa. Tanto es así que de tanto en tanto se dirige a la antigua sede de la Escuela Militar –hoy Cuartel de la Montaña– en La Planicie, para tratar que los efluvios de su causante muerto algo le penetren. Se sabe civil y por ello minusválido, preso de los militares. Y al haberse formado a la vera de Chávez siente que el poder no le corresponde, legítimamente, pues este reside, como lo cree, en los militares.

Tamayo Suárez, explicando sus primeros pasos, cuando hace parte del primer Curso de la Escuela del Servicio Nacional de Seguridad: semilla de la Guardia Nacional –degenerada en guardia del pueblo– creada por el presidente López Contreras, refiere a su manera y como militar la historia venezolana. Pone énfasis en tres momentos. Afirma que tras el general Páez, en 1830, se reúnen los civiles de simpatías monárquicas y anti-militaristas; derrotados por la Independencia, traidores a Bolívar. En cuanto a los civiles de la generación de 1928, destaca su "odio instintivo hacia los militares". Y al juzgar las razones de la caída del presidente Medina –"náufrago en un dédalo de errores"– señala que se enajeno la opinión pública, sin la cual "no es posible gobernar". Y al respecto profundiza en su argumento y muestra Tamayo lo que para sus pares se entiende por tal opinión: "Medina Angarita no supo poner a tono a las Fuerzas Armadas… Olvidó la historia del país, en la cual las Fuerzas Armadas han ejercido siempre una función rectora".

Pues bien, mucho antes de que la perversa zaga de Fidel Castro se hiciese presente en el Caribe con su contrabando marxista, provocando muertes e invasiones sobre nuestro territorio, ahora pacíficamente invadido bajo el ucase de nuestros militares, los más leídos de éstos –como Tamayo– reúnen en sus pequeñas bibliotecas a la Venezuela heroica de Eduardo Blanco con El

Desarrollo del capitalismo en Rusia, de Lenin; La revolución traicionada de Trotzki con La imitación de Cristo de Kempis; o el libro de Clausewitz Acerca de la guerra con La técnica del golpe de Estado de Malaparte.

Este mondongo tropical es el que ha servido de muleta, ha mucho, para fijar también la línea divisoria entre los militares "chopos de piedra" –como Castro, el nuestro, y Gómez– o los que presumen tener escuela; pero todos a uno militares, todos a uno revolucionarios.

De modo que, lo que divide hoy a Venezuela es eso, exactamente. Pugnan todavía la cultura de quienes se miran en el ejemplo de los Padres Fundadores, hombres de levita –Andrés Bello, Juan German Roscio, Cristóbal Mendoza, Andrés Narvarte, Miguel Peña, entre otros– o de los presidentes civiles, José María Vargas –a quien critica Tamayo por no ser militarista– o Rómulo Gallegos –a quien tumban los militares– y la contra-cultura de quienes, como Chávez y sus verdaderos herederos –los Mayores Generales quienes hoy fungen de ministros de Maduro o el teniente que gobierna en la Asamblea– creen a pie juntillas en la visión de Tamayo.

El inquilino del cementerio Cuartel de la Montaña, en 2004, al inaugurar la sede del Comando Regional N° 5 de la Guardia Nacional no por azar le recrimina a sus compañeros de armas haber permitido la pérdida de sus fueros, durante casi medio siglo y a manos de civiles o de oligarcas, que para ellos es lo mismo. El saldo, después de 14 años, está a la vista. Y el dilema venezolano sigue en pie después de 200 años. "El pueblo asocia siempre la presencia del jefe o caudillo a la ejecución de toda obra de superación", observa Tamayo antes de criticar a los partidos y luego de rendirle culto al catecismo de nuestras desgracias: "Cesarismo democrático".

LA HABILITANTE, UNA MALA PALABRA

(18 de agosto de 2013)

Las habilitaciones, para que mediante decretos el Presidente legisle sobre materias reservadas al parlamento, son una clara desviación de la democracia. Esta se funda, entre otros elementos de garantía, en la separación e independencia de los poderes. Sólo situaciones de emergencia justifican –es la regla dentro de las democracias verdaderas– el ejercicio de la llamada "dictadura constitucional", de estirpe romana.

En Venezuela, salvo las prevenciones de la Constitución de 1961, una vez aprobada la de 1999 se entiende a la habilitación presidencial como una patente de corso, que se funda en el pecado original –de origen bolivariano– que aún nos impide vivir en una democracia civil y madura, a saber, el culto al gendarme necesario. El "césar democrático" se atribuye a sí el derecho de pensar, hablar y decidir por todo y por todos. No por azar el Libertador, al referirse a la obra de nuestra primera Ilustración –la de 1810 y 1811– acusa de insensatos a los civiles quienes la forman y sostiene que no estamos preparados como nación para el bien supremo de la libertad. Esa es la historia.

También es historia el repetido uso de muletas por nuestros gobernantes –antes el causante y ahora su causahabiente– para imaginar urgencias donde lo que existe es negligencia e impunidad, indolencia en el manejo de las políticas públicas; y a objeto de, tras de aquellas, meterle al país por el buche un torrente de leyes arbitrarias sin debate nacional. ¿Qué impide que la actual Asamblea discuta, con sinceridad y sin trapisondas, sobre la corrupción y si es el caso –que no lo es– adopte las reformas legales necesarias?

Arguyendo el tema de las lluvias, usurpando el mandato constitucional de la actual asamblea, su predecesora al apenas concluir su mandato y bajar el telón, con tal excusa habilitó al soldado muerto para su último acto dictatorial. Las inundaciones bastaron como justificación para el dictado por éste de leyes que ninguna relación tenían con la cuestión. Es lo mismo que ocurre antes, en 2008, cuando en uso de su tercera habilitación desde 1999, el mismo "Comandante Supremo" como ahora le llaman, entre gallos y medianoche y sin conocimiento previo de los venezolanos aprueba 26 leyes que cierran el círculo de su inconstitucional modelo de Socialismo del siglo XXI.

Sobre la corrupción sabe y entiende mucho el usurpador Nicolás Maduro Moros, quien alguna vez es retenido en Nueva York por cargar dólares no declarados y en cantidad que prohíben las leyes internacionales. Sin ánimo filatero puede decirse que ningún otro régimen del pasado fue tan corrompido como el que está en vigor. Se han esfumado, dejando a nuestro suelo bajo escombros materiales y morales, más de 999 mil millones de dólares que no agregan los miles de millones que pesan hoy como deuda sobre las generaciones futuras.

El Plan Bolívar 2000, la corrupción en el TSJ, los negociados de la monarquía barinesa, "Pudreval", la valija argentina, los dineros de los jubilados de PDVSA, el caso de los narco-generales, el escándalo de BANDES, el nepotismo en la Asamblea de la Flores, el Fondo Chino, los crímenes de Estado que confiesan Aponte Aponte e Isaías Rodríguez, las contrataciones eléctricas y petroleras denunciadas en USA, son sólo cuentas del largo rosario de delitos ante los que han sido indiferentes el Ministerio Público y nuestros jueces, quienes los purifican en la pila bautismal de la razón revolucionaria.

Seamos sinceros. En 1945 nacen los Tribunales de Responsabilidad Civil y Administrativa para purgar, sin distinguir, a todo aquél quien hubiese militado en las filas del gomecismo o del lope-medinismo. En 1958 se hace otro tanto con la Comisión Investigadora de Enriquecimiento Ilícito, a fin de despachar hacia el basurero de la historia al perezjimenismo, corrupto o no. En 1978 se aprueba la Ley de Salvaguarda para barrer al "herrerismo" de la faz de la tierra, por incómodo para su propio partido y para AD, que mal acepta a un copeyano presentarse como "presidente de los pobres". Y en 1992, blandiendo la lucha contra la corrupción, se tumba al gobierno de CAP por incómodo para su partido y sobre todo para las víctimas sobrevivientes de la Revolución de Octubre.

Esa historia vuelve ahora por sus fueros. La ingenuidad o la autenticidad con la que se promueve, dado ello, el espíritu del diálogo y ante catones morales venidos desde el infierno de Dante, puede derivar en una catástrofe.

El cura Jorge Mario Bergoglio, mucho antes de llamarse Francisco, recuerda bien que nada es más peligroso que el "sincretismo conciliador"; fascinante "por su apariencia de equilibrio" y que adquiere sus mayores dimensiones "en el área de la Justicia y a precio de los valores", entre éstos la verdad. "Es la forma más larvada de totalitarismo moderno".

LOS ARTESANOS DE GLOBOVISION

(27 de agosto de 2013)

La noticia sobre su venta –la de Globovisión– la hace notoria el escritor mexicano Enrique Krause durante nuestro encuentro de Puebla, a propósito de la más reciente asamblea de la Sociedad Interamericana de Prensa. Allí comparte su mesa con el ex presidente ecuatoriano Osvaldo Hurtado, le habla a los editores del Hemisferio y conviene en que se trata de una mala noticia para la democracia y no solo para los venezolanos.

Los presentes no dejamos de lamentarnos, y en lo personal tengo presente a quienes todo lo perdieron o lo apostaron por defender a Globovisión, y apenas se ganaron el exilio. Sabemos que se trata de la última bombona que oxigena a la audiencia democrática, desde Caracas, allanándole a la gente sus angustias y frustraciones ante el avance de un mar de leva –autoritario y populista– que la hace impotente y la agravia y humilla desde los medios del Estado.

Las leyes mordaza se expanden por la región siguiendo el mal ejemplo que les deja el fallecido ex golpista Hugo Chávez y ya tocan las geografías de Bolivia, Ecuador y Argentina, por lo pronto. Los uruguayos se preparan para una igual arremetida y El Clarín de Buenos Aires espera por su ejecución.

El asunto que se plantea nada tiene que ver con la falta de neutralidad o la parcialidad que se le intenta achacar a los periodistas de Globovisión –sus verdaderos artesanos y ahora obligados a renunciar a sus frentes de trabajo por la transacción mercaderil del medio que forjaran y al que sirvieron hasta ayer– o acaso a un Jorge Lanata, quien dispara sus informaciones crudas desde Radio Mitre de Buenos Aires.

Hablar de neutralidad de la prensa ante las amenazas crecientes a la democracia y al Estado de Derecho es un desatino, y más que una estupidez es un acto de deslealtad encubierta. Sin respeto por las libertades y acatamiento de la ley por los gobiernos no hay prensa libre que pueda subsistir y tampoco democracia. Su defensa y sostenimiento es el primer deber del periodismo, que forma la opinión y ayuda al discernimiento ciudadano sin los cuales se degrada la experiencia de la democracia.

No por azar el Padre Jorge –años antes de llamarse S.S. Francisco– al hablar sobre la antropología política conjura el sincretismo, previene sobre ese llamado "justo medio" o aparente equilibrio que a algunos medios tanto les fascina. Y que lo buscan, justamente, por cobardía, "obviando el conflicto no por resolución de la tensión polar sino simplemente por balanceo de fuerzas", como dice el jesuita Bergoglio. Se trata, en suma, de la peor y más larvada manifestación de los totalitarismos modernos, pues expresa –según él– la conducta de quien "concilia prescindiendo de los valores que lo trascienden", como aquellos inherentes a la verdad.

Pero otro asunto cabe agregar a esta reflexión. La sustentabilidad económica de los medios es una exigencia que ha de ser garantizada por los gobernantes, quienes mal pueden conspirar directa o indirectamente contra ella pues equivale a tanto como violarle a cada persona su independencia para expresarse, para opinar e informar. La garantía de ésta implica a la primera.

No obstante, una cosa es proveer a la sustentabilidad de un medio de comunicación y otra creer que es un mero objeto o acaso una empresa comercial a la orden del mejor postor y de arbitraria disposición por su propietario. La Corte Interamericana de Derechos Humanos ha sido precisa al sostener, como exigencia convencional y sobre todo ética de la democracia, que los medios de comunicación social "juegan un rol esencial como vehículos de la dimensión social de la libertad de expresión en una sociedad democrática".

En consecuencia, si la verdadera democracia no puede ser sacrificada en aras del sincretismo que tanto cuestiona S.S. Francisco, tampoco sus valores y libertades como sus instrumentos y medios, cabe a abandonarlos bajo un criterio de oportunidad de los mercados. "Reconstruir el sentido de comunidad implica romper con la lógica del individualismo competitivo, mediante la ética de la solidaridad", dice el Padre Jorge siendo Cardenal.

Las secuelas de la venta de Globovisión están a la orden del día y ocurren por la nula consideración de los extremos anteriores. El daño que sufren sus periodistas y su audiencia, quienes pierden una ventana vital para ejercer la democracia cotidiana, cuando menos deja tras lo anterior el buen ejemplo de los primeros, quienes al renunciar dignamente, como lo diría Francisco, se han puesto "la patria al hombro". No tenemos los venezolanos, ante lo sucedido, el derecho al desinterés o a mirar hacia otro lado. No podemos pasar de largo ante las víctimas de una decisión que los obliga al silencio. Ningún condenado al "ergastolo", que se sepa, deja a sus hijos al cuidado de los verdugos.

LAS RAZONES DE LA PROCURADORA ARGENTINA

(1 de septiembre de 2013)

Escucho a la señora Alejandra Gils Carbó –cabeza del Ministerio Público argentino– durante la audiencia que nos congrega en la Corte Suprema de Justicia de la Nación en calidad de "amigos de la Corte". Ambos, entre otros, ofrecemos ópticas distintas a sus Ministros para la mejor decisión del caso que opone al Grupo Clarín con el Estado Nacional dada la Ley de Servicios Audiovisuales, pero resto estupefacto. Las sinrazones de la ley mordaza que se sanciona en Venezuela antes y en Ecuador hace pocos meses, aquélla las hace propias. Ninguna relación tienen con lo jurídico y con su rol, y sí mucho de militantismo político. Lucha porque se transforme a la libertad de expresión en objeto bajo disposición del Estado, en una suerte de privilegio que se otorga y quita y le permite a éste hasta controlar los contenidos informativos, reduciendo los espacios de la prensa libre. Todo a cambio de favorecer la hegemonía comunicacional del Estado a quien ve como un padre bueno y fuerte, surte de "gendarme necesario" quien educa a sus hijos ignorantes.

De modo que, ante el debate sobre una ley de intervención en la radio y televisión privadas y acerca de la razonabilidad, necesidad, proporcionalidad, congruencia y legitimidad democrática de los medios de que dispone para alcanzar sus propósitos declarados: mayor pluralismo y diversificación en el uso del espectro radioeléctrico, a la Procuradora apenas le preocupa que la demandante mantuvo relaciones con el gobierno democrático de Carlos Menem, sin confesar que igual ocurrió durante el gobierno de los Kirchner hasta que éstos se pelean con los medios y sacan a flote la falaz relación de Clarín con la dictadura militar.

En escrito que consigna ante la misma Suprema Corte, la señora Gils no se ahorra las razones que la animan para defender tal control abusivo del gobierno tras la supuesta idea de su lucha legítima contra los monopolios. Me hace presente las idénticas motivaciones que llevaron al fallecido militar Hugo Chávez al cierre de Radio Caracas Televisión, la más antigua emisora de Venezuela. Dice que es competencia del Estado "la distribución democrática del poder de la comunicación", a cuyo efecto las voces con influencia no pueden llegar a más del 35% de los radioescuchas o televidentes, en tanto que los medios oficiales pueden alcanzar hasta un 100%. Le resulta inadmisible la "enorme ventaja competitiva en términos políticos" de los medios independientes, pues ello les da la "posibilidad de influir activamente en el diseño de las políticas públicas".

Y la solución a su mano es silenciarlos o bajarles el volumen para que se escuche y prevalezca, eso sí, el grito de las "barras bravas" que la acompañaron hasta las puertas del Alto Tribunal.

Obviamente, para sostener su credo, dicha "amiga de la Corte" lanza al basurero de la historia la doctrina sobre libertad de expresión todavía en vigor en el Sistema Interamericano. La considera inadecuada y pide se la sustituye por otra de más vieja estirpe pero que arguye como del siglo XXI. Por lo cual dice que la situación de la libertad de expresión en el siglo XIX era digerible en tanto que se trataba de "individuos frente al Estado" quienes lo confrontaban como poder pero ahora "quienes se enfrentan son el Estado y los grupos"; situación que en su criterio debe corregirse a pesar de que lo normal, hoy, es que editores, directores, periodistas e inversionistas se asocien como personas jurídicas o morales de forma empresarial para ejercer con mayor efectividad sus libertades de pensamiento y expresión, y sobre todo con autonomía, como lo reconoce en positivo la Comisión Interamericana de Derechos Humanos en el caso citado de RCTV (Marcel Granier y otros vs. Venezuela, 2012).

En fin, luego de confesar –en su "imparcialidad"– que, desde antes ya se ocupaba de perseguir a Grupo Clarín como Fiscal que fue ante la Cámara Comercial, cierra su argumentación con una tautología o síntesis de los inexplicables medios dispuestos por la ley para la censura estatal a nombre de la libertad; prohibir la transferencia de licencias y los derechos adquiridos sobre ellas por los medios haciéndolas económicamente disvaliosas; golpear así la independencia de éstos; y reducir numéricamente –no proporcionalmente– las licencias otorgadas por igual para el uso del espectro radioeléctrico, que es escaso, o del cable, que no lo es; congelándolas numéricamente dentro de un mercado universal de medios tecnológicamente en crecimiento y con capacidad para canalizar a todas las voces y medios sin necesidad de quitárselos a quienes ya las tienen o los tienen. "El mundo de las ideas –dice la señora Gils– no ha escapado a los procesos de liberalización y utilización de nuevas tecnologías", de donde "la existencia de estos peligros demanda una disciplina".

Ella, por supuesto, ha de imponerla quien detenta el poder del Estado y legisla en la creencia de que nunca habrá de abandonarlo; violando derechos humanos a cambio de reparaciones pecuniarias.

EL CASO BREWER

(6 de septiembre de 2013)

Han concluido las audiencias y se espera por la decisión de la Corte Interamericana de Derechos Humanos en el caso del profesor Allan R. Brewer, uno de los juristas de mayor renombre en el campo de Derecho público en Occidente, quien fuera constituyente, ministro de Estado durante la Venezuela pre-revolucionaria, y formador de legiones de abogados constitucionalistas y administrativistas a lo largo de más de 50 años. El Estado lo ha perseguido con saña de Caínes, pues le endosa una responsabilidad que no tiene y por un hecho falaz construido en la imaginación colectiva por adversarios políticos y también académicos. Le atribuyen haber redactado el decreto por el cual el empresario Pedro Carmona asume la Jefatura del Estado y disuelve los poderes públicos, una vez como el hoy fallecido presidente y Teniente Coronel Hugo Chávez Frías acepta renunciar –lo que luego niega– a pedido de sus compañeros armas y con motivo de la masacre ocurrida el 11 de abril de 2002 en las cercanías del Palacio de Miraflores.

A buen seguro que la Corte de San José, en una decisión que será histórica, no desandará o aclarará las realidades de ese hecho crucial, que parte en dos la historia de los venezolanos. La revolución que se instala a partir de 1999 bajo el signo de lo bolivariano cuida sus modales democráticos mientras de modo encubierto –bajo la asesoría de Fidel Castro, quien en 1959 rechaza ser comunista– avanza hacia los predios del socialismo marxista; pero luego, sobre los sucesos de ese 11 de abril, cuya verdad rechaza ventilar Chávez a pesar de un pedido expreso de la OEA y el Centro Carter –hubo un centenar de víctimas de balas, 20 de las cuales fallecieron– y ya ocurrido el referendo revocatorio que logra sortear en 2004 con apoyo del mismo Castro, deja al desnudo su deriva totalitaria. Anuncia, en La Nueva Etapa: El Nuevo Mapa Estratégico de la Revolución, su abierto avance hacia un Estado comunal réplica del sistema constitucional cubano y contrario a la Constitución que tuvo como uno de sus firmantes al profesor Brewer.

La sentencia que se espera hará constar, seguramente, lo que le compete decir a la Corte: que a Brewer se le han negado sus derechos a las garantías judiciales y a una tutela judicial efectiva, dada la ausencia real de separación e independencia de poderes en Venezuela. Su Justicia "provisoria", en efecto, es sirviente de la revolución y su Ministerio Público el cómplice necesario. Así ha sido desde el comienzo.

Pero la cuestión que otra vez queda sobre el tapete de la opinión, ahora internacional, va más allá del caso Brewer, a quien Carmona consulta en la madrugada del 12 de abril sobre cómo proceder constitucionalmente al manejo de la transición que le encomiendan los militares y plantea el anuncio por éstos ante el país de la renuncia del Presidente Chávez. El ministro de la defensa y más tarde del Interior, hoy embajador del régimen, Lucas Rincón, es el vocero del renunciante. Pero se trata de una consulta que el académico atiende pero no acoge su interesado, quien al final opta por el decreto que le sugieren y mandan a redactar los propios militares en la circunstancia, que lee el abogado Daniel Romero.

Lo esencial, a todo evento, no es si hubo o no un decreto y quien lo redactó u opinó sobre el mismo, pues al fin y al cabo, su autoría final es de quien lo firma, y sólo pudo darse sobre una circunstancia de neta factura castrense, que el propio Carmona explica en sus memorias al librar de todo compromiso al profesor Brewer.

Lo vertebral queda aún pendiente y se resume en auscultar el móvil y los hechos eficaces que crearon el riesgo, dieron al traste con el hilo constitucional venezolano, y que el Tribunal Supremo de Justicia –dada la ausencia para ello del uso de las armas– prefiere calificar posteriormente como vacío de poder; en sentencia que adopta la mayoría de su plenario, protesta Chávez, y le cuesta su destitución al magistrado ponente.

Dos datos son notorios y tienen como testigos a sus autores. Uno, el citado General Rincón es quien se dirige al país y le anuncia que el Alto Militar solicitó del presidente su renuncia y "éste acetó" (sic). Y otro, quizá el más importante antecedente, es que en los días previos al 11 de abril, Julián Isaías Rodríguez Díaz, ex Vicepresidente del mismo Chávez y para entonces cabeza del Ministerio Público, es llamado por éste para preguntarle si está dispuesto a acompañarlo en la ejecución de las acciones que tiene previstas para la fecha a fin de reprimir a sus opositores, de las cuales se desprende la hoy llamada Masacre de Miraflores.

Hace pocas horas, paradójicamente, acude a la audiencia de Costa Rica el ahora embajador Rodríguez Díaz quien vive distante en la Roma de los Césares, y afirma que sí acusó al profesor Brewer como autor del decreto del 11 de abril con apoyo en un "cuento", sobre una denuncia que presenta un Coronel Bellorín quien también declara a la sazón y manifiesta que la presentó ante el Fiscal Rodríguez sin señalar a Brewer; pero con el deliberado propósito, eso sí, de involucrar a civiles en unos hechos graves que comprometían el quehacer de los militares.

El caso Brewer, en suma, recuerda a las víctimas inocentes que caen a manos de criminales venidos desde La Habana –eso se comenta– y de militantes activos de la revolución, quienes quedan registrados por las cámaras de televisión y son perdonados por jueces al servicio de Julián Isaías, llamado El Profeta.

HA MUERTO LA CONSTITUCIÓN

(10 de septiembre de 2013)

El 10 de septiembre, habiendo transcurrido un año exacto desde cuando el fallecido presidente Hugo Chávez Frías decide provocar la desvinculación de Venezuela de la Convención Americana de Derechos Humanos, ha lugar a la muerte de la Constitución de 1999, sin que ello implique –en quien esto afirma– ningún arresto de dramatismo. Apenas constato lo que es un dato de la realidad y lo valoro jurídicamente.

La Constitución, en toda democracia y sobre todo luego del neoconstitucionalismo que catapultan la Segunda Gran Guerra del siglo XX y el Holocausto, es hoy por sobre todo un orden de valores, de principios, de derechos fundamentales universales objeto de tutela universal, que atan y determinan la organización y competencias de los órganos de cada Estado. El respeto y la garantía a la dignidad humana se encuentran situados más allá y por encima del Leviatán de Hobbes y su soberanía, pues la dignidad y los derechos hacen lugar y residen en la persona, en el hombre –sea varón o mujer– como experiencia una y única, también necesitada de colmar sus carencias en la alteridad y junto a los otros, y quien es, por lo mismo, Ser anterior y superior a sus expresiones sociales y a la organización política que lo adscribe.

No por azar, dentro de tal perspectiva, Venezuela y su primera Ilustración hija del mundo universitario, antes de darse su primera Constitución Federal el 21 de diciembre de 1811 adopta una Declaración de los Derechos del Pueblo, a la que debe servir la organización política de la república naciente. Tanto que sus artículos 1 y 22 entienden que "el Gobierno se instituye" sólo al asegurar tales derechos y el reclamarlos como libertad "en ningún caso puede ser impedida o limitada a los ciudadanos".

Los derechos humanos, por ende, se encuentran revestidos de características especiales que no pueden ceder jurídicamente sin menoscabarlos. Son inherentes a la persona, perfectibles y no regresivos como la persona, son universales pues valen todos para todas las personas, sin que pueda eliminarse un derecho en favor de otro ni excluirse a ninguna de sus titularidades, dado lo cual son interdependientes.

La denuncia de la Convención Americana o Pacto de San José, cuyo texto provoca una airada reacción en 2001 por el Tribunal Supremo de Justicia –cuando Elías Santana osa pedirle un derecho de réplica al intocable presidente Chávez que ésta le niega y lo motiva a su denuncia ante la Comisión Interamericana de Derechos Humanos– es la obra final de una ruptura que validan, en 2012, José Vicente Rangel, Roy Chaderton Matos y Luis Britto García, en calidad de Consejeros de Estado designados para el despropósito.

La Constitución, con todos los defectos o falencias, es precisa al consagrar en su artículo 23 que los tratados de derechos humanos están integrados al bloque de la constitucionalidad y al disponer en su artículo 31, como consecuencia, el derecho de petición internacional de toda persona para la mejor tutela de sus derechos y cuando los órganos nacionales no provean adecuadamente. De modo que, la denuncia que presenta Nicolás Maduro ante la OEA, como Canciller de Chávez y que ahora cristaliza con la separación nuestra del sistema de la Convención Americana, representa un golpe a la Constitución desde el Estado.

CHADERTON, UN CARADURA

(15 de septiembre de 2013)

No hay derechos cuando quien los tiene ve negado por el mismo Estado su derecho a reclamar. No hay Constitución donde el poder del Estado se sobrepone a los derechos humanos, y considera que puede distribuirlos como objeto y respetarlos a su arbitrio.

Así como la "muerte de Dios" de la que habla Zaratustra todo lo permite y los límites morales ceden, la muerte de la Constitución es la antesala del caos o la dictadura. No podemos los venezolanos, por ende, mirar hacia los lados, menos olvidar a los responsables de este atentado vertebral a la civilización y la Humanidad.

El embajador ante la OEA, Roy Chaderton, afirma que con la salida de Venezuela de la Corte Interamericana de Derechos Humanos se desmonta "el aparato de desestabilización, de procesamiento selectivo y politizado del tema de los derechos humanos". Sostiene que no funcionó "para ocuparse, masivamente, como debió haberlo hecho, de la violación de los derechos humanos durante la IV República".

Se trata, por lo visto, de las declaraciones de un incorregible caradura.

Sabe éste, pues sirve como director de política exterior durante el gobierno de Herrera (1979-1983) luego de trabajarle a CAP I en Bélgica y Nueva York (1974-1979), que en estos gobiernos es cuando apenas se ratifica el ingreso de nuestro país a la Convención Americana de DD.HH. y entra en vigor. Y se complace entonces al cooperar como diplomático en la elección del reconocido jurista venezolano Pedro Nikken, juez de la primera Corte y su Presidente.

Por lo mismo, es al gobierno de Lusinchi (1984-1989) al que le corresponde pasar por las "horcas caudinas" de la Convención, la Comisión y la Corte Interamericanas, sitas en Washington y Costa Rica. Le meten el diente a la masacre de El Amparo y Venezuela nunca amenaza con desconocerlas. Entre tanto Chaderton, caradura, disfruta como embajador ante el Reino de Noruega.

Llegado CAP II (1989-1993) le sirve con obsecuencia. Es su Director General de Política Internacional y luego embajador en Canadá, nada menos. Mientras tanto dichos órganos supranacionales se ocupan de responsabilizar al gobierno del que participa. El Caracazo y las muertes en el Retén de Catia; y bajo instrucciones presidenciales, además, gestiona votos en la OEA para que quien esto escribe sea electo Juez de la Corte de San José y suceda al fallecido constitucionalista Orlando Tovar Tamayo.

Más tarde será CAP quien acuda a la Comisión que antes lo tiene bajo la mira, para protegerse de un Poder Judicial que juzga de parcializado y le derroca. Pero Chaderton sigue en ascenso. Actúa como Vice Canciller con Caldera II (1994-1999) y se muestra incómodo por la severidad de la propia Comisión en el manejo de los casos que afectan a los gobiernos de Lusinchi y CAP II. Pero no le incomoda la elección de don Alirio Abreu a la Corte, creador de nuestra Justicia de Paz. Y cuando la Comisión le pide explicaciones a Caldera por el caso personal de CAP o el de los banqueros prófugos, el caradura se atosiga, pero para sus adentros.

Así las cosas, silencioso y distante como el "diente roto" del cuento de Pedro Emilio Coll, logra se le premie como embajador en Londres. Desde allí habla mal y mal le cae el candidato Hugo Chávez, pues desde su meliflua pose lo desprecia. Le mira como a un "pata en el suelo".

Algo ocurre entre ambos, no obstante, en 1998, bajo la neblina británica. Emerge la traición y asesina a sus amistades de la IV. Le filtra documentos de Estado al ex golpista y escupe la confianza de quien le forma (Caldera I, 1969-1973) destinándole a las embajadas de Polonia y Alemania.

Lo cierto es que la República civil, desde mucho antes y en los períodos de Rómulo Betancourt (1945-1948/1959-1963) adhiere a las reglas de la OEA sobre derechos humanos y apoya a su órgano fundacional, la Comisión, que nos vigila desde entonces sin concesiones, como exigencia de nuestro compromiso y coherencia con los postulados de la democracia. Rómulo Gallegos será su primer presidente y lo heredan, para honor de Venezuela, el jurista y antiguo magistrado de la Corte de La Haya, Andrés Aguilar Mawdsley; el sociólogo y abogado Marco Tulio Bruni Celli; y el constitucionalista Carlos Ayala Corao. Todos a uno admirados por Chaderton, como se creía, quien con aguante digno de mejor causa ocultó su personalidad hasta que la revolución lo saca del closet.

Chávez lo premia y le encomienda ser su embajador en Colombia y ante las FARC. Sucesivamente le nombra Canciller de la República, embajador en Francia, en México, y en la OEA, hasta que lo hace elegir diputado del marxista PSUV luego de haberse predicado católico y copeyano durante casi 40 años. Y calla que la misma Comisión protege a su ahora protector fallecido, el 11 de abril; quien al caso es llamado al botón interamericano por tres situaciones emblemáticas durante su mandato: la destitución ilegal de jueces y el uso de éstos para perseguir a disidentes; la agresión a medios y periodistas; las ejecuciones extrajudiciales por la policía y el horror de nuestras cárceles. Son apenas 14 las sentencias que tienen por demandada a Venezuela, de las 261 dictadas por la Corte. Y es quizás, por ello, que Chaderton apoya nuestro retiro de la Corte, por haber omitido investigarlo.

!Pobre Maduro, no sabe lo que le espera!

LEOCENIS, AL BORDE DE LA MUERTE

(24 de septiembre de 2013)

El editor de Sexto Poder y El Comercio, Leocenis García, está detenido en los sótanos de la Inteligencia Militar. Ha perdido 20 kilos en su huelga de hambre tras las rejas. Se le acusa de legitimar capitales, tener dólares, ser capitalista en suma, crimen de lesa majestad en los disidentes según el catecismo comunista.

Lo cierto es que algunos hasta le niegan su condición de periodista, obviando que la libertad de prensa es derecho de todas las personas según la Convención Americana. Ejerce el periodismo en La Razón, Las Verdades de Miguel, 2001, Reporte de la Economía, hasta que funda un semanario. Viene de la Venezuela profunda, la materialmente pobre pero sin duda bregadora, partiéndose el hombro como dicen sus vecinos de antaño en el Barrio El Silencio del Municipio zuliano San Francisco.

Su padre, quien lleva el mismo nombre, también hace huelga de hambre ante el Palacio de Miraflores. Pide indulgencia para su hijo, sin reparar que la humanidad es mercancía escasa para el G2 cubano, que cuida y vigila a Nicolás Maduro.

Conoce la cárcel. Estuvo en una de las peores, Tocuyito, luego de ser torturado en 2008 por la policía del gobernador de Carabobo, Acosta Carles, cuyas cuentas no quedan claras después del affaire de Walid Makled, capo narcotraficante quien dijo haber financiado a generales y ministros del chavismo.

A partir de 2003 se hace notorio por sus denuncias contra la podredumbre petrolera. Identifica, corajudo, los turbios negocios del oro negro dentro de PDVSA. Habla de "constituyente petrolera" y agita a los trabajadores de su tierra de origen. Se identifica con el "chavismo sin Chávez", hasta que en un arrebato sin explicaciones –ese de 2008– llega a El Periódico de Naguanagua y causa destrozos en su antesala. Su director, Francisco Mayorga, sin decirlo, sugiere que algo grave pudo ocurrir entre el periodista y los propietarios de dicho medio.

Al salir en libertad otra vez desenfunda su arma, con "balas de tinta". Sexto Poder se hace grupo y diversifica. Edita El Comercio. Predica desde sus páginas y en las del semanario una Constituyente para salir del régimen y llegado el 2011 lo persiguen el PSUV y la Defensora del Pueblo por publicar una fotografía del Contralor Russian, agonizante, antes de viajar a La Habana para también morir allí, en la Meca de los chavistas. La Fiscalía y la justicia penal revolucionaria le juzgan, asimismo, por circular una composición fotográfica satírica de las "damas del poder", entre éstas Cilia Flores, pareja de Maduro y hoy "primera combatiente".

Lo cierto es que muerto Chávez Leocenis no se ceba en sus diferencias, pero Mario Silva, el "speaker" del régimen, lo denuncia por afán de lucro al vender una revista con fotos de aquél: "Enemigo del Comandante Chávez, acérrimo enemigo de la revolución", afirma desde la pantalla de VTV. Pero !he aquí el pero! Llegado 2013, vendidas a los "boliburgueses" las joyas de la corona, léase GLOBOVISIÓN, el editor tramita la compra de ATEL TV para hacerse de la audiencia opositora que de suyo perdería el canal de La Florida. Y CONATEL se la cierra. Y Leocenis es hecho preso otra vez, por la pretoriana del régimen: la Guardia del Pueblo, que lo llama "amarillista". Y al salir se pone en huelga ante las puertas de la Oficina de la OEA.

Tozudo, irreverente, sin temores siquiera ante la muerte segura que le puede sobrevenir, amarrado a su causa de Quijote o a su locura, como la de don Alonso Quijano, Leocenis es traicionado por uno de los suyos. Un "colectivo social" del Barrio Negro Primero de Petare –marginales con vínculos en la Suiza de los "boliburgueses"– le siguen la pista a un estado de cuenta en dólares y arguyen ante el Ministerio Público que se trata de dineros del editor para conspirar contra la estabilidad del inestable régimen de "los causahabiente".

Lo ominoso es el saldo. Un periodista está preso por jugar sin agenda amarrada, hacerse incómodo y desafiar a la corrupción, que a buen seguro se le acerca para tentarle con dinero o acaso decir después que éste se los pide para no atacarla. Un periodista con ambición camina –sin apóstoles que le defiendan– hacia su Gólgota, por irritar desde sus columnas. Y una legión de periodistas queda desempleada. La Justicia cierra sus fuentes de trabajo y le impide la práctica de la democracia. Los medios no importan, el fin se logró.

Al paso, pues, Maduro y Cilia, Cabello y Ramírez y hasta Jaua, el último de la cola, están satisfechos. Sexto Poder no circula ni controla. El asunto tampoco cuenta para algunos opositores, con miedo a morir del mismo mal y para quienes Leocenis fue por igual uno de sus críticos, quien al paso tiene un pecado original: Creyó en 1999 que Chávez era la solución.

NO ESTAMOS SOLOS, A PESAR DE LOS INSULZA

(29 de septiembre de 2013)

Por alguna razón, una vez como cambia la idea de la soberanía, que hasta inicios de la modernidad encarna en el Príncipe o déspota de turno y luego pasa a residir en la nación que todos formamos, resulta injustificable que los venezolanos nos sintamos solos, huérfanos de dolientes.

La penuria económica fiscal que desde ya nos hace presas, humillados al derivar en siervos de la dictadura cubana, anegados por la podredumbre moral que inocula el crimen del narcotráfico en parte del país, es un fardo pesado y muy gravoso. No obstante, aun así estamos obligados a mostrarnos capaces, por nosotros mismos, de generar las condiciones que provoquen un cambio, que sólo acompañarán los de afuera cuando llegue y no antes, cuando nos respeten como pueblo soberano.

Guyana se roba nuestro terruño en las narices de Nicolás Maduro. Santos, cachaco y resbaladizo, desde Colombia disfruta nuestra debilidad y espera el momento en que no seamos peligro, siquiera, para chuparnos el sagrado golfo de Venezuela; pues el dolor de cabeza de las FARC lo ha resuelto negociando con ellas y con Castro, como lo hizo Hugo Chávez desde 1998.

Brasil se apresura a definir qué otro negocio más y de última hora puede hacer, sin haber invertido en Venezuela, su poderosa economía, siquiera un cruzeiro. Desde antes, a partir de 1979, intenta usufructuar nuestros predios guyaneses sin alcanzarlo, pero sonríe esta vez al verlos "libres de reclamos".

Si se trata de los chinos les debemos –por obra de Rafael Ramírez– hasta el modo de caminar. A finales de 2011 les adeudábamos 20.000 millones de dólares provenientes del Fondo Chino y otras menudencias por 8.000 millones de dólares anteriores. Y al destinar el 16% de nuestra producción petrolera para pagarles con un barril estimado en 40 dólares, de entrada perdimos 18.430 millones de dólares.

Nuestra postración a inicios del siglo XX, cuando El Cabito –Cipriano Castro– hace de las suyas y los cobradores –¡la planta insolente del extranjero!– tocan a nuestras puertas con sus barcos de guerra, por las deudas insolutas de esas otras tantas revoluciones que parimos en el siglo XIX, es pálida como referente.

Lo que tenemos y vivimos hoy es obra de nuestras manos. No llega como una suerte de tsunami, de improviso, sin avisos o bajo engaños, desde 1999. Y si esto no lo entendemos en medio del desengaño mal encontraremos la senda que nos permita la reconstrucción, la procura del reencuentro entre las parcelas de lo que hasta hace tres lustros fuimos como entidad política, apreciada por su tradición libertaria y democrática incluso en tiempos de borrasca y vida modesta.

Los pueblos sí se equivocan y no son la voz de Dios.

La revolución chavista es ingobernabilidad suma y lacera sin discriminar entre los estómagos y las vidas de chavistas y antichavistas. No discierne entre los "muertos civiles" u opositores a quienes la revolución todo les niega o expropia, o quienes hasta ayer reciben la limosna corruptora alcanzada hasta sus manos por los secuestradores del régimen comprándoles apoyo, o quienes, más traidores que astutos, exprimen la ubre del Estado y corren hacia sus refugios en otros países mientras pasa la tormenta.

Entre tanto, los chinos se hacen los chinos durante la última visita de Maduro al Lejano Oriente, donde le faltó bajarse los pantalones. Pero apretó las piernas cuando menos y decidió, con un dejo de vergüenza, volver a casa. Se alejó de Nueva York pues no tenía palabras con que explicar a los periodistas de la ONU lo de la tonelada de cocaína que viajó desde Caracas hacia París, bajo cuidado de la "Guardia del Pueblo".

Nada cabe esperar, pues, de un José Miguel Insulza, quien dice no opinar sobre el fraude electoral ocurrido el pasado 14 de abril dado que no lo invitaron sus autores y cómplices. Otra vez se baña en el caldo del cinismo. Sabe que tuvo precio y se lo pagó Chávez antes de morir y para permitirle ser Secretario de la OEA, desde donde sirve como médico forense de la misma OEA y la democracia en las Américas.

Quienes sigan buscando otro gendarme para patearle el trasero al pichón de los Castro –sin coraje siquiera para mudarse a La Casona, que ocupan los miembros de la familia Chávez– merecen lo que padecen. Seguirán culpando de sus males, eso sí, a Capriles por disciplinado o a Caldera por perdonar a los golpistas del 4F como lo hizo primero el mismo Pérez y luego Velásquez. Sentados esperarán al Mesías sin mojarse los pies, abúlicos, reventándose como las chicharras.

El pueblo soberano nos dio esta revolución con sus votos y en sus manos está ponerle su punto final, antes de que seamos reducidos a una pequeña Franja de Gaza dentro de América del Sur. ¡Los otros estamos con nosotros mismos y no nos fallará la memoria!

GLOBOVISIÓN, UN PROBLEMA PARA LA DEMOCRACIA

(8 de octubre de 2013)

La transferencia de la propiedad de GLOBOVISIÓN, emisora venezolana dedicada a la información y hasta ayer ancla de la opinión disidente, crítica ante el poder, plantea una cuestión que toca a la esencia moral de la democracia. Todavía más cuanto que, por ser un medio de comunicación social y realizar a la libertad de expresión, hace parte de su "columna vertebral".

La cuestión no reside tanto –aun cuando cabe discutirlo– en la decisión de la mayoría de sus antiguos conductores de transferir su dominio hacia otras manos de dudosa catadura. Cabe ponderar, mejor aún, los efectos ya evidentes de lo decidido, pues ello apunta a la sustancia de la experiencia democrática, a saber, a la relación entre fines y medios legítimos.

Los fines, por legítimos que puedan considerarse, demandan de medios legítimos y no sólo legítimos en apariencia. En pocas palabras, en toda sociedad cabe el derecho al bienestar, pero jamás mediante el robo o la corrupción. Han de perseguirse a los violadores de la ley, sin vulnerarles sus derechos a la presunción de inocencia y al debido proceso.

La disposición de medios legítimos no purifica, por si sola, los fines a los que se encuentran atados. Esto lo entienden las víctimas del Socialismo del siglo XXI. Se les clausuran o censuran sus periódicos, radios o televisoras, sin clausurarlos o censurarlos. Los albaceas de tan perverso modelo arguyen que son estos los que se cierran o censuran, por sí solos; como cuando se apaga la pantalla de Radio Caracas Televisión al vencimiento de su licencia, y no le es renovada por el Gobierno de Hugo Chávez, "legítimamente".

Los casos huelgan.

A los accionistas fundadores de GLOBOVISION se les abren juicios penales y expulsan al ostracismo por supuestos hechos ilícitos sin directa relación con la emisora, que así queda en la intemperie. El Grupo Sexto Poder – su incómodo semanario y su diario El Comercio– deja de operar bajo el régimen Maduro-Cabello, que sufre sus críticas acres, sin que éste le ponga un cerrojo. Al editor Leocenis García se le encarcela y juzga por legitimación de capitales, una vez como pretende conquistar la audiencia de la vieja GLOBOVISIÓN mediante la compra de otro canal que, aquí sí, la agencia de regulación de las comunicaciones (CONATEL) suspende sin aviso y sin protesto, por vías de hecho.

En democracia, si acaso no bastan los ejemplos anteriores, las mayorías están impedidas de usar el voto popular o parlamentario para escoger el camino de la dictadura "democráticamente" o relajar las garantías de la libertad, o usurpar el poder bajo la cobertura de "sentencias constitucionales", o acaso transformar a un gobernante en legislador persiguiendo judicialmente al parlamentario que se muestre disidente o en desacuerdo.

La ética democrática y hasta la decencia mandan de medios y fines legítimos a la vez y en su relación. Así de elemental.

Ocurrido lo que ocurrió con GLOBOVISIÓN, ella avanza –lo dicen sus compradores– hacia el "equilibrio" o la neutralidad: ¡que hable la democracia y también sus enemigos, por igual, mediante cuotas que han calibrar en proporciones exactas los hacedores de noticias; como si fuesen carpinteros o marchantes de verduras! Que tampoco son jueces con la balanza en mano y los ojos vendados, pues la Justicia no es repartir cosas sino dar las cosas a quienes les pertenecen, mediante la razón.

La expresión libre y de suyo el periodismo, son el testimonio de lo humano. La expresión puede adiestrarse técnicamente, incluso como arte, pero si se hace técnica del equilibrio se le cortan las alas al discernimiento. Se la robotiza y deja de ser, justamente, un humano derecho.

Los periodistas quienes se realizan a plenitud y como tales en la vieja GLOBOVISION, unos se van cabizbajos, otros despedidos; todo a uno no quieren someterse a eso que cuestiona con bastante severidad el Papa Francisco, antes de serlo: "el pensamiento débil", el sincretismo de laboratorio. Y los menos o quienes ahora llegan se justifican bajo argumentos probablemente humanos, como la subsistencia, o la conservación de los espacios donde reside desde ayer el credo de los empiristas.

En suma, tras un acuerdo legítimo en apariencia –una operación entre comerciantes– se le puso final al periodismo y a la democracia verdadera. Para ello –¡he aquí lo paradójico! – y en defensa de lo hecho o para ponerle coto a quienes protestan por las consecuencias de lo hecho –es el caso de la destituida periodista Nitu Pérez Osuna– se mueve con diligencia el Estado. El mismo poder pone sus piedras sobre el camino de los tribunales para no verse controlado; todavía más cuanto que, esta vez, se dice propietario de GLOBOVISIÓN. Esas tenemos.

MIRAFLORES Y VENEZUELA, BAJO CONTROL MILITAR DEL CESPPA

(13 de octubre de 2013)

Acaba de aprobar Nicolás Maduro un decreto con el que cava su tumba de gobernante. La claque militar que lo rodea y da sustento blinda el círculo de su poder e impone su inconstitucional Centro Estratégico de Seguridad y Protección de la Patria. Para lo sucesivo, mientras dura, son transformados en eunucos –cuando menos– los ministros del interior, de relaciones exteriores, y de defensa. Dejan de ser, en la práctica, órganos directos del Presidente de la República, como lo manda el artículo 242 constitucional.

La cuestión es muy grave. No se reduce al aspecto que de buenas a primera destaca preocupada la prensa, como lo es el nacimiento de un mecanismo de censura de la información en Venezuela, que atenta contra la columna vertebral de su democracia.

Chile tuvo su DINA –extraña a lo institucional y protestada en soledad por el Jefe de Inteligencia de Carabineros– y por ella termina empantanado Augusto Pinochet Ugarte. Ahora se hablará, aquí, del CESPPA, cuyas siglas, consagradas como fetiche, desnudan la autoría castrense del manido decreto.

Una iniciativa similar, debo recordarlo, toma cuerpo en algunas mentes enfermas de poder a inicios del mandato del fallecido Hugo Chávez. Pretenden mudar hacia el Palacio de Miraflores y bajo dependencia inmediata del Presidente a una suerte de policía secreta sobre los escombros de la DISIP, llamada Sistema Nacional de Inteligencia. El Teniente Eliezer Otaiza, ex constituyente y cabeza de aquella, busca ser los ojos y la sombra del mismo Chávez al frente del "ente rector" propuesto, para asesorarlo sobre los peligros a su estabilidad, y mantener actualizada la "estrategia nacional de inteligencia". Casi que lo logra.

La Comisión Legislativa aprueba en 2000 la ley en cuestión, pero en buena hora, debo decirlo, tropieza primero con el General Raúl Salazar Rodríguez y luego con los ministros Luis Alfonso Dávila y José Vicente Rangel, quienes impiden su ejecútese. Cuidan al Presidente. Y si bien es cierto que todos los gobiernos, autoritarios o no, tienen bajo su disposición aparatos de información, los gobernantes cautos optan por mantenerlos a distancia, diversificándolos, bajo cuidado de sus ministros del ramo.

Pues bien, el decreto que le da vida a la DINA venezolana, competente para ser "ente rector y articulador de las políticas de trabajo de las instituciones responsables de la Seguridad, Defensa, Inteligencia y Orden Interno, Relaciones Exteriores y otras que tengan impacto en la seguridad de la Patria" (artículo 3), dirigirá, establecerá y controlará todo lo relacionado con la obtención, fijación de prioridades, análisis y traslado o no de las informaciones que considere estratégicas (artículo 8), y le cabe hasta declararlas o no secretas (artículo 9).

En suma, tendrá el poder que no tiene Maduro, sobre todo en una sociedad global donde el poder reside en la información y no en las armas. El CESPPA es quien decide que se le informa o no al Jefe del Estado. Nada menos. Y esto lo digo con la angustia de haber sido Ministro de Relaciones Interiores hasta febrero de 1999.

Pero el asunto no se queda allí. Lo no previsto en el aberrante e inconstitucional decreto le compete resolverlo, a su arbitrio, al Mayor General del Ejército quien hoy ocupa el Ministerio del Despacho de la Presidencia, llamado antes Ministerio de la Secretaría y en sus orígenes históricos Secretario de la Presidencia. A pesar del poder que le da su proximidad al ocupante del Palacio, ni siquiera es discreto ni firma de último como sus antecesores, tras los ministros. El decreto del caso –ello revela mucho el fondo de la cosa– lo firma de primero, luego de Maduro.

En fin, el poder real de la República está en manos castrenses, en las del Secretario de Maduro y del otro Mayor General quien ocupará el CESPPA, en calidad de "rector y articulador" de las políticas de trabajo de los ministerios mencionados. Y ello viola el artículo 323 de la Constitución que instituye el Consejo de Defensa de la Nación; deroga de facto la Ley Orgánica de Seguridad de la Nación, que desde 2002 confía a la Secretaría de dicho Consejo –bajo control colegiado– y a sus Centros de Evaluación Estratégica y de Políticas y Estrategia, proveer a los objetivos que dice realizar el decreto del caso pero de manera torpe; en fin, arrasa con la Ley del Sistema Nacional de Inteligencia y Contrainteligencia de 2008 que –visto el error del 2000– confía a la coordinación de los ministros del interior y de defensa tales asuntos y fija desde ya las normas sobre clasificación de los documentos secretos.

Germán Suárez Flamerich, hombre inteligente de la Generación del 28, civil, creyó gobernar a Venezuela a la muerte de Carlos Delgado Chalbaud en 1950, sin entender que quienes mandaban eran los militares. Maduro cree lo mismo. ¡Es un mal presagio!

LAS REGLAS DEL SILENCIO

(20 de octubre de 2013)

La reciente e inconstitucional aprobación, por el ilegítimo gobernante venezolano Nicolás Maduro, de un decreto mediante el cual recrea en sede presidencial a la Santa Inquisición y la saca de su sepulcro decimonónico, para que, bajo tutela militar, cuide los dogmas de la revolución y provea sobre su verdad, cierra el círculo de eso que, con buen tino, el parlamentario ecuatoriano César Montufar, llama las reglas del silencio.

El autor, quien estudia cuidadosamente la reciente ley mordaza impuesta por el régimen de Rafael Correa y que prohíbe, de entrada, el "linchamiento mediático" o la prohibición de informaciones que se adviertan en distintos medios de prensa para desprestigiar la credibilidad de algún funcionario, apela sabiamente a la reflexión del escritor Carlos Fuentes, quien se pregunta ¿cómo las sociedades salen del silencio? Y lo repregunta: ¿Cómo las sociedades y sus ciudadanos pueden resistir para que el poder no los devuelva al silencio?

Lo cierto, en todo caso, es que desde antes, en Venezuela, a partir de 1999 y de forma abierta luego de 2004, nuestro gobierno, coludido con el cubano y bajo el ucase del Foro Social Mundial de Porto Alegre, decide e invita a sus pares a que avancen hacia la hegemonía comunicacional de Estado, mediante la creación de nuevos medios públicos, de medios alternativos o comunitarios que no pueden sobrevivir sin el auxilio del Estado, y la final cooptación –para mensajes públicos y cadenas– y la reducción de los espacios de la prensa independiente, hasta que se extinga por sí misma, sin necesidad de que un esbirro les cierre las puertas.

Se trata, en efecto, de ponerle las manos a las llaves del reino. Descubren estos gobernantes aliados del Socialismo del siglo XXI que sus propósitos de permanecer en el poder sin alternancia –bajo coberturas jurídicas y democráticas fingidas– depende de la nueva fuente contemporánea del poder: la información, no más de las armas o el secuestro de territorios.

Así las cosas, bajo un molde común que aquí fragua y la premeditación de conflictos con los medios independientes –en Caracas ante "los jinetes del apocalipsis", en Ecuador frente al diario El Universo, en Argentina para doblegar la "dictadura mediática" del Grupo Clarín– todos a uno se dan a sus medidas las leyes citadas del silencio: la ley RESORTE nuestra, aprobada en 2004 y reformada en 2010, la ley argentina de servicios audiovisuales de 2009, la ley general de telecomunicaciones de Bolivia adoptada en 2011, y la ominosa –por desbordante– ley orgánica de comunicación del Ecuador, aprobada recién, en 2013.

Todas a una de dichas leyes rebanan la libertad de prensa favoreciendo la censura e imponiendo la propaganda de Estado, montados sobre esa regla de oro que hacen propia los marxistas posteriores a la caída del Muro de Berlín y de idéntica estirpe –la de la mentira– desde cuando Marx hecha sus dientes en este mundo: Usar la democracia para minarla desde adentro, argumentar el cumplimiento de la ley para socavar y prostituir los fines de sus normas, en suma, imponer a la sociedad una dictadura comunista halagándola con los bienes del capitalismo, sobredimensionando sus apetencias hasta hacerla dependiente, a la manera de los mercaderes del narcotráfico.

Las leyes del silencio, en consecuencia, predican de entrada su respeto celoso por la palabra oral y escrita y rinden loas al pluralismo. Seguidamente, declaran como "bien público" o "servicio público" o de "interés público" al espectro que usan los medios de radio y televisión y la prensa escrita que dispone del recurso digital, haciendo de éstos meras prolongaciones del Estado y a la sazón, por lo mismo, autorizando a éste para intervenir en los contenidos de la información y evitar la diversidad de los programas.

El patrón es idéntico y su objetivo no lo ocultan los autores del despropósito antidemocrático y totalitario. La ley ecuatoriana, en su preámbulo, reza que nace "por iniciativa" de Correa para erradicar "la influencia del poder económico y del poder político sobre los medios". Y la procuradora argentina, Alejandra Gils Garbó, en defensa de la ley de su país, afirma y completa sin ambages que sólo compete al Estado –léase a quienes lo controlan– "la distribución democrática del poder de la comunicación", pues resulta inadmisible que los medios independientes influyan "en el diseño de las políticas públicas".

En suma, al igual que los inquisidores medievales, sólo el gobernante puede moldear la opinión democrática, a su manera, según su credo y ambiciones de gendarme. Los ciudadanos, infieles e iletrados, nada pueden decir al respecto. Tampoco Maduro, quien optó por leer un solo periódico, militar, el del CESPPA. Esas tenemos.

MADURO Y SU CESPPA: GOLPISTAS DE LA CONSTITUCIÓN

(27 de octubre de 2013)

Se anuncia en la prensa y publica en la Gaceta Oficial otro decreto que maquilla el esperpento constitucional que titulan Centro Estratégico de Seguridad y Protección de la Patria. Y algunos advierten que han sido modificados los artículos que mayor preocupación y miedos han generado en la opinión pública, pues dicho centro evoca, sin exageraciones la experiencia de la DINA chilena y otros aparatos de secretismo que hicieron posible las violaciones masivas y sistemáticas de derechos humanos durante las dictaduras militares del Cono Sur.

De buenas a primera hubiese querido saludar tal rectificación como un hecho positivo, tanto como lo hice en el 2000 cuando Hugo Chávez, escuchando a sus ministros Salazar Rodríguez, Hurtado Sucre, Rangel, y Dávila, le pone freno al contrabando igual que intento pasarle su jefe de la policía política, teniente Eliecer Otaiza. Pero no, pues mal puede acogerse con beneplácito un atentado a la Constitución que busca remendar su autor atentando de nuevo contra el Estado de Derecho.

Sé bien que no pueden pedírsele peras al olmo, dado que el responsable de tal desaguisado, Nicolás Maduro, llega a la Presidencia cargándose el orden constitucional venezolano con la complicidad del Tribunal Supremo de Justicia. No podía, en efecto, encargarse de la Jefatura del Estado una vez como el difunto Chávez deja de prestar juramento constitucional para iniciar otro período constitucional, como tampoco podía ser candidato luego de ejercer la presidencia en calidad de vicepresidente, que nunca deja de serlo. Lo de las elecciones cuestionadas del 14 de abril, por lo mismo, son "pecata minuta".

Vayamos al asunto.

Mediante su decreto del 7 de octubre Maduro crea el CESPPA y hace del Palacio de Miraflores otro Helicoide, otro SEBIN, pero con más poder, omnímodo, tanto que se sobrepone incluso a la inteligencia militar. Y para ello tira por la borda los artículos 323 y 235 de la Constitución, que crean el Consejo de Defensa de la Nación y regulan lo relativo a la clasificación y divulgación de los asuntos relativos a la seguridad nacional. Tanto como obvia la ley que desarrolla dichas disposiciones, dictada en 2002 y la otra que bajo el nombre de Sistema Nacional de Inteligencia, sancionada en 2008, coordina la acción de los ministerios involucrados en labores de inteligencia. No obstante ello, el decreto en cuestión y muy cuestionado, que forma una oficina dictatorial, cita como su fundamento coloquial, sin recordar las normas precisas indicadas, las razones que dieron origen al mencionado órgano constitucional, el Consejo de Defensa de la Nación.

Ahora Maduro da marcha atrás y escupe sobre la ley que dictara el General Medina Angarita en 1941, a cuyo tenor, cuando hay discrepancia entre el original de una ley o un decreto y su impresión en la Gaceta, la edición corregida debe hacerse precediéndola una explicación del Ministro de la Secretaría donde indique cuáles errores dan lugar a la reimpresión.

Pues bien, el 24 de octubre aparece en Gaceta el mismo decreto del día 7, apenas advirtiendo aquella que "se reimprime por fallas en los originales". Por lo visto no hay abogados, ni siquiera alumnos de Derecho cerca del Presidente, a menos que estos hayan pasado por una universidad pero no la universidad por ellos.

El nuevo texto le reduce jerarquía administrativa al CESPPA y a su jefe lo bajan de rango, pero sigue dentro de Palacio. No se habla más de la Dirección Político Militar de la Revolución Bolivariana, para que no quede en evidencia que los dictadores quienes dictan el decreto son militares y no Maduro, civil y mascarón de proa. Empero, el CESPPA sigue siendo el órgano rector y no el Consejo de Defensa de la Nación ni su Secretaría Permanente, y tampoco los ministros del interior, de defensa, y de relaciones exteriores. Un director general –no más presidente del CESPPA– los dirigirá en materia de inteligencia, lo que no sorprende, pues hemos visto como Tenientes Coroneles mandan a poner firme a Generales, sobre todo si los primeros son cubanos. En fin, apenas se elimina la autorización para que el CESPPA requiera información de las instituciones privadas, lo que poco ha de importarle pues para ello sus dependencias –el SEBIN y la DIM– ya saben cómo obtenerlas.

Cabe preguntarse, a todas éstas y como bagatela, de qué modo resolverá Maduro el problema administrativo que le significará un CESPPA que no es más "órgano desconcentrado" sino director del Ministro de la Presidencia, pero quien a la vez y con el nuevo decreto, por la libre, sigue autorizado para celebrar contratos y recibir donaciones.

En suma, todo cambia para que nada cambie, según el "gattopardismo" que, por lo visto, se hace regla de oro bajo el mando de nuestro "pichón de dictador".

ARGENTINA APUESTA POR SOCIALISMO DEL SIGLO XXI

(3 de noviembre de 2013)

La reciente decisión de la Corte Suprema de Justicia argentina en el asunto de la inconstitucionalidad de su Ley de Medios, cuya mayoría vota a favor de declararla conforme a Derecho, es un severo retroceso en su ejemplar acatamiento de los estándares interamericanos de la democracia.

La cuestión, como lo reconoce el mismo Presidente de la Corte, Ricardo Lorenzetti, tiene una grave importancia institucional. No se trata de un debate entre pulperos. El tema desborda, incluso, a la consideración de los artículos demandados por falencias constitucionales por parte del Grupo Clarín y defendidos acremente por el gobierno de Cristina Kirchner, ayer derrotada electoralmente y hoy consolada por la Justicia.

La mayoría judicial, no obstante, al decidir como lo hace parece haberse limitado a poner sobre la balanza al medio demandante –muy poderoso, es verdad– y al Estado, con vistas a determinar de qué lado se encuentra la "institucionalidad" que cabe defender. Y así pudo ser, pues obvian los jueces apuntar el asunto de fondo comprometido, a saber que el ejercicio de la libre expresión es la columna vertebral de la democracia. Pero no debe sorprender la decisión *pro Status*. Desde hace algún tiempo las nuevas coaliciones regionales que nacen o se reformulan oponiéndose ideológicamente al Sistema Interamericano –léase la UNASUR o el mismo Mercosur– optan por desplazar el principio *pro homine et libertatis* sobre la cual se funda la cultura de derechos humanos posterior a la Segunda Gran Guerra del siglo XX.

La cuestión no es baladí. El tema no se reduce a mantenerle o no el poder al grupo editorial citado a la luz del alegado propósito de democratizar el acceso a los medios de comunicación social. Hay algo vertebral que probablemente vieron y no estimaron o que acaso no vieron o pasaron por alto los señores ministros de la Corte, en su mayoría. Se trata del argumento o confesión que les lleva a la mesa la Procuradora Gils Garbó, en defensa de la ley. Ella considera inadmisible que un actor social o político tenga prevalencia o capacidad para incidir en la opinión pública o sobre las políticas del Estado.

Es el mismo argumento que el presidente ecuatoriano Rafael Correa hace inscribir en el encabezamiento de la ley de medios aprobada recién por su Asamblea y que reza así: "los ecuatorianos… apoyaron masivamente la erradicación de la influencia del poder económico y del poder político sobre los medios de comunicación".

En otras palabras, todo empresario o todo político, si acaso se advierte desde el Estado que adquiere adhesión por la opinión mayoritaria, ha de ser silenciado, declarado muerto civil, por enemigo de la democracia".

Las leyes de medios aprobadas bajo el molde del Socialismo del siglo XXI –la argentina no es la excepción a pesar de sus matizaciones– todas a una, dicho en términos coloquiales, comparten un criterio inaceptable para la Convención Americana de Derechos Humanos, por lo mismo "inconvencional": Encabezan sus normas rindiéndole culto a la democracia; pero acto seguido, por considerar que es el Estado quien distribuye las libertades, como si fuesen un objeto y no atributo de la persona como derecho inmanente, toda actividad relacionada con los medios es declarada bien público o de interés público. De allí que quien pretenda ejercer tal actividad lo hace en calidad de prestador de un servicio público y el Estado, por ende, tiene autoridad para regular los contenidos, lo que dicen u opinan tales medios y sus comunicadores.

La apuesta de la Corte argentina por la constitucionalidad de la ley de medios es así una opción extraña a la filosofía jurídica y política sobre la cual se construye la doctrina sobre libertad de prensa en las Américas. Y acerca de la intervención del Estado en la administración del llamado "espectro radioeléctrico", nadie discute que se trata de un bien escaso que ha de manejarse con equidad. Pero tal premisa, que confirma la Unión Internacional de Telecomunicaciones y tiene un carácter técnico, no autoriza al Estado para ir más allá. A la vez, la tecnología hoy permite la expansión creciente de las señales de los medios radioeléctricos, todavía más si usan vías físicas. Y eso no lo observa la Corte.

Hay espacio suficiente y tecnológicamente creciente para democratizar el acceso a los medios sin quitarle sus espacios a quienes ya los tienen; a menos que el propósito sea el ya indicado, es decir, bajarle el volumen y hasta silenciar a quienes hablan más alto que los príncipes del Estado. Y eso es lo que busca el comunismo del siglo XXI, la hegemonía comunicacional pública. Venezuela es el paradigma. Argentina pretende tomar ese camino, de manos de sus jueces.

NARCOSOCIALISMO, EL MAL ABSOLUTO

(12 de noviembre de 2013)

El tema lo pone sobre la mesa, con mucho coraje y escandalizada, la Iglesia católica argentina, de la que hace parte hasta ayer Papa Francisco. Denuncia el avance del narcotráfico. Los periódicos se ocupan del asunto, destacan la gravedad de la acusación, e interpelan al poder político.

Buenos Aires, hasta hace poco libre de criminalidad ostensible, comienza a sufrir los estragos de ese cáncer que tanto han defendido algunos mandatarios del eje Socialista. "Evo me manda pasta de coca. Se las recomiendo... no es cocaína", afirma Hugo Chávez ante la Asamblea Nacional nuestra, al leer su mensaje de 2008.

Ese año sicarios asesinan en un centro comercial de la Provincia de Buenos Aires a miembros de cárteles del narcotráfico colombiano. No transcurren treinta días cuando asimismo son ejecutados tres empresarios vinculados al tráfico de la efedrina y la "mafia de los medicamentos". Una investigación parlamentaria que se expide al término de 2009 y coordina la diputado Lilia Carrió, afirma que se trata de "un capítulo más en la historia de los aportes destinados a solventar la campaña presidencial de Cristina Fernández de Kirchner".

La cuestión, a todas estas, es que en Venezuela no se habla del asunto ni sobre su gravedad institucional. Es como si el narcotráfico fuese algo extraño. Tanto que en las tantas salas situacionales de la política, donde se elaboran hipótesis sobre el porvenir inmediato del país, no cuenta esta variable que condiciona vertebralmente a nuestra realidad total. ¿Acaso ha penetrado en todos los intersticios, a un punto que hablar de dicho "crimen de lesa humanidad" es bagatela?

La cultura de la muerte y la corrupción que la precede y es su consecuencia nos traga hasta un punto en que unos muertos más o menos son indiferentes. Su publicidad, sin embargo, ha sido convenientemente prohibida por los "jueces de la revolución". Mas lo cierto es que entre 1999 y 2013 dimos un salto en escalera, pasamos de 4.500 a 20.000 homicidios promedio cada año, como si nada…; sin advertir que ello ocurre durante los tres lustros de mayor drenaje de dineros oficiales hacia los sectores más afectados por la actividad criminal indicada. De modo que, esas muertes no son hijas de la pobreza. Son "ajustes de cuentas" dentro del establecimiento gerencial y operativo del narcotráfico internacional en que se ha transformado la patria de Bolívar.

No olvidemos que el honorable Comandante Jesús Urdaneta Hernández –uno de los jefes del 4F– renuncia a la dirección de los Servicios de Inteligencia (DISIP) y se separa de su compañero Chávez una vez como constata que, a través del Capitán Ramón Rodríguez Chacín, actual gobernador del Estado Guárico, pacta una "macro-vacuna" con las FARC en agosto de 1999. Es el mismo Chávez quien, en 2011, salva al narcotraficante Walid Makled de las garras de la DEA. Lo trae a Caracas apoyado por el presidente Santos de Colombia, una vez como este "empresario boliburgués" declara tener en su nómina a generales y ministros venezolanos. ¿O es que acaso pasamos por alto la confesión del Coronel Eladio Aponte Aponte, cabeza de nuestra Justicia Penal a lo largo de ese tiempo, en cuanto a que ordena liberar narcotraficantes por órdenes presidenciales?

En 1959, Rómulo Betancourt no contaba con piso social orgánico a fin de gobernar, salvo su legitimidad popular y el respaldo de unos partidos que apenas vuelven desde la clandestinidad. Tuvo el tino de nombrar como su Secretario a Ramón J. Velásquez, quien le solventa los desencuentros del pasado y aproxima a los factores de poder real y moral capaces de asegurar la gobernabilidad y darle viabilidad al gobierno en cierne: La Iglesia, los empresarios, la prensa, los sindicatos, se comprometen a respaldar a la democracia. Y las Fuerzas Armadas se ocupan de la lucha contra la guerrilla, cesando en sus ambiciones de control histórico sobre el país. Pero ese pacto dura 40 años, antes de ser sustituido por otro pacto con la narco-guerrilla y el gobierno de Cuba, que al caso es lo mismo.

En medio de la anomia profunda que hoy nos afecta a los venezolanos, a falta de instituciones sociales pues sus miembros han sido confiscados, exilados, o expuestos al odio público, me pregunto ¿con quién se pactará la estabilidad futura? ¿Quién tiene o puede garantizar el poder efectivo que facilite la paz y reduzca la violencia que nos atrapa, siendo que hasta una parte del mundo castrense ha sido penetrado por la "criminalidad del siglo XXI"? ¿Acaso tendremos que mudarnos a La Habana, como lo hizo Santos, para negociar nuestra gobernabilidad con quienes todavía anegan de sangre al continente y ahora se refugian en el territorio austral, perturbando la nostalgia de sus tangos y el aliento vivificante de sus librerías?

DICTADOR INCONSTITUCIONAL Y REO DE DELITO

(17 de noviembre de 2013)

Entiendo que la teoría política ofrece tantas vertientes que pueden confundir la calificación del régimen autoritario imperante en Venezuela. Pero lo indiscutible es que no rige en ella una democracia, menos la Constitución.

En mi libro Historia inconstitucional de Venezuela, al narrar las violaciones a esta ocurridas entre 1999 y 2012, que suman 175, hube de hacer un ejercicio cuidadoso para determinarlas. Sin embargo, lo que hoy ocurre es más ominoso, distinto. Desde enero del pasado año se instala un despotismo iletrado que gobierna pasionalmente, apelando a los mitos y ni siquiera fingiendo cumplir con las formas mínimas de un Estado de Derecho. Se manda a empujones, sin regla válida que pueda predecir las conductas públicas y sociales.

Lo del llamado diputado 99, hijo de una corruptela, obtenido a la fuerza y una vez más con el apoyo de "jueces del horror" para habilitar la función dictatorial de Nicolás Maduro Moros, es la expresión acabada del desprecio que por la representación democrática tienen el binomio Maduro-Cabello; este último –el teniente Diosdado– cabeza de una Asamblea Nacional mudada en guarida prostibularia de las leyes.

No existe norma alguna en la Constitución o en el Reglamento Interior del parlamento que prevea, ante el allanamiento de la inmunidad de un diputado, su coetánea cesación como tal y que al efecto pueda sustituírsele sin más.

Realizado el antejuicio de mérito, estipulado asimismo por la Ley Orgánica del Tribunal Supremo de Justicia, el allanamiento determina únicamente que el diputado afectado –en el caso la parlamentaria María Aranguren –puede ser sometido a juicio sin esperarse al término de su mandato. Pero nada más.

¿A cuenta de que se le sustituye a Aranguren con un suplente, para que vote de manera contraria a como ella pudo hacerlo para impedir la instauración de la dictadura madurista?

El asunto adquiere contornos aberrantes cuando a la par se aprecia que el ahora inconstitucionalmente habilitado para dictar leyes, incurre en la comisión de un delito por doble partida; así pretenda cubrirlos como lo hacía su causante, Chávez, en 1999, arguyendo cierta idea vaga y acomodaticia de la justicia: "No es delito robar cuando se tiene hambre".

Nuestra legislación penal es precisa a disponer, en su artículo 293, que es reo de delito y puede sufrir pena de presidio entre cinco a nueve años quien "haya ejecutado algún acto que tenga por objeto exponer a la República... al saqueo". Y eso fue lo que provocó, deliberadamente, el déspota iletrado Maduro Moros. Por si fuese poco, propicia confiscaciones de propiedades privadas por las vías de hecho, al margen de la Constitución, fuera de la intervención judicial anticipada que esta ordena en su artículo 116.

No hay Constitución, en suma, porque dejó de existir la democracia.

Bien cabría discutir lo último sólo hasta la muerte del testador –quien expira lejos de la patria y que la destruye y veja con odio inenarrable– pero no más desde cuando el causahabiente le pone la mano al Palacio de Miraflores. Y cabe reseñar para la historia postrera que es Luisa Estella Morales, a la sazón Presidenta del Supremo Tribunal y de su Sala Constitucional –hoy venida a menos– quien se encarga de rebanar las formas y el fondo de nuestro último "pacto de civilidad", para enterrarlo.

Maduro no podía, apoyado en una sentencia de un tribunal de jueces espurios quienes aplanan a la Constitución, asumir como Encargado del Poder Ejecutivo y dentro un lapso republicano que no llega a inaugurarse por ausencia y falta de juramentación de quien lo designa Vicepresidente; como tampoco podía, en esta calidad, ser candidato presidencial. Y lo fue, justamente, porque él y los suyos acabaron con lo poco de ficción constitucional que nos restaba.

Por lo pronto, de cara a lo inmediato, el país decente y democrático y lo que quede de su Fuerza Armada institucional han de saber que Carlos Flores, el forjado y falso diputado 99, es otro reo de delito. Así cabe registrarlo. Usurpa funciones públicas civiles, por lo ya explicado, conforme al artículo 213 del Código Penal.

El allanamiento de un diputado, cabe repetirlo, tan no vulnera la representación constitucional que le corresponde –por respeto a la soberanía de sus electores– durante el período de su elección, que si un condenado resulta electo diputado encontrándose tras las rejas, una vez proclamado, por mandato de la democracia y su garantía, debe ponérsele en libertad. Debe suspenderse –no anularse– la ejecución de su pena hasta tanto cese como tal; todo ello, justamente, para proteger a los ciudadanos y salvaguardarlos de los atentados que a sus libertades ahora sufren en Venezuela a manos del binomio del mal absoluto.

EL PRISIONERO ROJO

(25 de noviembre de 2013)

Su narrativa, la de Iván Simonovis en *El prisionero rojo*, más allá de lo íntimo, de la vida suya que nos cuenta como en el Mito de Sísifo, desgarradora y vitalmente humana, es la síntesis renovada de una tara que marca la piel y hace hendidura en nuestra historia republicana, forjada con "saña cainita" como lo diría el ex presidente Rómulo Betancourt.

Me refiero, obviamente, a la deriva militarista que secuestra a nuestra sociedad y la divide entre amigos y enemigos una vez caída la Primera República. Es el culto al gendarme necesario, al cínicamente llamado "César Democrático", que desde entonces y de tanto en tanto hace posible que tantos venezolanos ejerzan de presos políticos o como desterrados. Y aludo a ese instante inaugural cuando lanzamos al basurero de la historia –guiados por Simón Bolívar– nuestro espíritu de civilidad y la Ilustración, que conformada por hombres de levita, armados de ideas y de sueños, nos imaginan como patria posible y de concordia.

Hago presente, para desbrozar la memoria ante un país sin memoria como el nuestro, a quienes antes de otorgarnos nuestra Independencia y de darle forma a las instituciones garantes de nuestra libertad, como Mendoza, Padrón, Tovar Ponte, Roscio, Peñalver, los Toro, Isnardy, Xavier Yanez, o Pául, nos dejan como heredad una Carta de Derechos del Pueblo; justamente, para recordarnos que el Estado y sus servidores son electos para servir y no para servirse, y que están sujetos al control de la opinión y de las plumas. Tanto que, dictada esa Carta antes de ser sancionada nuestra primera Constitución, el 23 de diciembre de 1811, en lo inmediato procuran, además un decreto de libertad de prensa.

Pero al concebirse y nosotros admitir luego que el uso de las espadas, para cerrar el ciclo de nuestra Independencia, otorgaba a las mismas espadas el derecho vitalicio de dibujar la república a su antojo; y al permitir el desprecio de éstas hacia nuestros verdaderos Padres Fundadores, egresados en su mayoría de la Real y Pontifica Universidad de Caracas, mediante el libelo de que han sido arquitectos de "repúblicas aéreas" en un pueblo no preparado para el bien supremo de la libertad; al efecto hicimos de las cárceles, de La Carraca de Francisco de Miranda, de La Rotunda de José Rafael Pocaterra donde escribe éste sus *Memorias de un venezolano de la decadencia*, o del SEBIN de Iván Simonovis, los aposentos de la razón, los depósitos venezolanos de los razonantes.

No debemos olvidar, pues, que fueron esas enseñanzas distintas, cuyos parteros hubieron de refugiarse en nuestras prisiones o en el exilio, las que aún sostienen nuestra tozudez democrática! Son las que nutren esos espacios de libertad bajo gobiernos civiles que se cuentan como pequeños intersticios, oxigenados en el marco de una historia ahogada por la idea muy bolivariana del Presidente vitalicio a quien le sucede su Vicepresidente; o del Senado hereditario formado por militares a quienes todo les debe la patria y para siempre, según los diseños constitucionales de Angostura y de Chuquisaca.

El desafío actual del país, que es más y está más allá del Estado y de su régimen militarista actual, apenas encabezado por un civil como mascarón de proa, será tan exigente como el de nuestros mayores, nuestros causantes verdaderos, nuestra Ilustración fundacional, uno de cuyos causahabientes, entre otros, es ahora un hombre de acción y asimismo de ideas, víctima de nuestra historia cercana y forjador de ideas desde la cárcel, *El prisionero rojo*.

El Precursor Miranda casi que logra sobreponerse y cabe decir que la desgracia de verse traicionado por Bolívar, luego detenido en Puerto Cabello y más tarde en Puerto Rico antes de depositar sus huesos en el puerto de Cádiz, no le empuja, sin embargo, a renunciar a su credo democrático. Lo sostiene a pie juntillas. Es un abierto enemigo del jacobinismo, un promotor de la reconciliación.

El sabio José María Vargas, a su turno, opone la Justicia a la fuerza de las casacas, representada en el altanero Pedro Carujo, sin vencerlo. Pero quedó su ejemplo.

La generación de 1928 corre a contravía del gendarme necesario y en acre controversia frente a los apologetas de éste, civiles ilustrados de nuestra primera mitad del siglo XX pero confesos positivistas quienes consideran al pueblo prisionero de sus circunstancias étnico raciales y ambientales que le obligan a tener al frente un "padre bueno y fuerte", no obstante forja otra ilusión de país, radicalmente humanista, en 1958.

Betancourt, Rafael Caldera y Jóvito Villalba, nos dejan así una república de partidos que en apariencia naufraga después de una generación; cuando la generación sucesiva, por otro sino de nuestra misma historia, vuelve su mirada hacia atrás como la mujer de Lot. Deja ella, incluso así, como lo muestra la terca realidad, a un pueblo que finalmente se acostumbró a vivir en libertad.

El desafío civilizador citado y el acicate que a mi juicio plantea *El Prisionero Rojo*, desde sus entrelíneas, con sus fardos, no será imposible de acometer y lo prueba nuestra historia próxima. Pero no es agua de miel y será obra de la constancia.

VOTO, PARA NO OLVIDAR LO QUE SOY

(1 de diciembre de 2013)

Nadie llega a la democracia y la hace hábito de vida a fuerza de zarpazos, menos en el silencio. Y sé que al decir esto, en medio de compatriotas quienes advienen al mundo de la política dándose puñetazos, en el marco de una historia cocinada por traiciones, puedo resultar incómodo.

El voluntarismo marca buena parte de nuestro quehacer republicano, hecho de formas estériles que se cumplen con cierto pudor hasta por nuestras más primitivas dictaduras pero que profanan, sin miramientos, los causahabientes del socialismo del siglo XXI.

El peso de la razón o de las ideas –por virtuosas que sean– en la configuración de nuestro devenir patrio y en el estilo de ejercicio del poder que se instala entre nosotros a partir de la caída de la Primera República, sigue siendo algo secundario, hasta prescindible. Y quizás sea por ello –o ello es así dado su mal ejemplo– que el propio Simón Bolívar, desde Cartagena y luego en Angostura, proteste contra el grupo de hombres ilustrados, universitarios, quienes, según él, intentan forjar "repúblicas aéreas" para un pueblo aún no preparado para el bien supremo de la libertad, que es ejercicio de la razón.

Rómulo Betancourt, partero de nuestra República de partidos (1959-1989), por entender nuestro sino, al fundar nuestro primer partido político de masas moderno, afirma en tal orden y con fuerza coloquial que una cosa es aceptar que en Venezuela se importe la creolina y otra los programas de gobierno. Pero sería un error sostener que Rómulo, cuando menos el de 1959, es un convencido de que sólo se puede acceder al poder y mantenerlo a los empujones.

El hombre quien de manera tajante, en 1948, reclama imponerle un cordón sanitario a las dictaduras latinoamericanas, esta vez se muestra reformista y pacta con Caldera y Jóvito. Avanza, traspasando etapas, desde el primitivismo, negado al diálogo, hacia el estadio de su valoración existencial, teniendo como límite el sostenimiento de la democracia y su finalidad; lo que logra anegado por las duras experiencias que lo forman como estadista, hombre de ideas e ilustrado, quien reconoce y nos enseña luego sobre el contenido del ejercicio de la democracia y sus principios inmanentes.

Puedo estar equivocado o a lo mejor incurro en un exceso de apreciación, pero veo en Betancourt a un tozudo bolivariano, pragmático y atrabiliario en el manejo del poder desde cuando logra hacerse del mismo por vía de un golpe de Estado, en 1945; pero quien, ya maduro, abandona la horma del "césar democrático", del irredento caudillo, para volver su mirada a los Padres fundadores; esos quienes, guiados e iluminados por el diálogo entre razonantes, sitúan la dignidad del hombre y la mujer venezolanos por delante de la organización del Estado, definiendo así los límites a la competencia de quienes son sus gobernantes.

El haber formado una suerte de "izquierda criolla" desligada de dogmas internacionales preestablecidos no le impide darse cuenta de que la democracia es y ha sido siempre una sola, sin esos adjetivos que antes que darle vida la matan, tal como lo muestra la muy larga historia del mundo y a pesar de los intersticios o paréntesis breves durante los que ella logra sobreponerse al espíritu del cacique.

La democracia es, ante todo, derechos humanos y su ejercicio, y asimismo es Estado de Derecho o leyes no discriminatorias, a fin de que todos los derechos sean para todos, sin distinciones odiosas. Y el argumento viene a colación por su predicado.

Cuando escribo para la prensa, cada semana, en un país donde la censura no provoca ira colectiva sino resignación –paso a paso nos quedamos sin medios independientes y los televisores pueden ser robados, pues sirven para que todos escuchemos las diarias peroratas en cadena del profesor Jirafales– lo hago por ser mi derecho. Brego a diario, a pesar de que se me cierren ventanas para expresarme.

Igualmente, cuando voto, lo hago frente a mí, junto con quienes también ejercen sus derechos políticos sin ser llevados de la mano o compradas sus voluntades, para recordarme a mí mismo que soy un hombre con dignidad, practicante de la democracia; así mi voto luego se lo robe Tibisay. ¡Al caso, nunca podrá esconder y menos sobre su almohada, la verdad de mi decisión, que a buen seguro le irrita y quita el sueño!

En fin, tengo derecho a la alimentación y no me quedaré en casa sin comer, escuchando las disonancias de mis tripas, a las que no les basta el aire. Algo haré, a pesar de que a Nicolás se le haya ocurrido vaciar los anaqueles de nuestras tiendas y mercados. Algo haré, mientras piense y razone, como Descartes, pues aquí sigo y así existo, por encima de la arbitrariedad. *Cogito ergo sum*, así me aíslen.

SON MIS DERECHOS, NO UN REGALO DEL CNE

(8 de diciembre de 2013)

Quienes aún alegan que no votan pues las rectoras electorales irrespetan el voto, parten de una idea que respeto pero aprecio de mortal. No por azar, con tino y lucidez, uno de quienes ejercen el periodismo subterráneo en nuestro país escribe, a través de las redes y a propósito de los comicios municipales del 8D (Día de la Inmaculada Concepción) que "dejar de votar, alegando que te van a robar el voto, es como suicidarte por miedo a que te maten". El ejemplo es demoledor.

Días atrás, Carlos Oteiza pone sobre el tapete las palabras dichas por Rafael Caldera en 1952, antes de las elecciones para la Constituyente que organiza nuestra penúltima dictadura militar: "Es una lógica muy curiosa. Yo pregunto, acaso, si los periódicos de Venezuela están legalizando la censura por el hecho de imprimirse dentro de un régimen de censura".

Tales ejemplos, que no son un mero recurso del ingenio o la retórica, tocan a profundidad y metafóricamente una cuestión vertebral acerca de la que se ha dividido el país a lo largo de su historia. Caldera lo explica al afirmar que quienes señalan que al votar están legitimando a un régimen abiertamente ilegítimo, asimismo lo legitiman –cambiando lo cambiable– quienes no votan pero aceptan pasaportes emitidos por el mismo régimen para escapar de sus garras, poniendo pies en polvorosa.

Se trata, en pocas palabras, del entendimiento o de la falta de entendimiento que acerca de nuestros propios derechos tenemos los venezolanos, votantes y no votantes. Y es allí donde reside el problema actual de Venezuela.

Una parte, la mayoría, es consciente de que los derechos nos pertenecen y no son concesiones o dádivas graciosas a las que se pueda renunciar por abandono; pues son y se llaman derechos del hombre –sea varón o sea mujer– por cuanto esos derechos son lo que son pues a todos nos identifican en lo primero que somos, seres humanos, racionales y perfectibles, luego venezolanos.

No por azar, antes de que el Congreso General que nos constituye como Venezuela y nos determina como venezolanos dictase nuestra primera Constitución, en 1811, sus diputados, hombres de levita y universitarios, se ocupan de sancionar, antes que todo, una Carta de derechos. Nos hacen saber que al Estado naciente se le organiza y se le imponen deberes, sucesivamente, para que sirva a los ciudadanos y a sus derechos, pues ambos le anteceden.

Otra parte del país, que sigue siendo importante, cree sin quejarse que los derechos que tiene o posee son meras liberalidades, privilegios de circunstancia, que otorga el Estado o quien lo gobierna a quien oportunamente se le arrima. Cabe, así, la posibilidad de que cualquier persona, a su discreción, acepte o rechace tales derechos o decida ejercerlos o no según el comportamiento de quien se los da y luego los atropella, maltratándolo o no hasta la indignidad.

Esta última perspectiva es de neta factura bolivariana. Encuentra su asidero ideológico en el Manifiesto de Cartagena. Allí fragua, en un mes de diciembre como el actual y en 1812, la convicción de que "nuestros conciudadanos no se hallan en aptitud de ejercer por sí mismos y ampliamente sus derechos". Por ende, el "césar democrático", el padre bueno y fuerte a quien cada venezolano debe acatar y rendirle sumisión, sería una fatalidad. Se le debe agradecer el oxígeno democrático –ninguno, poco o mucho– que nos ofrezca de tanto en tanto, a través de elecciones, y si no nos satisface, lo conveniente y práctico sería dejarlo sólo, aislarnos.

En esta última onda se sitúan, quizás sin advertirlo, quienes desde la trinchera democrática se abstienen de votar, estimando que la Constitución –hecha de derechos y de órganos de garantía– es una suerte contrato que una de las partes, los enchufados, no la cumplen a cabalidad. Y como puede ocurrir con cualquier acuerdo privado o pacto de arrendamiento, si uno de los contratantes no cumple, el otro, a su juicio y con derecho, puede dejar de cumplirlo: *Exceptio non adimpleti contractus*, decían los antiguos romanos.

En suma, si pensamos que nuestros derechos son, en efecto, un fardo maleable, prescindible, sujeto a negociación, le cabe a todo venezolano decidir, según el comportamiento del régimen que lo ayuda o le oprime, si vota o no, si habla o no, o incluso si respira o no hasta la total inanición. Pero si tales derechos tienen carácter inmanente y son anteriores al Estado, quien así lo entienda los ejercerá a toda costa, incluso a contracorriente, reclamándolos hasta como un acto de resistencia y para torcerle el puño a quien se los irrespeta, así sea por cansancio, para que pague por sus violaciones, como habrán de hacerlo tarde o temprano las inefables rectoras electorales.

VENEZUELA NO GANÓ

(10 de diciembre de 2013)

A propósito de las elecciones municipales, anunciados sus resultados como una victoria numérica del régimen –que no es exacta– y otra victoria de la oposición democrática, que toma las alcaldías más importantes, se afirma que ¡ganó Venezuela![3]

La expresión, así lo creo, es una burla para la inteligencia media. Luego de unas elecciones democráticas siempre gana el país, una de sus fuerzas políticas gana y otra pierde y acaso ambas mantienen un equilibrio, pero todas en fin ganan por ganar la democracia. Pero esta hipótesis no cabe hoy.

Hasta 1998, los partidos y candidatos concurrentes a justas electorales participan bajo la dirección de árbitros electorales representantes de las diversas tendencias en pugna. Lo que es más importante, todos a uno, con sus diferencias, acuden al voto convencidos de que existe una piso común –un denominador común de país– que los vincula y le da contenido a la idea de Venezuela. De modo que, cada elección es la confirmación de ese credo compartido y respetado por todos, la democracia.

Esta vez no cabe celebrar, más allá de que la oposición democrática haya ganado algunos espacios para la oxigenación de la libertad en un territorio minado por la opresión, pues el resultado electoral revela que el sentido de lo

---

[3] RESUMEN ELECCIONES MUNICIPALES 2013: Les anunciamos que así quedó la proporción de votos a nivel nacional de las elecciones municipales 2013: PSUV+Aliados: 5.111.336 Votos (49.24%), MUD: 4.435.097 Votos (42.72%), Otras Organizaciones Políticas: 833.731 Votos (8.03%). Con una participación del 58.92%. Si se suman los votos de la MUD con los de otras organizaciones políticas que no apoyan al "PSUV+Aliados" se obtienen 5.268.828 votos (50.75%), sin embargo esto no es concluyente puesto que las otras "organizaciones políticas" fuera de la MUD y el GPP, pueden o no acompañar a la MUD en un proceso electoral (como de hecho ocurrió el día de ayer), mientras que los "Aliados del PSUV" si forman parte del denominado "Gran Polo Patriótico". Conclusión: La mayoría del país votó contra el PSUV+Aliados pero no votó a favor de la MUD. De 335 alcaldías en disputa: 196 Alcaldías son del PSUV y 139 Alcaldías de las Fuerzas Opositoras. Sin embargo, la MUD se impuso en la mayoría de las poblaciones más importantes del país: San Cristóbal (Táchira), Atures (Amazonas), Maracaibo (Zulia), San Juan de Los Morros (Guárico), Valencia (Carabobo), Barquisimeto (Lara), Valera (Trujillo), Mérida (Mérida), Porlamar (Nueva Esparta) Distrito Metropolitano de Caracas (Baruta, Chacao, Hatillo y Sucre, perdiendo únicamente en Libertador), y le arrebató bastiones importantes al chavismo como Maturín (Monagas) y Barinas (Barinas), la cuna del extinto Hugo Chávez. La MUD pierde Maracay, Barcelona y Pto. Ordaz. El chavismo pierde 67 Alcaldías en comparación con las elecciones municipales del 2008 (en 2008 contaban con 263 y actualmente cuentan con 196). Conclusión: Una Venezuela dividida en porciones prácticamente iguales donde ninguno de los factores políticos es "dueño absoluto" del país. Se pudo ganar mucho más si se hubiesen superado ambiciones personales. Una vez mas, a levantarse ante las adversidades y seguir trabajando por nuestra Venezuela! Aquí nadie se rinde! @ComandoSB

nacional ha naufragado. Dos realidades, irreconciliables por lo pronto, pisan el mismo suelo y usan ambas el "comodín" de venezolanos; pero cabe constatar, sin esfuerzos, que una de esas mitades hace parte de la Venezuela profunda, y la otra se encuentra integrada extraños en su propio suelo.

Pongo de lado lo que me resulta anecdótico y no por ello menos ominoso, como lo es el abierto atropello del régimen militar Maduro-Cabello a las reglas comiciales, bajo el manto de impunidad que le proveen las rectoras electorales, sus militantes. Han obligado a la oposición democrática a subirse en una bicicleta mientras el oficialismo lo hace sobre un cohete para la carrera planteada y aun así éste pierde la mitad. La lectura es elemental.

Lo grave, lo que sí cabe apuntar es que una parte del país se comporta como la mujer víctima de la violencia por su marido, a quien el amor se le acrecienta según ritmo de los golpes que recibe. Aplaude que se haga añicos a la Constitución, porque ¡así, así es que se gobierna! Saluda que el invasor de Miraflores los invite a saquear las tiendas y comercios, y que los funcionarios del régimen tomen por la fuerza –sin mediación judicial– las propiedades privadas y las distribuyan entre sus huestes como un botín de guerra. Les agrada hacer colas para luego caerse a trompadas con otros compatriotas y quedarse con un paquete de harina pan o una bolsa de azúcar; o que unos comisarios importados –cubanos– al efecto les impartan órdenes.

Mientras tanto, quienes empujan a esa parte para que viva en comunas, bajo un régimen primitivo de trueque y de escasez, dilapidan el tesoro y lo despachan en valijas, venden las reservas de oro que decide guardar bajo su colchón el fallecido Hugo Chávez, y destruyen los últimos vestigios de los comercios que restan ya pasados tres lustros de experimento revolucionario.

La otra parte de "Venezuela" –puesta entre comillas– cree tener derechos que son anteriores y superiores a quienes nos gobiernan; que la ley cabe respetarla y ser igual para todos; que nadie puede atropellar y menos hacerse justicia por sus propias manos; que quienes nos gobiernan deben hacerlo a término, bajo la regla de la alternabilidad, y sometidos al control de otros poderes; en suma, que llegada la hora del pronunciamiento de la soberanía, quienes aspiran o participan para ejercer cargos públicos deben hacerlo con igualdad de armas, sin arropamientos antidemocráticos.

Se trata, en suma, de dos "patrias" y no de dos visiones bajo un mismo ideal. Una se mueve bajo el impulso emocional y es hija del despotismo, que apela a las reglas solo cuando sirven para castigar a los adversarios; otra, que cree en las reglas pero vive sometida a un entorno de violencia.

Es imposible que esas parcelas sigan adelante sin un alto. Su realidad bien la recrea el episodio de nuestra historia cuando el presidente Vargas es increpado por Carujo, quien le dice que el mundo es de los valientes y este responde que el mundo es del hombre justo. Se trata de un alto urgente para redescubrir, si cabe, "ese algo" que nos permita, a ambas parcelas, vivir bajo un techo en común.

¡Y es que de no ser así, a quienes defienden la democracia civil puede ocurrirles lo mismo que a Francisco de Miranda, quien por enemigo del jacobinismo es traicionado por su subalterno, Simón Bolívar! Y muere como extranjero, en La Carraca, mientras el otro hace la Independencia hacia afuera para imponer la dictadura hacia adentro, con las espadas, en una guerra que tiñe a la Venezuela naciente de color rojo, como hasta ahora.

ILEGÍTIMO, A PESAR DEL 8D

(15 de diciembre de 2013)

Entiendo bien que la política es una ciencia que administra realidades. Una de ellas es que hay un heredero invade hace meses –con el apoyo inconstitucional de los suyos– el Palacio de Miraflores y desde allí manda al país. Pero posee y actúa de forma ilegítima, y esto también es otra realidad.

La política, cabe ajustarlo, cuando se entiende como el "campo más vasto de la caridad" –la expresión es de Pio XI– y, de suyo, cuando es servicio al prójimo y medio para su perfectibilidad, trasvasa el odre de los hechos inmediatos para situarse como vector de los mejores derroteros. De modo que, lo ominoso o desgraciado de las realidades con las que topa la política y que a diario obligan a los políticos a mediar y transar, no conlleva tener que soportarlas y menos poner de lado el deber de cambiarlas.

La política, además, cuando sirve a la verdad, ha de realizarse con fundamento en principios invariables e irrenunciables; lo que no implica una ideologización de las realidades. Antes bien, exige el manejo de las realidades conforme a los cometidos finales del ser humano. Y esa verdad tiene nombre y apellido, es la dignidad humana, de la cual se coligen esos principios fundantes de la misma actividad política. De no ser así, apenas sería un instrumento de la perversión.

Dicho esto, he de observar que el ocupante de Miraflores sigue siendo un gobernante ilegítimo, a pesar de los debatidos y controvertidos resultados de las elecciones municipales del pasado 8 de diciembre.

Unos dicen que el régimen perdió todas las capitales "vitrina" de Venezuela: expresión que al paso molesta, pues toda vitrina oculta la trastienda del abandono, lo decía Rómulo Betancourt. Otros, arguyen que los seguidores del mismo régimen suman más alcaldías que sus adversarios opositores y demócratas. Los más, en fin, dicen que uno y otro grupo siguen en tablas. Pero en algo coinciden ambos. Los unos, para decir que la democracia perdió en su intento de plebiscito frente al inmaduro heredero. Los otros para señalar que fue error intentar hacer de las últimas elecciones eso, un plebiscito.

Unos y otros, como lo creo, al admitir siquiera como imagen que los comicios recientes eran una suerte de revisionismo del fraude electoral ocurrido antes, durante las elecciones del 14 de abril precedente, prostituyen el sentido y propósito de la política según los términos explicitados; todavía más, es un sacrilegio si la entendemos como política democrática.

Quiero decir con esto que la ilegitimidad democrática de origen, cuando es producto de golpes desde el Estado, jamás es redimible. Mal puede ser purificada a través de un hecho electoral. Tanto como no podía cumplir ese cometido la jornada del 8D, menos podía admitirse la legitimidad de unas elecciones presidenciales como las del 14A, cuyo objetivo fue, justamente, escoger entre un candidato constitucionalmente habilitado –Henrique Capriles– y otro que jamás ni nunca pudo ser candidato, salvo por lo ocurrido, los dos golpes que le asesta a la Constitución el Tribunal Supremo de Justicia en acatamiento del testamento político de nuestro último gendarme, fallecido en La Habana.

Según la doctrina democrática más autorizada y a la luz de la jurisprudencia de la Corte Interamericana de Derechos Humanos, las mayorías en una democracia no pueden, mediante el voto, escoger el camino de la dictadura. Mediante el voto de las mayorías nunca pueden reducirse los derechos de las minorías. Siempre es ilegítimo poner de lado, mediante el arropamiento mayoritario, las garantías de la democracia, del Estado de Derecho, y de los derechos humanos.

Quien hoy ocupa la sede presidencial de Venezuela –no debe olvidarse– es la obra de dos atentados constitucionales. El primero, la sentencia de 9 de enero del presente año –próxima a su aniversario– mediante la cual se le encarga de la Presidencia ilegítimamente, sin que ello fuese posible; pues el electo para el mandato que se iniciaba el día 10 no tomo juramento, murió. El ejercicio constitucional transitorio correspondía al Presidente del parlamento. El segundo, es la sentencia de 8 de marzo que acepta, violando palmariamente a la Constitución, que el Vicepresidente en ejercicio se presente como candidato presidencial.

Venezuela, en suma, sigue bajo el mando de un gobernante ilegítimo. Es la consecuencia, eso sí, de una desviación genética o realidad trágica que ha llevado a entender o hacer creer a las mayorías que la fuerza de las espadas o el voluntarismo, incluso apoyado en la mentira con mengua de la razón y de la decencia humana, también vale: ¡Así, así es que se gobierna! Pero ello es, justamente, lo que deben atajar y "resistir" los políticos, si son demócratas y creen en los principios.

DIÁLOGO MORAL Y DENTRO DE LA CONSTITUCIÓN

(21 de diciembre de 2013)

No me rasgo las vestiduras por el encuentro que han tenido los alcaldes de la oposición democrática con Nicolás Maduro, en el Palacio de Miraflores. Pero, en lo personal, tampoco asumo que implique el reconocimiento constitucional de un gobernante que es ilegítimo.

En la democracia el voto de las mayorías tiene límites dictados por la moral y reafirmados por el Derecho. Una mayoría no puede imponer el camino de la dictadura y tampoco menoscabar los derechos de las minorías o la posibilidad de que éstas se transformen en mayoría.

En democracia los atentados contra los derechos electorales no pueden purificarse a través del mismo voto. Y lo cierto es que Maduro ejerce el gobierno sólo por obra de un testamento político –a la manera bolivariana de la Constitución de Chuquisaca de 1826– y con base en decisiones de la Sala Constitucional que hicieron mutar a la Constitución de 1999, para que dijese lo que no dice. No podía encargase de la Presidencia luego del 10 de enero de 2013 y lo hizo, y él como Vicepresidente que era estaba impedido de ser candidato presidencial. Esa es la verdad jurídica.

Ahora bien, cuando dos ejércitos deciden ir a la guerra, la experiencia y el mismo Derecho internacional dictan la posibilidad del cese de las hostilidades o el armisticio, sin que los beligerantes abandonen sus posiciones. Los japoneses atacaron a Pearl Harbor el 7 de diciembre de 1941 mientras los diplomáticos de ambas potencias conversaban. El alto en la violencia, por razones de "humanidad", tiene lugar para que los combatientes recojan sus cadáveres y pertrechos. Lo que quiere decir que, a pesar de las miserias e ignominias que implica el uso de las armas para imponer la paz de los sepulcros, sus actores, *in extremis*, le huyen a la animalidad cabal y algo salvan de sus humanas condiciones y la razón, a pesar del primitivismo de sus comportamientos.

Las elecciones del 8D, vistas como expresión social, dejan como saldo trágico a "dos" patrias. Lo digo sin ambages y con dolor. Sólo en democracia, bajo el techo común de un pacto –la Constitución– que es acatado y respetado por todos los ciudadanos, cabe hablar de diferencias o de partidos entre compatriotas iguales, hijos de una misma cultura, trabajadores del mismo suelo. Y ese no es el caso.

En mi columna anterior me refería, justamente, a esas dos mitades, sin preterir a la otra mitad cuya visión de la vida y la política no comparto, por antidemocrática y loguera. Ésta, reúne a un conjunto de hombres y mujeres que, bien por convicción o voluntarismo, por utilidad o acaso por necesidad, se asumen como un rebaño cuyo destino depende del que los guía y en beneficio del cual renuncian a sus personalidades, al punto de aplaudir hasta el saqueo de los bienes ajenos y la muerte civil de sus adversarios.

Dentro de tal perspectiva, en la que se sobrepone el gendarme o el Estado al individuo y su dignidad, asumiendo éste que sus espacios de libertad son dádivas o privilegios que aquél le otorga, ha lugar a esa suerte de "despotismo ilustrado" que tiene sus fuentes en el Manifiesto de Cartagena, en el Discurso de Angostura, y en la citada Constitución boliviana, obras del Libertador; quien creyó que nuestro pueblo no estaba preparado para bien supremo de la libertad y de allí que lo emancipa hacia afuera, pero hacia adentro lo somete a un gobierno fuerte y centralista.

La "otra" Venezuela, algunos de cuyos militantes comparten la perspectiva anterior –los menos– pero no su objetivo, se mira en la modernidad. Es tributaria de las grandes revoluciones liberales del siglo XIX y XX. Cree convencida que sus derechos son anteriores y superiores al Estado, cuyo deber es respetarlos y garantizarlos dentro del marco del Estado de Derecho, es decir, sometido a la ley suprema que nos rige.

El problema de Venezuela es que, justamente, somos un rompecabezas. Por ello urge encontrar algo que permita la comunicación entra esas dos realidades en choque para evitar lo peor, en modo de que puedan existir ambas, tolerándose, y luego, si cabe, convivir y no solo coexistir.

El "diálogo" que después de tres lustros se abre entre el régimen y la oposición, omitiendo la Mesa de Negociación de la OEA en la que participa el mismo Maduro, debe limitarse así a la resolución de los problemas que todos padecemos en común. Es el mínimo que nos identifica: la inflación con recesión, la inseguridad y el tráfico de drogas, la corrupción, el desabastecimiento de los productos de primera necesidad y las medicinas, el irrespeto por las competencias de los alcaldes.

Dentro de la Constitución –que han de respetar primero nuestros jueces constitucionales– cabe todo, fuera de ella y su atropello nada. Así de claro.

MADURO SOMETE A CABELLO, ARIAS Y RODRÍGUEZ

(28 de diciembre de 2013)

Al boleo, quizás sorprendido por la inesperada intervención de Ramón Rodríguez Chacín en un acto retransmitido por radio y tv, donde el ocupante de Miraflores recibe el saludo de navidad que le presentan los distintos Comandantes de las Regiones Militares de Defensa Integral (REDI), éste anuncia la reincorporación a la Fuerza Armada del citado oficial retirado, quien es gobernador del Estado Guárico. A la vez lo asciende a Contralmirante y lo mismo hace con el gobernador del Estado Zulia, el ahora Coronel Francisco Arias Cárdenas, y con Diosdado Cabello, presidente de la Asamblea Nacional, quien vuelve a su condición de oficial subalterno ascendido al rango de Capitán.

De modo que, a menos que se trate de una pesadez en vísperas del Día de los Inocentes, la decisión presidencial de marras, que corre de inmediato por las redes y llega a las redacciones de los periódicos, resulta tan ilegítima e inconstitucional como quien la dicta, Nicolás Maduro.

Así, no más, mostrándole al país que nuestros verdaderos gobernantes son quienes ocupan los comandos de las distintas REDI, bajo las cuales se despliegan de modo celular hasta cubrir la totalidad de nuestra geografía las llamadas Zonas de Defensa Integral (ZODI), con jurisdicción dentro cada Estado de la República, y así mismo, como partes de éstas las ARI o Áreas de Defensa Integral, sucesivamente Maduro castra o acaso destituye, en la práctica, a las autoridades civiles mencionadas.

Lo primero, la activación a nivel nacional de las ZODI, que podría resultar irrelevante si se trata de la mera puesta en funcionamiento de una novedosa forma de organización interna de la milicia, no lo es en la medida en que cada ZODI es la prolongación –hacia abajo– de unas Regiones Militares cuya competencia se extiende desde la planificación hasta la conducción y ejecución de operaciones de defensa integral entendidas como cualquier actividad orientada a "garantizar la independencia, la soberanía, la seguridad, la integridad del espacio geográfico y el desarrollo nacional". En pocas palabras, éstas se sobreponen a los gobiernos de dos o más Estados y a la par las Zonas integrantes de cada región se solapan con los Poderes Ejecutivos de cada Estado, provocando sus vaciamientos.

Cede en Venezuela, por ende, el poder civil y toma sus espacios el poder militar. Y Maduro, lo hemos antes, es su mascarón de proa, así vista de paisano.

Lo segundo, a saber, la vuelta a la actividad militar de las autoridades regionales y parlamentaria mencionadas, más que representar un crimen contra el orden constitucional es una estupidez; a menos que, por mampuesto, Maduro, así como se burla de nosotros, los venezolanos, destituye sin fórmula de juicio a Rodríguez, Arias y Cabello.

El artículo 330 constitucional es preciso al disponer que "los o las integrantes de la Fuerza Armada Nacional en situación de actividad –la que readquieren los ex golpistas ahora representantes de la soberanía popular– tienen derecho al sufragio…" sin que les esté permitido "optar a –y de suyo ejercer– cargo de elección popular".

Se trata, en fin, de dos pasos que da el ilegítimo gobernante y revelan su debilidad. Al ampliar, como lo hace, la ocupación militar de todo territorio y no solo de las áreas propiamente castrenses, desplaza el mando real de la República a manos del Comandante Estratégico Operacional de la Fuerza Armada. Éste es, por ley, competente para ejercer la dirección y el control de las REDI. Y al devolver a la actividad militar –para ascenderlos– tanto a Arias como a Rodríguez, gobernadores electos por el pueblo, como a Cabello, diputado y cabeza de un parlamento civil que representa a la soberanía popular, los subordina y les enajena el mandato y la representación constitucional que les han confiado los venezolanos mediante el voto.

La confesión del Maduro en el acto donde cristalizan sus últimos desaguisados y torpezas, no puede ser más reveladora y el anuncio del negro porvenir que nos espera a los venezolanos a partir de 2014: "Venezuela primero fue Ejército y luego República", ha dicho. En consecuencia, según él, los ciudadanos de hoy todo lo debemos a las armas y de ellas dependerán los espacios de libertad que se nos otorguen en lo adelante, como privilegios, por parte de los gendarmes quienes las detentan. Ocurre una vuelta forzada a los tiempos del poder arbitrario de los hermanos Monagas, militares orientales como Cabello, quienes caminan en línea contraria a la que fija nuestro primer presidente a partir de 1830, el general José Antonio Páez, empeñado en "someter a sus propios conmilitones y acostumbrarlos a un orden civil", según nos lo recuerda Mariano Picón Salas.

2014
LA VENEZUELA ENFERMA

LAS LISTAS "RODRÍGUEZ"

(4 de enero de 2014)

Circula por las redes y llega hasta la prensa al inaugurarse el año, en buena hora liberándola de su secreto, la primera "lista negra" de Nicolás Maduro. Y puede llevar el nombre de su autora, la ministra de chismes palaciegos, Delcy Rodríguez.

Imagino que debido a su "inmadurez", a la misma le provoca hilaridad su estulticia, que no es solo delito sino estupidez.

Quizás, el efecto esperado por el régimen al que sirve sea presentar a los integrantes de aquella como irresponsables, por pasar navidades lejos de la patria –no fue mi caso y me incluye– dejando en el abandono a los venezolanos. Olvida, sin embargo, que al viajar al extranjero, cada venezolano lo hace hacia la patria de los exilados. Y a mi turno, al fin y al cabo, viajar es mi oficio. Escribo y denuncio cada semana, sea desde Buenos Aires o Miami, ora desde el puerto de Cádiz o acaso donde me topa el equinoccio por causa de mi trashumancia.

Por lo visto, la Rodríguez no conoce al país, cuyas mayorías al morir prefieren ir a Miami antes que al cielo. Eso sí, la imberbe secretaria de información peca de falaz e insincera. ¡Y es que no muestra la otra nómina!, la de su entorno oficial, la de quienes viajan en aviones privados a lo largo de todo el año, no propiamente a La Habana y para revisar sus cuentas en dólares y saborear las mieles del capitalismo salvaje; salvo cuando les sorprende una mala racha y les ocurre lo que al gordo Antonini en el aeropuerto de Buenos Aires o a la misma pariente de la ministra, en el aeropuerto de Panamá.

Mi apreciación, no obstante, va a lo sustantivo, al tema nada trivial de las "listas" y su reedición por Maduro. Es el mejor dato de su deriva militarista y su débil situación como presa del círculo castrense que lo rodea. El primer strike se lo pasan al apenas inaugurarse como ocupante del Palacio de Miraflores, cuando le montan a su lado un aparato de espionaje para controlar y sobre todo para controlarlo, el CESPPA.

La "Lista Rodríguez", no se olvide, llega precedida por otra de mayor talante, millonaria en membrecías, y llamada Tascón por su autor material, el fallecido diputado Luis Tascón. Hugo Chávez, quien también se despide lejos de la patria como Cipriano Castro, es quien ordena formarla para perseguir y declarar "muertos civiles" a sus adversarios, pues osan manifestar sus deseos de revocarle el mandato.

Esa otra lista pudo llevar otro nombre en propiedad, pues quienes la entregan al parlamentario citado para sus aviesos propósitos, violando deberes constitucionales, son Francisco Carrasquero –actual Juez Supremo– y Jorge Rodríguez, a la sazón, ambos, Rectores Electorales y el último, hermano de la ministra soplona.

El caso es que las listas, cuando surgen en gobiernos como el actual, tienen un único propósito: provocar miedo, crear terror, inhibir y demostrarle a los inscritos en ellas que son perseguidos, se les pisan los talones, no cuentan con el mínimo de privacidad, ni tienen seguridad.

Esa experiencia la desarrollan los dictadores Videla y Pinochet en el Cono Sur. No hablo de los Castro pues en sus listas están todos los cubanos, sobre todo quienes les sirven como sus espías y pro-cónsules.

Fue célebre, así, la "lista negra" de los militares argentinos, donde aparece el nombre de Julio Cortázar –que nada le dirá a la Rodríguez– pues a través de su pluma denuncia los crímenes de la dictadura y ésta se encarga de prohibir sus libros. La lista es elaborada por un tal "Satarsa" quien comanda a la canalla de los soplones, para que luego decida la Casa Rosada qué hacer al respecto.

La "rata" de Satarsa –así le cita recién el periodista Álvaro Cuadra– no se contenta con preparar el "sobordo". Al principio es así. Enumera las piezas de su cargamento humano e identifica a los "peligrosos" con su propio puño y letra, hasta que al paso, al hacerse más endeble y timorata la satrapía a la que sirve con fidelidad de bufón, decide tirar al océano todo aquello que en su lista le atormenta. La necesidad de la amnesia le hace presa.

Lo trágico es que esa amnesia se mantiene pasada la circunstancia, en los hacedores de las nóminas infamantes. Pinochet, durante el juicio al que se le somete por los crímenes de lesa humanidad de su CESPPA –la DINA– es el ejemplo: ¿Es cierto que para neutralizar a los opositores se confeccionaban listados según su tendencia política, se disponía su ubicación...? le pregunta el juez y aquel responde: "Pudo haber sido como usted dice".

La cuestión, en suma, es que cuando se hacen listas su uso apunta a la barbarie. Y este es fatal "cuando la palabra deja de ser fácil lisonja para el poderoso... y comienza a ser otra cosa", es decir, memoria de las violaciones de derechos humanos en las que incurre para sostenerse en el poder.

DIÁLOGO ENTRE DIFERENTES

(14 de enero de 2014)

No he cedido un instante en mi oposición frontal al régimen Chávez-Maduro y a su obsesión por instalar en Venezuela –de espaldas a los tiempos– una sociedad comunista, bajo dependencia cubana; sobre todo en un momento en que Cuba hace lo indecible por zafarse de su ominosa y precaria existencia.

La experiencia democrática, buena o mala, con sus virtudes y defectos, solo se cuece en los hornos del diálogo entre diferentes. Bajo un diálogo, eso sí, con severos límites morales; pues en la democracia no todo es debatible, menos aquello que conspire contra su esencia o busque relativizar la dignidad humana conforme a las adhesiones políticas.

He expresado mi preocupación por la fractura que vive el país, pues impide aún que los venezolanos contemos con un denominador cultural y social mínimo, que nos identifique como tales, más allá de tener todos una misma cédula de identidad.

De un lado están quienes adscriben a la razón de la fuerza y aceptan que sus espacios de libertad son el producto de la puja social o el beneficio que se alcanza a través de la astucia o el sometimiento de quienes se mueven en ese territorio cenagoso de las autocracias. A principios del siglo XX se les llamaban deterministas o materialistas. Y en el otro lado quienes siguen apostando, como en 1810 y 1811, o acaso en 1830 y en 1961, a la fuerza de la razón como fundamento de la convivencia y del reconocimiento por todos a la igualdad de derechos entre diferentes. Sus adversarios los llaman racionalistas románticos en tiempos de Juan Vicente Gómez.

De modo que, más allá de las etiquetas y de quienes se benefician del actual estado de cosas, esgrimiendo convicciones revolucionarias de ocasión como lo hacía Antonio Leocadio Guzmán en 1867: *"toda revolución necesita bandera"*, lo que en el fondo subyace es lo anterior; la dual cosmovisión que se nos siembra, en un caso de manos de Simón Bolívar y en el otro de los padres fundadores de 1811, que no ha encontrado solución satisfactoria; ello, en defecto, cabe repetirlo, de esos intersticios en los que rigen los paradigmas del constitucionalismo democrático, a partir de 1830 durante 27 años, y luego de 1961, durante cuatro décadas sostenidas por el "pacto" entre partidarios distintos. Ninguno de estos dos momentos de excepción, por cierto, es hijo de asaltos no consensuados del poder. Y para sostenerse, hasta hacen posible que sus enemigos les destruyan desde adentro; pues la debilidad de la democracia reside, justamente, en su virtud, la perfectibilidad cotidiana.

Bajo la Constitución de 1830 pudieron los Monagas llegar al poder para asesinar al Congreso, acelerando los espacios de la Guerra Federal. Tanto como apoyados en la "moribunda" de 1961 los revolucionarios de hoy se hacen del poder, para destruir a la misma Constitución que les permite ejercerlo "democráticamente". Optan recorrer el manido camino de la inestabilidad constitucional; esa que da lugar a 24 constituciones en menos de 200 años, y casi siempre para asegurarle al "gendarme necesario" su poder omnímodo, hasta que la Providencia se lo lleva.

Pues bien, llegará el momento de discutir y resolver al respecto, lo que es crucial para el porvenir de Venezuela; que no es ni será fácil pues se trata de alcanzar un equilibrio –no un sincretismo o centrismo de laboratorio– que permita acercar otra vez a esas perspectivas diacrónicas: una, por lo general, abrazada por nuestros hombres y mujeres de armas y defendida por algunos escribanos a su servicio; otra, profesada por quienes no tienen más recurso que su voz y sus argumentos, y que por lo mismo, vestidos de paisano se mueven en una lógica opuesta, la del pluralismo, resultándoles más compleja la unidad.

En fin, con vistas al diálogo –cese de hostilidades– que recién le impone la violencia a Venezuela –200.000 homicidios y el de una Miss Venezuela– obligando a los actores y sectores del país mirarse en la cara, cabe decir que el mismo será saludable si acaso parte del reconocimiento recíproco del carácter raizal de la cuestión: revolucionarios o no, todos tenemos derecho igual a ser y existir como personas, en paz y libertad.

De ordinario el diálogo jamás tiene como propósito acabar con las diferencias. Su razón de ser es reunir a diferentes, en donde lo común al principio es la mesa, y al final, quizás, el encuentro de una razón común para sostener las diferencias sin que medien las armas o el atropello.

Por lo pronto, prefiero que ese diálogo sea abierto, en el Palacio de Miraflores. Me preocuparía que tras el argumento del diálogo ocurran - según los mentideros- encuentros furtivos entre cómplices, entre gallos y medianoche, incluso con quien dice que jamás se reuniría con fascistas y oligarcas.

HACIA LA ECONOMÍA DE NARCOTRÁFICO

(18 de enero de 2014)

Ante el escapismo del régimen, incapaz de servirle a la verdad y que hace de la mentira su política de Estado; y habiéndose ocupado la oposición democrática, más por inercia que por convicción, de forjar como alternativa única de disenso la vía electoral, urge que los venezolanos veamos, con seriedad y emergencia, el cuadro de ingobernabilidad que nos tiene como presas.

Es irresponsable resumir lo actual afirmando el absurdo, es decir, que vivimos el efecto de la pedagogía de violencia forjada desde los medios de comunicación, cuyo control ahora encarga el mismo régimen a la ministra autora de listas de infamia, que buscan sembrar miedo en quienes discrepan del ejercicio que hace del poder quien en realidad lo controla en Venezuela, su Fuerza Armada.

Con vistas al dibujo de esa realidad cruda que urge trabajar y ha de ser motivo de una agenda de diálogo "entre venezolanos", cabe citar, en primer orden, nuestra demencial fractura social y política. La nación acusa anomia desde cuando, por obra misma de una revolución históricamente regresiva que cultiva a la fuerza y procura el Mito de El Dorado, ahoga la idea del primado de la ciudadanía como lazo integrador y social, y se atomiza alrededor de emociones y cosmovisiones caseras.

No nos engañemos al respecto. Cuando se dice que somos una sociedad partida en dos, o al dar a entender que las adhesiones electorales implican pactos sociales estables alrededor de cada uno de sus ejes, se incurre en una ceguera que daña. Ni hay unidad existencial en el gobierno, a pesar de contar con una visión programática compartida –de estirpe violenta y primitiva y modos cubanos adquiridos– y tampoco hay unidad opositora real, que no sea la de coyuntura.

En el último caso, cabe decirlo con sentido auto crítico, afirmar que la oposición democrática es unitaria alrededor de la Constitución vigente y por ello la sostiene, es un acto de traición a los mismos ideales democráticos.

Quien la lea con cuidado y a profundidad podrá constatar que, tras las libertades e ilusiones democratizadoras allí escritas hipócritamente, reside un modelo de Estado centralista, personalista, y militarista, que subordina la dignidad humana a la Seguridad Nacional. Es la antítesis del gobierno civil que predican nuestras Constituciones de 1811 y 1961.

No hay espacio para la paz y sí motivos para la violencia, en conclusión, allí donde los venezolanos nos hemos desparramado hacia nichos primitivos, que se excluyen y desconocen unos a otros, sin sentido de pertenencia e identidad común.

El otro asunto para la agenda es el agotamiento de la capacidad de corrupción y de simulación por el mismo Estado de un bienestar populista fundado en la dilapidación, no productiva ni reproductiva, de la menguada riqueza petrolera.

La relativa estabilidad de la Revolución Bolivariana, que congela la movilidad política propia de la Venezuela del siglo XIX y XX, donde el apoyo popular cambia de manos dictatoriales o democráticas cada cierto tiempo, se explica en la igual estabilidad de los ingresos del petróleo y su manejo sin controles, que ya no es tal.

Al ceder y haberse malbaratado criminalmente, en 15 años de francachela revolucionaria, los 750.000 millones de dólares producto del oro negro; al castrarse con saña el aparato productivo con expropiaciones que afectaron más de 1.000 establecimientos comerciales e industriales; al término resta la inopia de nuestro presente. Como pueblo somos hilachas, medramos dispersos, somos ex ciudadanos quienes no nos vemos como hijos de una misma cultura e igual destino.

La moneda se devaluó desde 37 Bs. hasta 6.300 Bs. por cada dólar americano; la inflación llega a 56%; aumentaron los precios de los alimentos en 74%; la escasez de éstos y las medicinas alcanza a un 23%; y se acabaron los dólares para comprar lo que no producimos, que es casi todo. Esa es la cruda realidad que busca silenciar el régimen.

De modo que, sobre esos pedazos de territorio social sin capacidad siquiera para amalgamarse –como hasta ahora– lucrándose del Estado, lo que queda en Venezuela es otro monstruo que nace y crece a partir de 1999, y es el último y más grave asunto que hemos de considerar como herencia ominosa.

Nuestro territorio ha sido ocupado por la economía del narcotráfico. Ella, aprovechando la tolerancia del régimen –el pacto con las FARC– y la distracción de una sociedad que decidió mirarse en el ombligo, por agobiada y frustrada, nos empuja al abandono de nuestros hogares. ¡Y es que medio de la bonanza fiscal –ya exhausta– nos transformamos en el colectivo que más muertes violentas produce en Occidente. Las víctimas suman más de 200.000 personas. Y al tema de la droga le huyen los políticos y de suyo la opinión pública.

VENEZUELA: PRIMERO LA VERDAD, LUEGO LAS MEDIDAS

(25 de enero de 2014)

Nadie duda que Venezuela reclame de ajuste urgente y hasta draconiano para alcanzar, a mediano plazo, la recuperación de su cuerpo nacional, atemperando su agravada enfermedad social y económica, por ende, cabalmente política, hasta su total recuperación.

El cuadro que muestra, en su terapia intensiva, no puede ser más ominoso. Los homicidios en 2013 suman la cifra de 24.763 víctimas, según el Observatorio Venezolano de la Violencia; a pesar de que el Ministro del Interior, días antes, afirma que la tasa real es más baja, aceptando que es demencial sin decir que es una de las más altas del mundo.

La inflación acumulada durante el mismo período –con sus devastadores efectos sobre el bienestar social– ha roto un record, alcanza a 56,2%. Es la más alta del planeta. Acumula 1.948% entre 1999 y 2013, lo que se explica, sin rodeos, en la insuficiencia de productos para la dieta básica y medicinas, pues el establecimiento industrial y comercial que resta en el país, luego de expropiaciones gubernamentales generalizadas e indiscriminadas para establecer una economía socialista y de Estado, muere de mengua. Y no tiene ahora acceso a los dólares requeridos para importar los insumos necesarios para su reactivación.

Las divisas, bajo secuestro oficial, ancladas a un valor de cambio irreal para ocultar lo inocultable, apenas sirven para financiar una burocracia de Estado desbordante –Nicolás Maduro establece 111 viceministerios– y para enriquecer a los especuladores con vara alta en el Palacio de Miraflores. Y el Banco Central de Venezuela, presionado por la circunstancia, imprime moneda sin respaldo en los ingresos de divisas, para disimular el crater fiscal.

No le fue suficiente a la revolución el volumen de dineros obtenido a lo largo de casi tres lustros –más de 1.300 billones de dólares– y su dilapidación criminal para el sostenimiento de otra ilusión neo-cubana, ni el endeudamiento que hoy hipoteca el futuro de las próximas generaciones. La deuda pública consolidada saltó de US$ 32.809 millones (37,0% del PIB) en 1998 hasta US$ 205.330 millones (54,1% del PIB) en medio del auge más intenso y prolongado de los precios del petróleo. Y la deuda adquirida con los chinos, para colmo, ya duplica el monto de las reservas internacionales de la república.

El cuadro es desolador. Tanto que, comparando cifras, en juicio desdoroso para quienes somos dolientes de Venezuela, Andrés Oppenheimer salva a Zimbabue de cualquier comparación con nuestra realidad. Aquella, si bien restringe como Venezuela la libertad económica, situó su inflación en 10% y crecerá este año en un 3,3 %. Nosotros apenas un 0,5%. Y si atendemos al informe que hace público la OEA, somos el puente marítimo para el tráfico de cocaína hacia el Caribe y el oeste de África, con destino final hacia Centroamérica, los Estados Unidos y Europa, y el puente aéreo hacia Centroamérica y el Caribe, teniendo como puerta de ingreso a la Honduras cuyo control buscó conservar a toda costa la Revolución Bolivariana. Y ello, según el mismo documento, explica el desbordamiento de nuestra violencia criminal doméstica.

El caso, sin embargo, es que el gobierno de Maduro, por una parte busca un salvavidas y hasta se muestra dispuesto a ceder en sus agresiones contra la oposición democrática para amortiguar la caída, y por la otra, se empeña en su política de mentiras. Luego de rebanar el grueso salchichón del Tesoro Público en los términos indicados, atribuye la situación actual a una guerra económica de la oligarquía; en tanto que las muertes que ha provocado el inmoral maridaje con la narco-guerrilla, ahora resulta que son la obra pérfida de los escritores de novelas para la televisión.

Todos los venezolanos, sin distingos, tenemos el deber de apostar a que el trance no se haga más gravoso, sobre todo para quienes menos tienen, que ya son las mayorías, incluida la clase media. Y no soy yo quien, como demócrata a pie juntillas, critique las iniciativas de diálogo dispuestas al efecto. Pero, asimismo, soy convencido de que no se avanzará un solo trecho en la dirección propuesta si, antes, el régimen no hace propósito de enmienda y acepta, con coraje revolucionario y poniendo de lado la cobardía que lo tiene como presa, que erró con sus políticas revolucionarias.

La URSS lo hizo en su momento, siendo potencia mundial y sin poder alegar que algún imperio lejano le ponía piedras en su camino socialista hacia el comunismo, que concluyó en un monumental fracaso histórico.

La vía hacia la democracia y la recomposición del cuadro social venezolano se toma, únicamente, en la esquina del servicio a la verdad. Luego vendrán, como terapia adecuada, las medidas y los paliativos necesarios, hasta el desafío de padecer todos, por algún tiempo más, sangre, sudor y lágrimas.

DEMOCRACIA FICTICIA

(28 de enero de 2014)

Aún se sorprenden nuestros compatriotas, incluso la oposición, cuando les dicen, como lo hace Human Rights Watch en su Informe, que Venezuela vive una falsa democracia.

Osvaldo Hurtado, ex presidente ecuatoriano habla de dictaduras del siglo XXI y, en lo personal, prefiero llamar demo-autocracias a las que surgen bajo el paraguas del Socialismo del siglo XXI, pues la gente opta por la dictadura alegremente, votando. Pero ello ocurre en nuestro caso como reflejo de lo que somos, un pueblo sin madurez democrática y cultor del militarismo. No obstante nos decimos demócratas, y cuando alguien afirma lo contrario nos irritamos o creemos que exageran.

Lo cierto es que no hay democracia en Venezuela, así tengamos a opositores electos como alcaldes o gobernadores. Con elecciones, es verdad, se inicia la experiencia de la democracia, pero no bastan para vivirla. Nuestros dictadores militares, que han sido los más en casi 200 años de historia, desde 1830 cuando el general Páez nos da patria, hacían elecciones. Les gustaba se les llamase –Pérez Jiménez sobre todo– presidentes constitucionales. E imponían a sus sucesores, dentro de la mejor tradición constitucional bolivariana.

La democracia, en la cultura occidental, es derechos humanos. Sin embargo, el régimen actual nos eliminó el derecho a la tutela de esos derechos al separarse de la Comisión y la Corte Interamericanas de DD.HH. Aparte, la vida nada vale como derecho. Suman 200.000 los homicidios, mientras la Defensora del Pueblo –a quien la ONU le llama la atención por ello– opta por defender la revolución por encima de las garantías de sus conciudadanos. Y la democracia exige separación e independencia de poderes, que rechazan como premisa la misma presidenta del TSJ y la Fiscal General. Tanto que el celebérrimo Coronel Aponte Aponte cuenta que cada semana, en Miraflores o la Vicepresidencia, éstas deciden el destino de la Justicia en conciliábulo con el régimen.

Sólo en democracia se accede al poder conforme al Estado de Derecho, y Nicolás Maduro lo hizo conforme al testamento de su predecesor. Al efecto la Sala Constitucional, sirviente, aplanó la Constitución para que diga lo que no dice. Maduro no podía asumir como encargado presidencial sin el juramento de Hugo Chávez y él mismo, como Vicepresidente, estaba inhabilitado para ser candidato.

La columna vertebral de la democracia es la libertad de prensa. Y es cierto que los venezolanos, deslenguados, a diario hablamos pasguatadas sin que nadie nos recrimine, salvo cuando está presente un cabillero de la revolución o Guardia del Pueblo. Aun así se ha impuesto una hegemonía comunicacional de Estado. El régimen viene con su tijera por las telenovelas y deja sin papel a la prensa escrita independiente, salvo a la suya.

Transparencia y probidad son exigencias de la democracia. Mas en Venezuela no hay estadísticas fiables ni las muestra el régimen y se han desaparecido, en francachelas revolucionarias, cerca de 1.300 billones de dólares. La botija está vacía y no hay un solo preso por la corrupción que nos anega.

La subordinación de la Fuerza Armada al poder civil es clave de la democracia, y causa hilaridad desde que, bajo los cánones de la Constitución de 1999, el mundo militar se hace transversal al sistema institucional para militarizar a los civiles. De modo que, cumplimos 15 años bajo gobierno de militares, con una breve mascarada cívico-militar desde cuanto Maduro es impuesto como causahabiente.

Nada agrego con relación a los otros dos elementos sustantivos de la democracia, a saber, la existencia de partidos políticos y la celebración de elecciones justas y libres, pues hay tela que cortar. Por lo pronto, fue decisión impuesta por Chávez, en 2004, con La Nueva Etapa, la formación de un partido único, el PSUV, que desde el 2010 se declara oficialmente marxista. Los partidos del siglo XX son franquicias en la actualidad y los que se han proyectado hacia el siglo XXI, con vocación democrática cabal, son perseguidos con saña. Entre tanto, las rectoras revolucionarias del Poder electoral se ocupan de perfeccionar su caja negra para que el régimen jamás pierda las elecciones, como ocurre en Cuba y ocurriera en el Irak de Saddam y en la Libia de El Gadafi.

No pocos compatriotas, en fin, se dan por servidos con la democracia de utilería que tienen y han aceptado. Les basta mientras el gendarme o "César democrático" de turno les realice el mito de El Dorado. Siempre ha sido así. La cuestión es que se acabaron los dólares y los anaqueles están vacíos. Hoy les sorprende, por lo mismo, el despertar, luego de la larga borrachera revolucionaria.

LA CELAC, SINDICATO DE AUTÓCRATAS DEL SIGLO XXI

(2 de febrero de 2014)

Desde 2001, cuando los gobernantes de las Américas advierten que, con la experiencia de Alberto Fujimori, en Perú toma cuerpo una modalidad ominosa de régimen político hasta entonces desconocido y extraño a la tradicional diferenciación entre dictaduras militares, que llenan nuestro siglo XIX y la primera mitad del siglo XX, y los gobiernos civiles, electos popularmente a partir de los años '60, cabe hablar ahora de demo-autocracias o neo-dictaduras.

Se trata, en efecto, de una modalidad de gobierno cínico, hijo posmoderno de la mentira y hecha ésta política de Estado –los viejos dictadores no ocultaban sus dictaduras– que nace del voto racional o emocional dentro de sociedades democráticas que, conscientemente, eligen gobiernos despóticos, ilustrados o no.

Plantean una suerte de recreación del gendarme necesario que describen los positivistas de comienzos del siglo pasado, considerado inevitable en pueblos no preparados aún para bien supremo de la libertad. Pero ésta vez, he allí lo inédito, al César democrático lo eligen en pleno siglo XXI sociedades que, cuando menos, han descubierto los beneficios del bienestar e incluso conocido los avances que promete la globalización. No obstante, optan por un salto atrás, en una hora de disolución de los lazos de la ciudadanía y de afectación del principio de la soberanía a nivel mundial.

Si en el pasado la disposición de las espadas determina la permanencia indeterminada de los cuarteles y sus comandantes en el ejercicio del poder político latinoamericano, en el presente ya no media una clara línea divisoria al respecto. Se trata de una enfermedad, a saber, tomar el poder para no abandonarlo hasta que lo dicte la Providencia, que contamina por igual a quienes endosan casacas o acuden a los actos oficiales con jeans y zapatos de tenis.

Mas lo importante es que ejercen el poder montados sobre los rieles de la democracia, vaciando de contenido sus estándares. Se contentan con las formas. Y si se trata de acceder al poder conforme al Estado de Derecho o de hacerlo valer ante la sociedad, cumplen con sus formas pero hacen mutar sus contenidos –con jueces a su servicio– u omiten la aplicación de la ley –severa y draconiana para quienes los adversan– cuando se trata de sancionar delitos que sus camarillas cometen en nombre de la misma neo-dictadura y para su consolidación.

En ese contexto nace la CELAC o Comunidad de Estados de Latinoamérica y el Caribe, que recién se reúne en La Habana y cuya presidencia, por lo mismo, pueden ejercerla de modo indiferente un presidente civil de derecha, como Sebastián Piñera, o el sanguinario dictador cubano, Raúl Castro. Uno de corbata, otro con traje camuflado.

A despecho del Sistema Interamericano y la misma OEA, la CELAC es un engendro político negado a los valores éticos y convencionales de la democracia, absolutamente primitivo, cultor de un realismo amoral que desborda la imaginación de Nicolo Macchiavelli. Es una vuelta, incluso, al modelo de organizaciones internacionales de consensos, facilitadoras de las dos grandes guerras mundiales del siglo XX.

En buena lid cabe decir que Rafael Correa, gobernante ecuatoriano, de clara estirpe como déspota al mejor estilo medieval, nunca engañó a la opinión. Fue sincero en su cometido de subvertir el entendimiento regional que se ha tenido acerca de la "república" desde 1826, cuando se celebra el Congreso Anfictiónico de Panamá, en lo particular acerca de la "república democrática" fundada sobre los elementos que consagra para ella, desde 1959, la Declaración de Santiago y que en 2001 cristalizan en la Carta Democrática Interamericana.

Puede decirse, así, que la CELAC, al aprobar en Caracas, en 2011, la Declaración Especial sobre la Democracia, que hace parte de su documento constitucional, produce bajo la forma de una cláusula democrática un mecanismo o cláusula sindical orientada a cuidar y salvaguardar la estabilidad laboral de sus presidentes fundadores. ¡Y es que todos a uno, sin excepciones o con algunas excepciones que ya no merecen mencionarse, mal pueden casar sus experiencias de gobierno con las gravosas exigencias que acerca de la democracia de ejercicio demanda la susodicha Carta, enterrada desde antes por el sepulturero de las libertades en las Américas, José Miguel Insulza.

La Carta Democrática, textualmente declara que la democracia es un derecho humano de los pueblos, legitimados para reclamar su respeto y garantía por quienes los gobiernan, y al efecto, cuentan para ello, con un régimen de seguridad colectiva democrática y los recursos previstos en tal instrumento. La Declaración de la CELAC, suerte de zarpazo, deja en manos de los mismos gobernantes ladinos evaluar sus comportamientos y no admite decisión alguna que pueda sobreponerse al fuero interno o nacional que éstos ostentan.

En suma, si escandaloso fue ver a uno de los hermanos Castro recibir el mando sobre la CELAC de manos del presidente Piñera, hoy no caben sorpresas, salvo para los desprevenidos, al observar que este sindicato o internacional de neo-autócratas, encuentra como su sede apropiada al país con más acabada tradición dictatorial en la historia contemporánea del Occidente.

MADURO, PICHÓN DE DICTADOR

(11 de febrero de 2014)

A Nicolás Maduro poco le importa que lo llamen dictador, y así lo dice, con desplante. Cuando menos, por vez primera, se desmarca de su progenitor político, quien hace tres años, bajo las críticas de su autoritarismo y nepotismo, de su exacerbado militarismo y sus violaciones repetidas a la Constitución –purificadas por la complaciente Sala Constitucional del Tribunal Supremo– dijo para negar ¡no soy un dictador! Y sí que lo era.

La cuestión, pues, resulta interesante. Maduro se declara dictador por una razón que en lo inmediato explica, a saber, que dictará normas para acabar con el amarillismo de la prensa. Y no huelga admitir que, justamente, la prensa libre es la columna vertebral de toda democracia, según las enseñanzas del Sistema Interamericano de Derechos Humanos que enterró José Miguel Insulza.

¿Censurará la prensa Maduro o, acaso, mejor aún, apenas declarara lo que ya es un hecho en Venezuela?

La prensa escrita independiente ya no tiene papel para circular, pues su compra se la niega Maduro y la otra –la radio y televisión privadas, que son las menos ante la hegemonía comunicacional de Estado imperante y salvo la clausurada RCTV– ha optado por el sincretismo de laboratorio. Busca conservar sus licencias o ha vendido sus acciones a empresarios "bolivarianos", tomando las de Villadiego sus viejos propietarios.

Incluso así, si bien el menoscabo de la libertad de expresión es raizalmente antidemocrático, no convence todavía la seriedad del arrebato de Nicolás: ¡No me importa que me llamen dictador!

La cuestión es que los dictadores en serio –tenemos larga experiencia en América Latina– ni se declaran como tales y menos trucan sus actuaciones o apelan a jueces para validar sus atropellos a la democracia, que entre nosotros es mentira de Estado. Antes bien, los dictadores militares que conoce nuestra historia, todos a uno reclaman se les llame Presidentes Constitucionales.

Lo único cierto y coincidente con el ánimo de Maduro es que los dictadores reales son "transparentes" como tales por una razón vertebral: No aceptan que prensa los critique. Mantienen a sus países en silencio.

¿Será entonces, pues, que al anunciar el final de la prensa libre, el inquilino de Miraflores pretende crear un escenario que le permita ejercer como dictador cabal, desnudando, de una vez por todas, la farsa democrática del Socialismo del siglo XXI? Es posible, pero no lo creo. Lo que sí intenta es ocultar ante la opinión –de allí su propósito como censor de mandados– son sus torpezas cotidianas. Maduro es, únicamente, un usurpador, algo así como el invasor ilegal de la vivienda ajena.

Según la Constitución vigente –no la aplanada por Luisa Estella Morales– mal puede Maduro ocupar legítimamente el Palacio de Miraflores. Y tampoco las herederas de su progenitor político podrían mantener su ocupación ilegal de La Casona.

Este poseyó la presidencia como encargado sin otro respaldo que el testamento político de Hugo Chávez, impuesto a la fuerza por la señora Morales, a quien el primero mal le paga removiéndola de la presidencia del Supremo Tribunal. Y como Vicepresidente que era entonces se salta la prohibición constitucional que le impide ser candidato presidencial. Lo fue a cintarazos, empujado por las "damas de la revolución" desde los poderes públicos y con la Ley contra la Violencia de Género en la mano para que nadie las cuestione.

Ahora, de allí a declararse dictador creo que a Maduro le falta mucho. No lo logrará, a pesar de la Constitución autocrática que nos rige y que viola junto a los suyos todos los días; y que han transformado en su decálogo, paradójicamente, algunos opositores quienes se dicen "demócratas" a pie juntillas.

La dictadura no la ejerce Maduro y ni siquiera su consorte, la Primera Combatiente. Gobierna sin legitimidad y sabe bien que no es legítimo. De allí sus arrebatos como pichón de dictador. Pero nada más. Dictadores son quienes a diario le dictan, para que copie diligente en su cuaderno de alfabetización. Dictadores son los cubanos quienes lo usufructúan para humillación de los venezolanos. Dictadores son los generales –no la ministra de defensa, que tampoco calza– quienes en pugna con los invasores detentan los hilos de la Administración Pública.

Maduro, en suma y aquí concedo, sabe que no puede darse el lujo de comportarse democráticamente, como cuando acepta el reconteo de votos frente a su contendor Henrique Capriles para luego retroceder, por exigencias de quienes le dictan. Lo único que le queda es la fanfarria.

MADURO, PELIGROSO, POR DÉBIL E INMADURO

(16 de febrero de 2014)

La logia militar-civil que atenaza al ocupante de Miraflores empujó a Venezuela hacia la exacerbación de su violencia intestina. Lo muestran los hechos del Día de la Juventud y la infantil canalla que los resume –Nicolás Maduro dixit– como 3 muertes lamentables y un centenar de presos y heridos producto de un movimiento nazi-fascista opositor en emergencia. Y le pone nombres y ordena apresarlos.

Llamar de derecha a quienes se oponen al despropósito de borrar 500 años de historia –200 años de república en proyecto– vividos por Venezuela, como lo pretenden los hermanos Castro desde Cuba y teniendo como Pro-Cónsules a venezolanos indignos de nuestra nacionalidad, es una estupidez. Es parte del estilo que marca esa escuela castro-comunista hábil en demonizar a sus adversarios, ofendiéndolos, estigmatizándolos, para que sus ideas no prendan.

Pero calificar de nazi-fascismo al esfuerzo opositor que en la circunstancia lideran visiblemente Leopoldo López, María Corina Machado y Antonio Ledezma, revela que Maduro, asustado, se mira en el espejo y mejor describe aquello en lo que ha degenerado su propio entorno. Va más allá de las "camisas pardas", es decir, de los cabilleros sirvientes de Hitler o Mussolini, organizadas para doblegar a los adversarios.

Los círculos bolivarianos de 1999 murieron para darle paso a los "colectivos populares", a logias de delincuentes asociados, equipados con armas y recursos por el régimen para la defensa de una revolución disolvente como la que pretenden continuar Maduro y el teniente –que lo sigue siendo– Diosdado Cabello, pero que no les cuaja. Y lo hacen bajo instrucciones cubanas.

Allí está, por cierto, el mismo Cabello, quien "destituye" a sus compañeros militares ante la mirada distraída de Maduro, acostumbrado a negociar con "pranes" –no olvidemos El Rodeo– y quien esta vez le pide paciencia a los "colectivos" del 23 de enero, a los Tupamaros", asesinos que mudan en policías por decisión del ex alcalde caraqueño, Juan Barreto. Les ruega serenidad, pues ha caído uno de los suyos en la refriega que organizara el propio oficialismo para frenar a los estudiantes de línea democrática. Solos, con lápices y cuadernos, osaron marchar y reclamar de Maduro su indolencia, su abulia de pica pasitos. El país se le desmorona en sus narices.

La cuestión a destacar, por lo pronto, es la imposibilidad de diálogo con un régimen opresor y amoral como el que funge dirigir Maduro, a la manera de un mascarón de proa; porque no se trata, simplemente, de un gobierno de izquierda o socialista –como lo creen algunos opositores y observadores internacionales– cuyas políticas públicas no comparte la mayoría de la población.

Estamos en presencia de una estructura de poder que se organiza, desde el primer día, de manos de Fidel Castro y en alianza con la narco-guerrilla colombiana, con la que pacta Hugo Chávez en agosto de 1999. Las consecuencias están allí y son inocultables, a saber, 23.000 homicidios cada año, los hampones y los "pranes" aliados al PSUV y, según Walid Makled, ministros, generales y diputados "chavistas" haciendo parte de las nóminas de los cárteles de la droga. Todo ello, bajo la cubierta de la redención social.

Lo peor, sin duda alguna, es la saña cainita de los cuerpos militares, como la Guardia Nacional, mudada en "guardia del pueblo" e inoculada por la pedagogía del G2 cubano. Le han destruido el alma y la generosidad reconocida de los venezolanos a sus miembros, y éstos, a batazos por las nalgas y con balas o perdigones tratan a las mujeres y hombres de esta tierra que antes conocen "dicta-blandas" y hoy padecen de un odio mefistofélico inédito.

Lo que no entienden Maduro y Cabello, ni la Fiscal General, Luisa Ortega Díaz, o el psiquiatra armador de los fraudes electorales, Jorge Rodríguez, es que el intento por repetir el guión del 11 de abril les salió mal este 12 de febrero. La orden de tumbarle la antena a la televisora NTN24 para que el mundo no supiese lo que se cocina en las hornillas del eje del mal absoluto que componen, en buena hora ayudó a los estudiantes y presos.

En 1963, Rómulo Betancourt, leyendo su último mensaje como gobernante ante el viejo Congreso de la República, premonitoriamente nos advirtió sobre el carácter latente que tiene el peligro de Fidel mientras viva y nosotros seamos un país petrolero. Pero en 1999, al agotarse nuestra experiencia democrática de partidos, en una hora de confusiones y fracturas entre civiles quienes le hacen la cuna al "gendarme" bolivariano bajo la consigna de la anti-política, y en el curso de los tres lustros recorridos, lo único veraz es que los venezolanos jamás renunciamos a vivir en libertad.

LA GARGANTA BOLIVARIANA

(1 de marzo de 2014)

La garganta del régimen –diría San Pablo en su Carta a los Romanos– es un sepulcro abierto. A lo largo de 15 años, bajo la consigna de una revolución pacífica pero armada, fue organizando su aparato paramilitar, ahora llamado "colectivos populares".

El mismo régimen, a la par, ha relajado la disciplina dentro de las instituciones tanto militares como policiales para darle cabida a sus milicias y hacer ineficaz a las primeras, anarquizándolas, despojándolas de referentes morales. Y he aquí las consecuencias ominosas, las de ahora, que están a la vista y no ocultan la propaganda oficial ni las cadenas de Nicolás Maduro. El país vive su anomia más extrema, y el Estado nominal que resta no resuelve y exacerba su violencia contra los opositores.

Venezuela no está dividida en dos partes como dicen, es un rompecabezas. Pero el todo, eso sí, sufre a la cultura de la muerte instalada. No nos engañemos.

El asunto comienza con los inocuos Círculos Bolivarianos, entrenados ideológicamente en la embajada Libia de Caracas, en encuentros que organiza el Alcalde caraqueño de entonces, Freddy Bernal, a partir de 1999, y quien por cierto no viene de un convento de franciscanos.

Siendo Diosdado Cabello Ministro de la Presidencia, por órdenes de Hugo Chávez los financia y multiplica, adscribiéndolos al Palacio de Miraflores. Hasta osan crear sus "tribunales populares", que alguna Juez tiene la audacia de prohibir mediante un amparo constitucional.

Ejercitan sus primeras tropelías como cabilleros –camisas rojas que emulan a las camisas pardas o negras del nazi-fascismo europeo– cuando el mismo Cabello, luego Ministro del Interior, los invita a causar destrozos y dejar su siembra de terror en los medios de comunicación; como para que el país tome conciencia de que la revolución o avanza sin resistencias o la resistencia será destruida por las armas.

Entre tanto, desde agosto de su primer año, Chávez pacta con las FARC el uso de nuestro territorio como aliviadero para sus acciones terroristas y la expansión del narcotráfico. Y sobre la citada indisciplina de las FF.AA. –viste de Teniente Coronel para mandar a Generales y asciende a los últimos de las listas de mérito– favorece su penetración criminal y colonización. Surgen así los "narco-soles" y mandan oficiales cubanos en los cuarteles y órganos de inteligencia.

Pues bien, en cuanto a los Círculos, ellos mudan en Colectivos Populares a partir del 2004. Se nutren con delincuentes de nuestras ciudades, quienes actúan con total impunidad, armados y montados sobre motocicletas de alta cilindrada que les provee el régimen. Juan Barreto, Alcalde Mayor revolucionario, les da autoridad sobre la Policía Metropolitana que antes los persigue.

De modo que, mientras avanza lo anterior, Venezuela medra anestesiada por el torrente de petrodólares que ingresan y se dilapidan –1.500 billones de dólares– sin planificación ni controles, como lo reconoce su responsable, el ministro Rafael Ramírez. Y los efectos de la violencia, que sube como mar de leva, apenas preocupan a sus víctimas o los periódicos. Mueren a manos del paramilitarismo criminal y del negocio del narcotráfico unos 200.000 venezolanos durante 3 lustros, y en 2013 unos 23.000. Pero no hay ruido. Ahora sí, a pesar del frenazo que quieren imponerle algunos opositores reblandecidos.

El Tesoro Público está vacío. El orden de las ciudades permanece en manos de los "colectivos" paramilitares, mientras que el de las cárceles resta en las de sus socios, los "pranes". El gobierno formal del binomio Maduro-Cabello, para sobrevivir –así lo creen– acelera la violencia pero la disimula con propaganda de amor y cuitas, y llamados al diálogo.

Pero los jóvenes estudiantes en protesta entienden que se les ha comprometido gravemente su futuro. Manifiestan con legitimidad. Lo hacen pacíficamente, a pesar del intento de la canalla para desfigurarlos. Tienen un claro objetivo social, que la mezquindad les niega: Demandan seguridad, acceso de sus familias a los alimentos y medicinas, a educación de calidad y hospitales equipados, en un país petrolero inexplicablemente carenciado, que importa gasolina desde Brasil.

El deber de toda oposición democrática es oponerse, para que los responsables reaccionen y hagan su tarea bien. No les corresponde allanarles el camino por miedo a que se la engulla la represión, menos negociando a la democracia o el arbitrario carcelazo de Leopoldo López.

En Venezuela hay violencia paramilitar y de Estado. Y no hay bienestar por ausencia de República. No se trata de un problema de eficacia gerencial. Eso deben entenderlo los políticos y empresarios curtidos, si no quieren que el ferrocarril de la historia les pase por encima.

EL DIÁLOGO, SEGÚN BERGOGLIO

(3 de marzo de 2014)

Ahora resulta que hasta Nicolás Maduro apela al Papa Francisco y lo cita para justificar su invitación a una Conferencia de Paz; luego de haber bailado –celebrando Carnavales– sobre la tumbas de casi dos decenas de jóvenes asesinados, un centenar de heridos y torturados, y los varios centenares de detenidos a que diera lugar la política de represión de Estado que construyó junto a su antecesor durante los últimos 15 años, orientado por Cuba. "Nuestra revolución es pacífica, pero armada" ha sido la consigna y su rostro ominoso se hizo presente el Día de Juventud, en una hora de profundas carencias sociales y económicas para los venezolanos.

Acepto que cabe reparar en las enseñanzas de quien a lo largo de su vida religiosa prefirió le llamasen cura Bergoglio o Padre Jorge, a fin de encontrar, en un momento de tanta turbación y violencia para los venezolanos, luces que nos permitan la reconstrucción de nuestros lazos de identidad y el restablecimiento de la paz de la nación. Pero una cosa –lo recuerda San Pablo en su Carta a Tito– es citar una enseñanza como Maduro y otra distinta exhortar en la sana doctrina. A los falsos maestros hay que "taparles la boca", dice el apóstol de Tarso.

El Papa Francisco nos invita a dialogar, a crear espacios de encuentro fundados en la verdad. Es lo que llama el "diálogo ético", que no es simulacro de conferencia entre aliados para confundir a quienes se quiere mantener excluidos, persiguiéndolos, encarcelándolos, justamente para que la verdad no florezca.

De modo que, quienes se ocultan tras el pensamiento del Padre Jorge a fin de disfrazar fariseísmos, han de saber que el diálogo no significa ni es lo que se le ha presentado al país en esta hora nona.

Bergoglio cree en la necesidad de una ética común, a fin de que pueda florecer una verdadera patria de hermanos, excluyendo, sí, el "sincretismo de laboratorio". Es una cuestión que repite en distintas de sus homilías hasta 2013, marcando su desencuentro con el gobierno de los Kirchner.

De modo que, para ser auténtico, el diálogo demanda, como hecho previo, un examen de conciencia de parte de cada ciudadano pero sobre todo en las "instituciones de la patria", mediante gestos y testimonios, todos a uno en actitud de grandeza. Pero lo visto hasta ahora ha sido la pequeñez, el atrincheramiento del régimen para defender por las buenas o por las malas su cosmovisión extranjerizante, cuestión que igualmente molesta al Padre Jorge. Pone el dedo sobre la llaga, así, recordando que nunca podremos enseñarle a un joven –pensemos en los estudiantes vilipendiados y masacrados por el poder del Estado y sus paramilitares– el horizonte de grandeza de la patria, si usamos nuestra condición de dirigentes "para nuestro trepar cotidiano, para nuestros mezquinos intereses, para abultar la caja, o para promover a los amigos que nos sostienen".

Agrega, en tal orden, que un "proyecto común" impone trabajar por la Justicia, que no ocurre cuando algunos tiran "para su lado, como si uno pudiera tener una bendición para él solo o para un grupo. Eso no es una bendición sino una maldición", dice. Y es exactamente lo ocurrido durante los últimos 15 años: O aceptamos el socialismo marxista, o morimos bajo las balas, en la cárcel o exilados.

Tampoco entiende el hoy Papa Francisco la posibilidad del convivir cotidiano allí donde se tiene "el poder como ideología única", pues el prejuicio ideológico deforma, en su perspectiva, "la mirada sobre el prójimo..." y erosiona la confianza social.

Superar el acostumbramiento a lo anterior y erradicar de raíz la corrupción son desafíos para todo diálogo sincero y constructivo. Según Bergoglio, la corrupción –lo prueba la experiencia venezolana– "lleva a perder el pudor que custodia la verdad, el que hace posible la veracidad en la verdad". Empuja a lo que ocurriera hace poco y tuvo como protagonista al Teniente Diosdado Cabello, "la desfachatez púdica", que refiere Francisco; misma que llevó al primero a ofender la memoria de una de las víctimas de su violencia forjando pruebas y presentándolo como paramilitar.

En conclusión, para construir a la nación y ponerse a la patria sobre el hombro, Jorge Mario Bergoglio invita al diálogo, pero a un diálogo ético, pues "de lo contrario, se convierte en un eticismo, en una ética aparente y, en definitiva, en la gran hipocresía dc la doble vida".

En tiempos difíciles, dice, jamás se debe "favorecer a quienes pretenden capitalizar el resentimiento, el olvido de nuestra historia compartida, o se regodean en debilitar vínculos, manipular la memoria, comerciar con utopías de utilería". Y sugiere evitar "la fatiga y la desilusión que no permiten ver el peligro principal" e impiden "afirmar el sistema democrático superando las divisiones políticas".

LOS ACUERDOS DE MAYO Y LA DEUDA DE MADURO

(8 de marzo de 2014)

El diálogo, cabe machacarlo una y otra vez, sólo deja buenos frutos cuando sirve la verdad y le animan propósitos de Justicia. Y debe animarlo "el proyecto de un país para todos", dice el Papa Francisco. Miraflores es la sede del poder, pero no es Venezuela.

La Conferencia Nacional de Paz convocada por Nicolás Maduro Moros, luego de haberse ejecutado una política de Estado destinada a reprimir con la violencia de las armas –dos decenas de fallecidos, un centenar de heridos y torturados, y varios centenares de detenidos– las manifestaciones de jóvenes estudiantes ocurridas antes, durante y después del 12 de febrero, Día de la Juventud, la entiende la opinión pública como un simulacro, un engaño que se niega a los gestos de grandeza.

Algunos empresarios han acudido al llamado y tienen derecho a ello, pero no son representativos para resolver la grave crisis que vive el país, que es esencialmente política y democrática. Negocian con un gobierno para el que la democracia se reduce a lo electoral y al fingimiento. Y participan apenas 2 diputados de oposición, uno de ellos venido del chavismo y otro, cada vez que puede, cortejador del chavismo. El diálogo entre éstos se cocina en su mismo caldo.

La protesta social tiene como denominador la dilapidación de la riqueza fiscal y su uso para el proselitismo revolucionario, como nutriente de la corrupción y su disfrute por la oligarquía gobernante; lo que se traduce en 56% de inflación –la más alta del mundo– y un severo racionamiento de alimentos y medicinas, mientras el pueblo consume gasolina importada por el derrumbe de la industria petrolera venezolana.

Ello no es la mera consecuencia de unas políticas económicas erradas o erráticas, ni se trata de la cuestión de un gobierno democrático pero incapaz. La cuestión es distinta y de fondo.

La violencia criminal –el salto en escalera de los asesinatos desde 4.500 homicidios en 1998 hasta 24.000 en 2013– mal se explica dentro del cuadro de bonanza petrolera ocurrido en los últimos 15 años y su reparto populista o del voraz incremento del armamento militar y la militarización del país; a menos que la violencia sea inducida por el propio Estado, coludido con el crimen organizado para someter al pueblo, bajo el miedo y para expulsar del territorio o doblegar a los factores sociales inconvenientes para la revolución.

En una democracia cabal, con separación de poderes públicos, con un gobierno sometido al rígido control del parlamento y de los tribunales de cuentas, con jueces independientes y una prensa libre y crítica, el quiebre de la economía no hubiese sido posible en los términos de Venezuela. De allí que la cuestión de la protesta popular, indetenible, explicándose en la caída del bienestar encuentra como raíz lo que el régimen Chávez-Maduro –mutación del proyecto comunista del siglo XX, según lo advierte el profesor hispano

César Vidal– se encarga de propiciar paulatinamente, a saber, la prostitución de los contenidos de la democracia y de su lenguaje. La guerra hoy es la paz, y la miseria el camino para la Justicia.

De allí que el "diálogo" actual con los albaceas o artesanos del socialismo totalitario del siglo XXI carece de destino. Es inútil, si antes no pasa por el test de la verdad, para que dé frutos creíbles.

En 23 de mayo de 2003, con la mediación de la OEA y el Centro Carter, se firmaron unos acuerdos que esperan por su cumplimiento. Maduro fue negociador de los mismos y sus cláusulas terminaron en letra muerta. El gobierno al que representó, que sigue siendo el suyo, se burló de lo convenido, que es exactamente lo que ahora demandan los estudiantes y la oposición democrática:

a) Respeto a la libertad de expresión y prensa (artículo 14).

b) Designación de un árbitro electoral confiable (artículo 13).

c) Creación de una Comisión de la Verdad, que coopere con los jueces para que se establezcan las debidas responsabilidades y se sancionen los culpables (artículo 11).

d) El desarme efectivo de los colectivos populares (artículo 10).

e) Monopolio de la fuerza por el Estado, a través de la Fuerza Armada y las policías, debiendo las últimas ser dirigidas por civiles (artículo 9).

f) Prohibición de usar a los cuerpos policiales como instrumentos de represión arbitraria o desproporcionada (artículo 9).

g) Respeto y apego por todos a la Constitución, a la Convención Americana de Derechos Humanos que denunciara el propio Maduro, y a la Carta Democrática Interamericana que tanto ha satanizado (artículos 2, 6 y 7).

La iniciativa, pues, está en el campo de Maduro y de los responsables de la represión de Estado desplegada, no de sus víctimas. El diálogo ya se hizo, en 2002. El país sólo demanda que el Gobierno cumpla.

LA AGRESIÓN DE MADURO A LOS PANAMEÑOS

(8 de marzo de 2014)

La intempestiva ruptura de relaciones con Panamá por Nicolás Maduro, que no respetó siquiera los pasos que tal medida implica de acuerdo a las reglas diplomáticas, y el ataque a la OEA, que complaciente ha sido con él y su antecesor, Hugo Chávez Frías, al costo de haber relajado el sistema de seguridad colectiva democrática, ponen sobre el tapete cuestiones interesantes.

La reacción de Maduro es propia y muy próxima al estilo grosero y descortés de los hermanos Castro, sus tutores, quienes tienen larga experiencia en ocultar la tragedia de su gente y el régimen de opresión al que la someten, dirigiendo rayos verbales contra sus imaginarios enemigos en el exterior para desviar la atención.

El caso es que la reacción del aquél ocurre dentro de un contexto inocultable. Ha dirigido una política de Estado orientada a la violación sistemática de los derechos humanos de sus opositores. Es clara su sujeción a las autoridades cubanas que controlan su Sala Situacional, único factor que lo sostiene en el débil poder que ejerce, sin viabilidad dada la grave crisis social y económica que hoy vive Venezuela.

No median condiciones objetivas de gobernabilidad –dentro del modelo de fingimiento democrático que ha asumido Maduro y hacia el que mutó la experiencia comunista del siglo XX– en razón de factores irreversibles a corto plazo: a) La inflación más alta del mundo, 56%; b) Un promedio de 24.000 homicidios al año, el más elevado en Occidente; c) 1.500 billones de dólares dilapidados en 15 años, sin planificación y en proselitismo revolucionario; d) 40.000 millones de dólares robados por empresas fantasmas amigas del régimen y en sobrefacturaciones; e) La parálisis del aparato productivo, que es palmaria luego de su expropiación indiscriminada; f) Escasean los dólares para importar los bienes e insumos que necesita el país y se estima en 24% el déficit de alimentos y medicinas, imponiéndose de hecho el racionamiento. Para colmo, un país que fuera potencia petrolera ahora importa gasolina desde Brasil, para su consumo interno.

Sobran razones, pues, para la ardorosa protesta de los jóvenes venezolanos, pues la hipoteca que pesa sobre su futuro, herencia de Chávez, no discrimina políticamente. De modo que, al quedar desnudo ante dicha realidad Maduro y conocerse por la comunidad internacional, que Panamá haya roto el "encanto" al pedir el análisis de la cuestión puertas afuera, en la OEA, ha desesperado al mandatario venezolano y lo hizo preso de la iracundia.

Intenta ocultar lo inocultable desde los días previos y posteriores al 12 de febrero, tiempo de ejecución de la masacre que ha dejado 18 muertos, 260 heridos y torturados, y 1030 detenidos, y se ocupa, el mismo Maduro, de ponerle mordaza a la prensa nacional e internacional, para que no informe. Pero es tarde. De allí que haya pateado la mesa.

La iniciativa panameña pone de manifiesto, además, que la era del chantaje petrolero con efectos sobre el Continente, llega a su final. De allí también la pérdida de cordura por parte de Maduro. ¡Y es que, dado los elementos de juicio anteriores, incluso a sus gobiernos aliados les resulta oneroso y cuesta arriba mantenerle un apoyo sin condiciones.

Razones para debatir sobre las falencias democráticas de Venezuela sobran, hace mucho; pero sólo ahora adquieren relevancia por las circunstancias objetivas citadas. En materia de derechos humanos, Maduro denunció la Convención Americana que los garantiza. Sobre la separación de poderes, la Comisión Interamericana de DD.HH hizo constar el uso de los jueces por el gobierno para criminalizar a la disidencia. La libertad de prensa es hegemonía comunicacional de Estado. El pluralismo no lo admite el marxista partido oficial, PSUV. No hay subordinación militar al poder civil y los militares ocupan todo el entramado del Estado; y en cuanto a lo electoral, sus rectoras, militantes de la revolución, han rechazado la veeduría internacional y se negaron a auditar la cuestionada elección del mismo Maduro, hecho Presidente a pesar de la prohibición constitucional que le impedía ser candidato, como Vicepresidente.

Maduro ha dicho que la OEA es un cadáver y que ahora y para siempre tiene prohibido pisar tierra venezolana. Pero su ataque, que es una huida para no explicar lo inexplicable, reavivará el debate sobre la sustitución de la misma OEA por la CELAC y UNASUR. La cláusula democrática que ata a aquélla predica la democracia como derecho humano de los pueblos, y la formulada para éstas considera a la democracia como el derecho al trabajo de los presidentes y a gobernar, si posible, perpetuamente.

El debate pedido por Panamá, en suma, puso el dedo en la llaga y toca asuntos álgidos para el destino democrático de las Américas.

LA TRAICIÓN A LA DEMOCRACIA DE LAS AMÉRICAS

(9 de marzo de 2014)

He afirmado, coloquialmente, que la resolución adoptada por el Consejo Permanente de la OEA, expresando "Solidaridad y respaldo a la institucionalidad democrática, al diálogo y a la paz en la República Bolivariana de Venezuela", entierra a la Carta Democrática Interamericana; a la vez que le pone punto final a la razón de ser del Sistema Interamericano, que nace con la Carta de Bogotá (1948) y, en esencia, tiene como propósito actual la garantía colectiva de la democracia.

Caben, no obstante, algunas precisiones. La primera, esencial, es que en verdad no mueren los principios que le sirven de fundamento ni los estándares que le dan contenido a la democracia mientras los ciudadanos la defiendan; pues ella es, como reza la Carta Democrática, derecho humano de los pueblos. Como tal, es anterior y superior al Estado, tanto como a las organizaciones internacionales que sólo acogen a los gobiernos de los Estados.

De modo que, con la citada declaración, ha muerto, sí, la garantía institucional y política de la democracia en las Américas. Al igual que en Venezuela, donde cedió la independencia de la Justicia y se usan a los jueces para criminalizar a la disidencia. Y al denunciar Maduro el texto de la Convención Americana de DDHH, significa ello que perdimos las "garantías" de nuestros derechos, es decir, el derecho de reclamo ante quienes, negados a garantizar los derechos, optan hoy por desconocerlos y violarlos impunemente.

Los derechos humanos, entre éstos el derecho a la democracia, son de las personas, no de los gobiernos. No por azar, la Constitución de 1999 hace reposar en el pueblo el poder constituyente (artículo 347), y le pide al pueblo desconocer cualquier régimen, legislación o autoridad que contraríe los valores, principios y garantías democráticas o menoscabe los derechos humanos (artículo 350).

Lo ocurrido en Venezuela –la puesta en marcha de una política de Estado orientada a reprimir, por razones políticas, a los opositores, usando las armas de la república y estimulando para ello a grupos paramilitares bajo su control– y la meliflua consideración que tal asunto recibe en la OEA, pone sobre el tapete una cruda verdad.

El rescate de la libertad y la democracia en nuestro país queda en manos de los venezolanos, y será el hilo conductor que, como en el tiempo de nuestra Emancipación, permitirá luego que los pulmones de la moral democrática se expandan hacia todos los gobiernos de las Américas.

¿Y, por qué afirmo que la declaración C084/14 adoptada el 7 de marzo pasado, borra del escenario político oficial las obligaciones de garantía que impone la Carta Democrática, interpretación auténtica del tratado fundacional de la OEA?

La declaración parte de un falso supuesto, "hace votos para que las investigaciones tengan una rápida y justa conclusión", siendo que la Comisión y la Corte Interamericanas de Derechos Humanos se han pronunciado varias veces sobre el uso de los jueces en Venezuela para doblegar a los adversarios del régimen marxista imperante.

Luego, en una suerte de sincretismo de laboratorio se compromete con la defensa de la institucionalidad democrática; pero alega que lo hará sin inmiscuirse en los asuntos internos de Venezuela. Cita la declaración la Carta de la OEA y habla del Derecho internacional, pero omite toda mención de la Carta Democrática Interamericana, por una razón elemental. Una vez adoptada en 2001, producto de una evolución doctrinal de décadas y bajo el respaldo de más de 500 enseñanzas de la jurisprudencia interamericana, los gobiernos de ese tiempo hoy son otros.

Todos a uno, con sus variantes, los presidentes de las Américas se cuecen en los moldes del mismo régimen autoritario instalado en Caracas. Usan a la democracia para vaciarla de contenido y reelegirse. Y cabe decir que, por obra de la cultura que a todos nos lega la tragedia de la Segunda Gran Guerra del siglo XX, es dogma –que prostituye la actual OEA– que ningún gobernante puede tremolar la idea de la soberanía para encubrir sus violaciones de derechos humanos, léase, sus atentados a la democracia.

Al paso, la declaración legitima, sin necesidad, al represor Nicolás Maduro, electo en elecciones cuestionadas y quien llega al poder por disposición testamentaria de Hugo Chávez, violándose la Constitución que le prohibía su ejercicio del poder como Encargado y lo inhabilitaba entonces para ser candidato presidencial.

Maduro rompe relaciones con Panamá por ejercer un derecho que consagra la Carta Democrática y amenaza a la OEA, que en su amoralidad, bajando la cabeza, decide saludar con beneplácito el "monólogo" instalado en el Palacio de Miraflores. De victimario, sus colegas, salvo honrosas excepciones, lo han transformado en víctima.

LA MASACRE DEL DÍA DE LA JUVENTUD

(13 de marzo de 2014)

Los hechos del 12 de febrero y los precedentes como sucesivos, perseguirán de por vida a Nicolás Maduro y Diosdado Cabello, cabezas visibles del poder en Venezuela. No podrán caminar con la conciencia liviana si acaso se detienen a considerar que, por acción u omisión, son los responsables de la muerte de 22 jóvenes, las heridas o torturas sufridas por otros 318, y la detención indiscriminada de 1.103 –a quienes se les pone luego en libertad, pero atados a la cuerda corta de una Justicia arbitraria– y quienes vivirán, no cabe duda, más allá del tiempo vital que en promedio les corresponde a sus victimarios.

El esfuerzo de los órganos del Estado para reescribir la tragedia, el deslave de violencia política que hoy padecemos los venezolanos, situando su germen en las consecuencias o rezagos de los comportamientos oficiales –las "güarimbas" o barricadas– resultará absolutamente inútil.

La realidad de las violaciones sistemáticas o generalizadas de derechos humanos quiso ocultarla el pasado militarismo latinoamericano, imponiéndole silencio a la prensa, silenciando a las víctimas, o creyendo que el paso del tiempo borra toda memoria. Y no fue así, porque la verdad es terca, y los atropellos a la dignidad humana cuando se hacen colectivos persiguen a sus responsables mientras cada víctima tenga un doliente, en su casa o en el pueblo.

Han ocurrido, ahora sí y sin lugar a dudas, verdaderos crímenes de lesa humanidad. Demandan la responsabilidad del Estado por violación de sus obligaciones en materia de respeto y garantía de los derechos humanos, como el establecimiento sucesivo de las responsabilidades penales internacionales comprometidas.

Es palmaria la actuación estatal y paramilitar durante la Masacre del Día de la Juventud. De modo que se trata de hechos del Estado, originados en su comportamiento propio o asumido como tal, violatorio de la legalidad internacional sobre derechos humanos. Y si lo anterior como premisa no fuese cierto, cabe señalar que el "riesgo" que dio origen a tanta violencia fue sabido y conocido por los responsables del gobierno, por Maduro y quien de facto también lo ejerce, Cabello. Y ese "riesgo" lo aceleraron, deliberadamente.

Cabe decir que también tiraron gasolina sobre el piso al cohonestar la criminalidad desbordada, dilapidar el tesoro venezolano, llevar a la población a niveles carenciales y de racionamiento inaceptables, e hipotecar el futuro de los jóvenes manifestantes, a la vez que entregando el control del país a los cubanos.

Es de recordar que el propio Cabello, cabeza de la Asamblea Nacional, antes de ocurrir la masacre, anunció que las Unidades de Batalla Chavistas ya estaban en acción y "decididas a impedir que la derecha fascista lance sus garras sobre el pueblo". De modo que, ante el hecho notorio conocido puso fósforo sobre el pavimento.

Ellos no podrán borrar de la memoria nacional lo esencial. Durante tres lustros, bajo la consigna de que "la revolución es pacífica pero armada", hicieron "política de Estado" armar a la población civil, rompiendo el monopolio del Estado sobre las armas; a fin de que, llegado el caso, asegurar el avance de la revolución por las buenas o por las malas, reprimiendo a la población civil disidente, segregándola, imponiéndole incluso la muerte civil.

Allí están las reformas legislativas militares de 2005 y 2008 que crean la milicia –la llamada Guardia del Pueblo– bajo dirección operativa directa, hoy, del Presidente Maduro. Y allí están los "círculos bolivarianos" mudados en "colectivos populares", puestos en acción por el mismo Cabello desde cuando ejerciera como ministro de la presidencia y luego como ministro del interior.

Los crímenes de lesa humanidad no son crímenes de cantidad, como el genocidio. Se trata de violaciones múltiples de derechos humanos, asesinatos, violaciones a la integridad personal o torturas, obra una "política de Estado" sistemática, dirigida contra una "población civil" a quien al paso se persigue por tener una identidad propia "fundada en motivos políticos". Eso lo precisa el artículo 7 del Estatuto de Roma, y los responsables individuales de tales crímenes no pueden alegar el ejercicio de funciones como gobernantes o parlamentarios, según el artículo 26, y tampoco argüir que sus subalternos son los responsables, pues han ejercido sobre ellos un control efectivo pero inapropiado, como reza el artículo 28.

La Masacre del Día de la Juventud es la clara consecuencia de una política de Estado represora. Eso lo confirmó ante la comunidad internacional el propio Maduro, el pasado 14 de febrero: "Que lo sepa el mundo, estamos decididos a todo, y… profundizaríamos esta revolución hasta más allá de los límites que se han conocido", dice, para luego de ajustar ante el MERCOSUR que "esta revolución pacífica y democrática, quizás tomaría otro carácter, armado y profundamente revolucionario". Su confesión es su sentencia.

LA OEA VOTA POR LA CENSURA

(22 de marzo de 2014)

Las organizaciones internacionales –la OEA no es una excepción– son el reflejo de los gobiernos quienes las componen. Esa es una verdad meridiana. De modo que, en sus momentos de éxtasis y en sus decaimientos queda al desnudo el talante de cada uno de éstos y, no cabe duda, la expertia y estatura moral de los diplomáticos que les representan.

En medio de la trágica y desdorosa historia reciente del Sistema Interamericano, hipotecado por las empresas más perversas que ha sido capaz de poner en funcionamiento el llamado Socialismo del siglo XXI: maridadas, éstas, con la corrupción y el narcotráfico, tanto como dominadas por el utilitarismo petrolero forjado desde Caracas, ayer se pudo palpar el despertar de algunas conciencias ante lo ominoso de los resultados que comienza arrojar tal experimento de populismo autoritario.

La clara deriva dictatorial venezolana y el quiebre de su remozado modelo de socialismo a la cubana, han desprendido las alarmas en la región. Y no se trata sólo de un manifiesto desbarajuste de orden económico y fiscal –que sitúa a Venezuela como el país de mayor inflación en el planeta y un desempleo real y encubierto que alcanzaría al 65% de su fuerza laboral o que acaso importa gasolina para su consumo interno habiendo sido una potencia petrolera– sino de las violaciones generalizadas y sistemáticas de derechos humanos que han tomado cuerpo como política de Estado, para contener a la población enardecida y ocultar lo evidente tras la manida tesis de que fuerzas extrañas buscarían desestabilizar a su democracia.

La situación de represión se ha acentuado tanto y el grave revés que sufre su Estado de Derecho, para facilitar el encarcelamiento de líderes opositores, es tan escandaloso, que hasta algunos de sus socios y otros países neutrales acerca ante su decurso interno, han dicho basta en la reunión de ayer del Consejo Permanente de la OEA.

Un mero asunto que la vieja diplomacia allí sentada o amarrada por intereses de distinto orden, consideró siempre como procedimental, a saber la realización o no de su reunión con carácter público o secreto, fue la espita que permitió apreciar el renacimiento de una clara tendencia dispuesta a mejor comprender, sino la tragedia venezolana corriente, las nuevas realidades dentro de la comunidad internacional.

Ante el conocimiento de que la líder de oposición venezolana María Corina Machado hablaría desde el asiento del Representante Permanente de Panamá, para llevar otra visión de lo que ocurre, distinta de la oficial y sus emisarios, la operación para impedirlo mediante tretas reglamentarias, dejó al desnudo a la OEA. La opinión pública expectante, que seguía el acontecimiento a través de CNN y observaba que así como desde Venezuela se tumba la señal de televisión de NTN24, se interfieren las redes sociales, o se expulsan a corresponsales extranjeros para que no den cuenta de la masacre allí ocurrida –31 muertos, 461 heridos, 59 torturados y casi 1.800 detenidos– desde el mismo Consejo Permanente del organismo encargado de promover y defender a la democracia se puso en negro la pantalla, se censuró la reunión hemisférica. De 33 países votantes, 11 demandaron transparencia y respeto por la opinión pública internacional ante un tema crucial que le interesa: la tensión en Venezuela.

Brasil, a la vieja usanza de Itamaraty, pidió una sesión privada para "evitar" el show mediático, con evidente desprecio por la columna vertebral de la democracia que es la libertad de prensa. Venezuela, obviamente, hizo gala del cinismo revolucionario: pidieron la mordaza en nombre de la "transparencia".

La buena nueva, no obstante y gracias al desafío que planteara María Corina, es novedad y muy buena. Hasta los gobiernos más realistas –por ahora once, que representan al 80% de la población de las Américas– tienen un límite de contención moral para sus diplomáticos silencios, a saber, el respeto por la vida y la integridad personal de los seres humanos.

Maduro ya tiene su cuota como responsable de crímenes de lesa humanidad, dado su control operativo de la fuerza pública. Pero Cabello, por lo visto, llevará sobre sus hombros el estigma de haber sido el represor de la dictadura.

MADURO YA NO MANDA

(25 de marzo y 1 de abril de 2014)

La sentencia dictada, sin fórmula de juicio, por el Capitán Diosdado Cabello, declarando ex diputada a María Corina Machado y prohibiendo su ingreso a la sede de la Asamblea, confirma que él y sus compañeros militares son quienes mandan en Venezuela.

El electo –bajo severas dudas– para ejercer la Presidencia de la República, Nicolás Maduro, es, por lo visto, un mascarón de proa. Y salvando las distancias, la formación y honorabilidad distintas, recuerda Maduro al doctor Germán Suárez Flamerich, a quien los mismos militares llaman luego del asesinato del Coronel Carlos Delgado Chalbaud para que asuma la presidencia de la Junta de Gobierno. Pero no mandaba. El dueño real del poder era el "gordito" del Táchira, Marcos Pérez Jiménez, una suerte de felón como Cabello.

Lo esencial o lo que cabe poner de relieve, entonces, es lo dicho. Cabello hace y deshace ante los ojos de Maduro y concentra bajo su mando total a toda la actuación de los poderes públicos venezolanos: gobierna, legisla, fiscaliza, y juzga. Nada menos.

Ayer, no más, lo recordamos dando instrucciones y removiendo cargos militares en el Estado Zulia, en su calidad fáctica de Comandante en Jefe de la Fuerza Armada, y ante la mirada inerte e inexpresiva de la Ministra de la Defensa. A la par, en los días previos al 12 de Febrero es quien dispone la detención de Leopoldo López y pone en marcha la acción represora que como política de Estado, haciendo funcionar en maridaje fúnebre a la "milicia" y los "colectivos", toma cuerpo hasta hoy, con el saldo de muertos, heridos y torturados jamás imaginados en nuestra historia contemporánea.

Sin mediación judicial, dictando como dictador, ejerciendo inconstitucionalmente lo que constitucionalmente es inadmisible, a saber, siendo militar en actividad a la vez que diputado, ahora juzga y desafuera a la diputada Machado con desprecio absoluto por la soberanía popular que le otorgara su representación, con más votos que los suyos.

Se entiende ahora porqué el SEBIN actuó criminalmente el 12 de febrero, a pesar del acuartelamiento que dice Maduro haber ordenado.

Lo que ocurre, en suma, no puede dar lugar a reflexiones constitucionales o de leguleyos, por una razón. El Estado de Derecho ha muerto en Venezuela, a pesar de lo que diga la OEA, o la UNASUR, o la misma señora Bachelet desde Chile. Se trata de algo que sólo podemos valorar y resolver los venezolanos.

La democracia es derechos humanos y se están violando sistemáticamente, como política de Estado. La democracia es Estado de Derecho; pero en uno que funcione como tal ninguna Sala Constitucional puede, en única instancia y en un solo día, transformarse en Justicia criminal para remover alcaldes y despacharlos a La Rotunda de Maduro, la cárcel militar de Ramo Verde. La democracia es separación de poderes y lo cierto es que Cabello los ha concentrado cabalmente, por encima del heredero de Hugo Chávez. Y la democracia, que es libertad de prensa, mal puede existir en una realidad como la nuestra donde priva una grosera hegemonía comunicacional de Estado, se tumban las señales de televisión independientes, se expulsan corresponsales extranjeros, y cierran los medios impresos al no recibir divisas para la compra de papel.

El ejercicio retórico y arbitrario de Cabello acerca de María Corina, aun así, refleja el miedo y cinismo que lo tienen como presa. Carece del coraje para declararse dictador, de una vez por todas. Cuando menos Maduro tuvo el arresto de decir que no le importaba si lo llamaban como tal.

María Corina Machado acudió a la OEA ejerciendo el derecho inalienable de todo ciudadano en una democracia, como lo es reclamar la tutela internacional de los derechos humanos de sus representados, garantizada por obra de la pisoteada Constitución de 1999. De modo que, decir que violó los artículos 149 y 191 de la Constitución, es dar patadas de ahogado o mostrar tanto desbordamiento de amoralidad como la habida con Leopoldo López, vilmente acusado de asesinatos que procuró como política de Estado el mismo gobierno durante el Día de la Juventud, a fin de que los diablos se desatasen.

Machado no es funcionario público sino representante de la soberanía popular, y a su vez asumió una tarea accidental para la defensa de lo que está por encima de cualquier Estado y de sus complicidades circunstanciales en el hemisferio. Protestar la violación generalizada y sistemática de derechos humanos es un deber vertebral en democracia, según los artículos 333 y 350 constitucionales.

Maduro ya tiene su cuota como responsable de crímenes de lesa humanidad, dado su control operativo de la fuerza pública. Pero Cabello, por lo visto, llevará sobre sus hombros el estigma de haber sido el represor de la dictadura.

REVOLUCIÓN ELECTIVA, PURIFICADORA DE LA VIOLENCIA

(8 de abril de 2014)

El catedrático venezolano Allan Brewer Carías, uno de nuestros más prestigiosos cultores del Derecho público, con su exilio y apartando mezquindades que se cuecen desde antaño en los predios de la medianería, es, no lo dudo, el símbolo del mismo exilio que se le impuso en Venezuela al Estado de Derecho desde cuando la revolución chavista –mascarón de proa cubano– secuestra a la república, en 1999.

Lo cito a propósito de una referencia suya, reveladora y lapidaria en cuanto a la descripción de esa lastimosa realidad que a todos nos preocupa: la
crisis institucional y de violencia que ha provocado el régimen de Nicolás
Maduro, hecha la primera en la ciudad de Nueva York donde reside desde su
ostracismo. !Y es que la Defensora del Pueblo, Gabriela Ramírez, a bocajarro
nos sorprende con otra de sus "maduradas": "es imposible que con la presencia de todos los poderes públicos se cometa una ilegalidad" desde el Estado.
Dado ello, Brewer subraya lo así dicho con un *obiter dictum*: "Tan simple
como eso. O sea, que si el Estado totalitario –que es el que controla la totalidad de los poderes y la vida de los ciudadanos– viola los derechos humanos,
si ello lo hace con la participación de todos los poderes públicos, así sea contrario a la Constitución, entonces ello es legal" para la susodicha.

El comentario vale y es oportuno, pues desde el exterior, quienes nos observan de buena fe –no incluyo a la UNASUR o la ALBA y menos a sus
plumíferos– creen que en Venezuela hay democracia pues se realizan elecciones; que al caso también las hay en La Habana como las hubo durante el
nacional socialismo en la Alemania del Führer.

No pocos dudan, por lo mismo, incluso ocurridas las violaciones generalizadas y sistemáticas de derechos humanos que hoy se muestran en su más
cruenta y ominosa faceta y son la obra de una evidente política represora de
Estado concertada entre los varios poderes venezolanos, sobre si las actuaciones desplegadas desde la Sala Constitucional del Tribunal Supremo de Justicia merecen respeto por venir de donde vienen y para contener la conmoción
e ingobernabilidad reinante y asimismo deslindar responsabilidades, que,
según ésta, pesan sobre los líderes de la oposición democrática.

Lo cierto y lo que atina a captar la opinión hemisférica –la de buena fe, reitero, y no los gobiernos– es que se ha establecido aquí, por la vía electoral,
un modelo de Estado orientado al control totalitario del poder; donde los
mismos titulares de las ramas del poder estatal han prosternado, por conside-
rarlo inaceptable para su "cosmovisión", el principio de separación e independencia, mejor aún, del *check and balance* cuya falta ha sido puesta de
manifiesto, como grave atentado contra la democracia, por la Comisión Interamericana de Derechos Humanos.

No se trata, cabe advertirlo, de la común filtración que ha lugar en otros
países con democracias estables, de distintos militantes de un partido gobernante hacia otras reparticiones del Estado, abusando incluso de una mayoría
circunstancial. Antes bien, ha lugar a la cooptación total de la totalidad de los
hilos del poder en sus varias manifestaciones por parte del gobierno de Maduro; para con ellos, coludidos, empujar la instauración de una visión totalitaria
de la vida ciudadana negada al pluralismo y opresora de la disidencia.

Es un hecho notorio comunicacional el avance regional hacia la restauración del socialismo marxista fracasado del siglo XX, incompatible con los
predicados de la democracia tal y como la conocemos en este lado del mundo.

A la Constitución y las leyes, por ende, se las entiende como simples medios, reinterpretables y mutables a conveniencia, de acuerdo a las necesidades de dicho despropósito.

No por azar, la cabeza del TSJ y su Sala Constitucional, ayer Luisa Estella Morales y ahora Gladys Gutiérrez, abogado del fallecido Comandante Hugo Chávez y militante de su partido, administra la justicia revolucionaria como si fuese un Poder Constituyente. Valida el uso popular de las armas para la defensa del proceso, criminaliza la contrarrevolución, revoca mandatos populares sin fórmula de juicio o actúa como única instancia, y a los contumaces los condena sustituyendo a la jurisdicción penal y al paso los recluye en prisiones militares.

En suma, dentro de la revolución todo, incluso el desconocimiento de la Constitución; fuera de ella nada. Pero tenemos elecciones, y eso le basta a los cancilleres quienes llegan a Caracas y no la padecen. Oyen atentos, eso sí, las recomendaciones que les aporta el ex ministro chavista Alí Rodríguez Araque, el célebre Comandante Fausto, albacea de los hermanos Castro y a la sazón Secretario de la UNASUR. Esas tenemos.

PRIMERO EL DIÁLOGO, ENTRE OPOSITORES

(10 de abril de 2014)

Quien haya estudiado el 18 de octubre de 1945, término provisional del régimen militarista que se construye en Venezuela sobre las cenizas de la Constitución de 1811 y amamantado a inicios del siglo XX por los plumarios del pensamiento positivista con su apología del gendarme necesario, sabrá que la "oposición democrática", juvenil y con sarampión, se dividió entonces. Compartía los "ideales de octubre", pero al término los odios "mellizales" ganaron espacio y la intolerancia entre quienes hicieron posible el voto universal, directo y secreto, dio al traste con la empresa civilizadora. Otra dictadura castrense, una más y durante una década, hasta 1958, vuelve por sus fueros.

La enseñanza sólo la aprenden luego Rómulo Betancourt, Rafael Caldera, y Jóvito Villalba. El último, por cierto, no le perdonaba al primero haberle llamado cobarde en 1952. Tenían pieles sensibles, que cuidaban más que a la república. No entendían hacia 1948 lo que algunos prominentes opositores de hoy parecen no digerir como columna vertebral de la democracia, a saber, la expresión crítica y hasta el cuestionamiento acre o irritante de sus pares por los medios, indispensables éstos y aquella para que la opinión pública se configure cabal y democráticamente.

Los actores del Pacto de Punto Fijo –puerta del gobierno civil y democrático de más larga duración que hayamos conocido– entendieron en 1958 que la democracia requiere de unidad en la pluralidad; no del "unanimismo" que tanto agrada a las mentalidades despóticas y centralistas del partidismo estalinista. Y fue por falta de ese "unanimismo" que los comunistas, ahora trucados de marxistas *gramscianos* y en el poder, no lo suscriben.

El sentido de la unidad en la democracia exige de cosmovisiones y estrategias varias de lucha por la democracia, entre vertientes de estirpe democrática; y con propósito intelectual unitario, aquí sí, a la hora de enfrentar sin titubeos al gendarme y sus prácticas dictatoriales: la represión y tortura como políticas de Estado, la ausencia de separación de poderes, la simulación electoral, o el desprecio por la manifestación pública o la prensa libre, consideradas terroristas.

Betancourt, Caldera y Villalba dialogaron finalmente, pero ponen su mirada en el porvenir. Forzados por el ostracismo al que les somete Marcos Pérez Jiménez, descubren que lo primario y basal es el diálogo "entre ellos", no de ellos con la dictadura. Sin él carecían de autoridad para dialogar con el país, sobre todo para derrotar a quien les imponía un modelo de vida tecnocrático –el Nuevo Ideal Nacional– con soslayo de las virtudes de la democracia.

Es urgente –no lo dudo– un diálogo para la procura actual de la paz entre los venezolanos. Pero no se aprecia la real capacidad de diálogo o de persuasión ante un régimen cabalmente represor y propiciador del totalitarismo ideológico, por opositores quienes se muestran incapaces de dialogar sobre lo sustancial, entre ellos mismos, la clara distinción entre la democracia de ejercicio y el fingimiento electoral.

Sería trágico que por seguir al calco el consejo de un encuestador de oficio, experto en servir a la opinión antes que construirla, crea la MUD que la solución al entuerto se reduce a una fórmula matemática: el gobierno resta a sus radicales y la oposición hace otro tanto, y mandado hecho. La fórmula, propia del oportunismo electoral y para tiempos de normalidad, es gasolina sobre el fuego ya encendido. El momento es otro, ahíto de concordia, urgido de serenidad, huérfano de los elementos esenciales de la democracia –así no lo quieran ver algunos opositores– y en donde el desafío es la reconstrucción.

A los irredentos –decía Rómulo Gallegos– se les convence con ideas y debate, pues la otra opción, negada a los demócratas verdaderos, es perseguirlos o excluirlos. Y el dialogo democrático, lo recuerda la intelectual hispana Esperanza Guisán, tiene como su límite a la moral democrática.

Me resta, sin embargo, una consideración, y de suyo la obligada pregunta. El gobierno de Juan Manuel Santos, veedor de "nuestro" diálogo, negocia con las FARC y ambos ponen sobre la mesa sus respectivos arsenales de guerra. ¿En el diálogo con Maduro y Cabello, dirigentes de milicias con tanques y bombas, y de colectivos armados, qué fuerza pondrán los opositores, en donde al paso el mediador real es un agente de aquellos, Secretario de UNASUR, el ex Comandante Fausto? ¿Pondrán sus derechos a manifestar o pedir la libertad de los presos políticos, o los muebles chamuscados o neveras con los que trancan algunos vecinos las vías públicas? ¿O le pedirán a los esbirros un alto en su rebanar de víctimas, mientras le dan a éstas agua y alimentos, que mucho escasean y cabe producir?

LUEGO DEL CONVERSATORIO, LAS COSAS EN SU PUESTO

(12 de abril de 2014)

Concluido el "conversatorio" de Miraflores, entre el gobierno y los partidos de la oposición integrantes de la MUD, en aras de la objetividad –difícil de sostener en las actuales circunstancias– cabe decir que un tanto se anotaron a su favor las víctimas de la censura oficial, los afectados por la hegemonía comunicacional de Estado implantada en Venezuela.

Quienes sufren las consecuencias de la deliberada quiebra fiscal, económica y social del país, luego de 3 lustros de francachela revolucionaria y simulaciones en cadena, algo de sus voces han trascendido. Los chavistas, quienes por temor o lealtad no hablan, y quienes pueden hacerlo pero carecen de medios independientes o de amplia cobertura para hacer valer sus opiniones, contaron ayer con algunas horas de desahogo. La opinión pública ha gozado de un momento y cuadro excepcionales, que les permitirá despejar reservas, ajustar criterios, y mejor amalgamarse sobre la realidad que nos cuece a fuego alto.

Es secundario que el gobierno de Nicolás Maduro, que lleva la procesión por dentro y –salvo que esté desquiciado– sabe del mal que le mantiene en agonía, haya escuchado, ante la mirada del país y el extranjero, verdades que lo desnudan y ha ocultado tras una propaganda revanchista y la ofensa sistemática de sus adversarios.

Como le ocurre a todo gobierno que dura mucho, el actual se recreó en el pasado durante el conversatorio. Al paso, otra vez reescribió la historia. Los representantes de la MUD, en su mayoría, situaron la cuestión del presente – lo hizo pedagógicamente Ramón Guillermo Aveledo– y la describieron hasta mostrarnos el penoso porvenir que nos espera si el diálogo planteado, hecho promesa, no se realiza o da buenos frutos.

Henrique Capriles, cabe subrayarlo, en descarnada exposición, concreta y sin rodeos, puso el énfasis sobre las causas sociales e institucionales que bullen por debajo de la protesta, atizando las frustraciones y la violencia desatadas y en crecimiento. Al paso desordenó las piezas del tablero o escenario cuidadosamente predispuesto para el conversatorio y celoso cuidado de la imagen oficial.

Maduro quiso mostrarse como el árbitro o moderador del juego, ajeno a la represión de Estado y las violaciones de derechos humanos que lo tienen como primer responsable y al drama de las dos partes en que se encuentra fracturada Venezuela. Situado en el medio habló por horas, dándole ventaja a los de su equipo, que al igual que los visitantes podían hablar sólo 10 minutos. Pero le bastaron a Capriles. Le trató como a un par y le recordó que sigue en el poder por el control total que ejerce sobre los poderes públicos.

Sea lo que fuere, más allá del señalado conversatorio, dos cuestiones hipotecan o gravan el diálogo planteado y sus esperados resultados. Una es la revelada con honestidad por Capriles, o sea, el divorcio entre las circunstancias de los sentados alrededor de la mesa y la Venezuela que medra más allá de la Casona de Misia Jacinta, la suma de las víctimas de la realidad nacional imperante y en curso, quienes con escepticismo los observaban. De modo que, la primera enseñanza no se hace esperar. Si esa dirigente no interpreta cabalmente al país, el país se les va de las manos y sus representaciones quedarán hechas añicos.

La siguiente cuestión puesta sobre la mesa de modo unánime por el propio gobierno, es, a fin de cuentas, la de fondo, sin demeritar la urgencia e importancia de la anterior, a saber, que chocan dos modelos antagónicos y conceptualmente irreconciliables. En hipótesis negada, ello obligaría a reformulaciones que hagan posible la síntesis, la creación de un espacio común. Roberto Enríquez, de COPEI, fue lapidario: "Se encuentra roto el pacto social y constitucional de Venezuela". A la sazón el mismo gobierno fue tozudo, repitiendo que no dará marcha atrás con su Socialismo del siglo XXI, esperando de la oposición únicamente su reconocimiento.

He aquí, pues, el dilema. Unos dirigentes sueñan con una Venezuela dentro de la horma marxista, quizás de estirpe *gramsciana* –como lo apunta Henry Ramos Allup– pero hegemónica culturalmente, de suyo excluyente, donde el poder del Estado se desplaza mudando en poder de los "colectivos" y siendo extraña a la Constitución y la democracia. Los otros repiten el catecismo democrático libertario, afirman creer en el pluralismo, dicen creer en la iniciativa personal tanto como señalan defender la existencia de un Estado facilitador o promotor y garante de los derechos y finalidades de la sociedad civil. El caso es que para los demócratas verdaderos, ajenos al clientelismo, todo diálogo tiene como límite a la misma democracia y sus valores éticos, innegociables.

LA CUESTIÓN DE LA VERDAD

(20 de abril de 2014)

A propósito de la Comisión de la Verdad, que debe construir, reconstruyendo, una memoria de las violaciones generalizadas y sistemáticas de derechos humanos ocurridas recién en Venezuela, y a pesar de mis reservas al diálogo, que tiene como mirones a los gobiernos extranjeros que han cohonestado los que aquí las han hecho posibles, debo decir que no pondré piedras en el camino. Miro la agonía de las víctimas o sus familiares, pienso en los presos políticos a quienes la piel se les rasga con el carcelazo arbitrario, y me inhibe darle rienda suelta al escepticismo intelectual desde un cómodo escritorio.

Caben, sí, algunas consideraciones inexcusables sobre el derecho a la verdad, asunto sobre el que he reflexionado en los últimos años (*Memoria, verdad y justicia: Derechos humanos transversales a la democracia*, EJV, Caracas, 2012). El punto de partida lo brinda Vaclav Havel, prisionero de un régimen marxista como el nuestro, acusado de pequeño burgués e intelectual, hijo de familia acomodada, y más tarde presidente de la República Checa. Luchaba, lo decía, no por razones personales sino contra un sistema inmoral e indecente, fundado en la mentira omnipresente.

En sus escritos –como "El poder de los impotentes"– hace ver la necesidad de la dimensión moral de la política, ajena al pragmatismo del poder que anega, lo recuerda, a los propios partidos que se montan sobre "la revolución de terciopelo" surgida de las manifestaciones estudiantiles luego reprimidas por los mismos comunistas, en 1989. Su Foro Cívico –coalición opositora– demanda de éstos un gobierno de "coalición", pero pidiéndole a sus dirigentes dimitir y sosteniendo la protesta de calle como la amenaza de una huelga general.

"No puede decirse que sea posible tolerancia alguna sino hay un deseo por la verdad", afirma como enseñanza Peter Haberle, recordando a Havel. De allí, pues, el problema que suscita el diálogo con gobernantes que hacen de la mentira –también por convicción y al creer como marxistas que el fin justifica los medios– una política personal y de Estado, disponiendo al efecto de "verdades de utilería".

Luego de los hechos de 2002 –ocurrida la Masacre de Miraflores– el actual gobierno, que es el mismo desde 1999, monta "su" propia comisión de la verdad. No acepta la que pacta con la oposición democrática según los Acuerdos de Mayo, mediados por la OEA y Carter, y elabora "su" verdad. La consecuencia –el gobierno de facto de Pedro Carmona– muda así en causa de los hechos y se omiten convenientemente el contexto y las causas reales de un "genocidio" ejecutado en cámara lenta para extirpar de raíz a la contrarrevolución, como "grupo social" con identidad política: "Se van a desencadenar unos hechos que no sé a dónde van a parar (…) lo siento… Tienes plena libertad si quieres renunciar a la Fiscalía. Te sales de esto por lo que pueda venir", le dice Chávez al Julián Isaías Rodríguez Díaz, un mes antes del 11 de abril. Decide ir a la confrontación militar por sobre las víctimas civiles, antes que purgar el riesgo sabido y usando sus potestades constitucionales de excepción. Por ende, aparecen como culpables quienes no lo son, Simonovis y los comisarios de la PM.

Hoy, la represión de Estado, que se cuece lentamente y carcome a los cuerpos de la inocencia –los estudiantes– cede como causa objetiva. Se diluye la acción criminal del SEBIN, de la Guardia del Pueblo, y el paramilitarismo oficial vestido de "colectivos populares", con su zaga de muertos, torturados, heridos y encarcelados, y la consecuencia –las "guarimbas" vecinales– muda para el gobierno de la mentira, otra vez, en causa eficiente de otra masacre suya, la del 12 de Febrero.

A la luz de la experiencia, entonces, elaborar una memoria histórica – hecha de datos objetivos, no solo de listas fúnebres configuradoras del cuerpo del delito o de quejas de víctimas o sus familiares quienes con razón esperan una Justicia a la medida como la ley del talión, y también explicativa del contexto que permita fijar una "verdad provisional" que apoye a la "verdad judicial", no es oficio para cagatintas. Requiere, según Havel, de decencia y moralidad; pero, en lo particular, de criterio mesurado, imparcialidad, experticia, objetividad, y sobre todo autonomía de juicio –perfectible pero veraz– sobre causas, consecuencias y responsabilidades. Y lo cierto es que ni el gobierno ni la MUD, por ser partes comprometidas, están habilitados para ello; a menos que se contenten con escribir una historia consensuada al modo parlamentario, que no será historia, menos un testimonio sobre la verdad de tres lustros de desconocimiento de la democracia y su piedra angular, el respeto de la dignidad de la persona humana.

SE SALVO LA CARTA DEMOCRATICA

(27 de abril de 2014)

El Sistema Interamericano, en su conjunto, revela paradojas que no dejan de sorprender, pero son alentadoras. En medio de las frustraciones que provoca en los espíritus democráticos el desprecio actual de la OEA por la democracia verdadera, sobre todo desde cuando el marxista chileno José Miguel Insulza asume su Secretaría, algunas de sus entidades –las decentes, diría Vaclav Havel– se resisten al predominio de la corrupción intelectual que a todas las envuelve e intentan salvar el patrimonio de libertades construido a pulso en las Américas desde 1948.

La OEA nace como mecanismo de seguridad colectiva para nuestras endebles democracias, tanto como el Congreso Anfictiónico de Panamá, apuntalado sobre el principio de la No intervención, quiso ser en 1826 el ángel protector de nuestras repúblicas emergentes, para alejar de sus senos una tradición monárquica tricentenaria.

En 1959, al formular la Declaración de Santiago, hace notar que la democracia no se reduce a elecciones sino que demanda algo más, a saber, respeto por los gobernantes de los derechos humanos, primacía del Estado de Derecho, alternancia en el ejercicio del poder, separación e independencia de poderes, y libertad de prensa, entre otros estándares. Y al aprobar en 2001 la Carta Democrática Interamericana, renovando su doctrina vinculante y por apreciar en la región una suerte de vuelta atrás e inédita, a saber, el cese de las prácticas democráticas por parte de gobiernos democráticamente electos –era el caso de Alberto Fujimori, en Perú– entiende la OEA que lo postulado como desiderata era ya norma imperativa e insoslayable; sobre todo, después que la mayoría de los Estados miembros se sometieron a los dictados de la Convención Americana de Derechos Humanos.

Ese esfuerzo de decantación de la democracia, en efecto, sufre un grave revés con el advenimiento de gobiernos que optan por servir utilitariamente al eje Socialista del siglo XXI, con residencia compartida entre Caracas y La Habana, y al encontrar como interlocutor de conveniencia al Secretario Insulza. Y de la misma manera que aquéllos deciden manipular a la democracia para vaciarla de contenido, éste le quita su teleología al citado principio de la No intervención, para que tales gobiernos pudiesen, a sus anchas, tremolar la idea de la soberanía a fin de encubrir sus violaciones a la misma democracia y a su columna vertebral, el respeto y garantía de los derechos humanos.

Insulza ha cohonestado los procesos de desmantelamiento democrático ocurridos en Ecuador y Venezuela, y ante la queja de sus opiniones públicas, víctimas del deterioro en los activos de la democracia, apenas declara que se trata, sea en el caso de Rafael Correa o de Hugo Chávez y ahora de Nicolás Maduro, de gobernantes electos; cuyas gestiones, si acaso atraviesan por dificultades, en modo alguno han afectado al ejercicio de la democracia. Y al referirse, de modo específico, a la Carta Democrática y sus normas, opta por devaluarla, haciéndose el escurridizo, y al excusarse afirma que no le está permitido inmiscuirse en los asuntos internos de los miembros de la Organización.

En buena hora, recién, tanto la Corte como la Comisión Interamericana de Derechos Humanos, en ejercicio de sus autonomías institucionales y a despecho del Consejo Permanente de la OEA –cenáculo político que reúne junto a Insulza a los violadores potenciales de la Carta Democrática– han decidido salvarla de su despeñadero.

A propósito de los Casos de la Corte Suprema y del Tribunal Constitucional del Ecuador, sentenciados en 2013, la Corte declara la responsabilidad internacional de dicho Estado por haber destituido masivamente a sus jueces –como ocurriera en Venezuela en 1999– y señalada, en lo particular, que ello representa un atentado a la democracia que afecta gravemente el principio de independencia y autonomía de la Justicia, previsto en el artículo 3 de la Carta Democrática.

A su vez, la Comisión, al presentar su informe anual 2013, expide un informe especial sobre Venezuela para destacar como premisa que su gobierno también ha desconocido la Carta Democrática Interamericana al violentar su gobierno el Estado de Derecho y con ello menoscabar la autonomía de los jueces, tanto como por haber trastocado el principio de sujeción de los cuerpos armados de la república –la Fuerza Armada Bolivariana– a la autoridad civil legalmente constituida.

En suma, la Corte y la Comisión salvan a la Carta Democrática y el honor de las Américas, defendiendo a la democracia como derecho humano de los pueblos y al decir lo que ha negado Insulza, a saber, que tanto en la Venezuela de Maduro como en el Ecuador de Correa la democracia dejó de existir. Es algo, no poco.

OBSERVANDO A PANAMÁ

(4 de mayo de 2014)

Hoy domingo –4 de mayo– se realizan elecciones en Panamá, sitio de destino y refugio de miles de venezolanos quienes han emigrado buscando el sosiego del que hoy carecen; pero también, por ser uno de los ejes financieros más liberales, ha sido el receptáculo de otros compatriotas que medran a la sombra del régimen chavo-madurista, los que buscan protegerse hacia el porvenir.

Sea lo que fuere, Panamá hace parte del corazón de nuestra historia, como parte de la Colombia que asimismo nos integrara y luego sede del Congreso Anfictiónico que convoca Bolívar y al que éste no puede asistir. Es el punto focal de una relación de cooperación estimulada por Marcos Pérez Jiménez bajo una regla de oro que hace valer por tener a Venezuela como su primer compromiso, a saber, apoyar el desarrollo económico panameño a través de empresas venezolanas que Panamá se comprometía contratar para acceder a nuestros recursos fiscales. Finalmente, durante la democracia, Carlos Andrés Pérez empuja junto a Carter la afirmación de la independencia plena de Panamá, con el rescate del Canal interoceánico, base de su economía.

Tres opciones tienen la opción electoral –además de llenar los espacios de las representaciones a los órganos deliberantes– y las tres se encuentran en un empate virtual. Las encuestas no siempre aciertan, pero todas a una le dan una preferencia tímida a José Domingo Arias, oficialista, abanderado de Cambio Democrático, una agrupación nueva de corte conservador y liberal que conduce el mandatario Ricardo Martinelli. Le sigue al lado Juan Carlos Navarro, del histórico partido torrijista, el PRD, social-demócrata. Y aparece, con décimas de separación, pero que según sus sondeos estaría punteando, Juan Carlos Varela, ex Vicepresidente de Martinelli quien rompe con éste como lo hace Santos en Colombia con su progenitor Uribe. Le apoyan el Partido Panameñista, de la expresidenta Mireya Moscoso –quien en lo personal sigue a Martinelli– en dupleta con el Partido Popular, social-cristiano. Finalmente, sin opción aparente, pero con una militancia de base sindical importante, está Genaro López, del Frente Amplio para la Democracia, una organización que, según éste lo confiesa es cristiana, pero comunista como Cristo; dice tener proyecto propio pero admira al chavo-madurismo venezolano.

Algunos opinan que esta elección será histórica, por resultar casi imposible predecir la victoria de alguno de los tres candidatos con mayores posibilidades. Sobre todo se afirma que más que una campaña ha sido un torneo de ofensas y descalificaciones, sin contenido programático o de ideas, mediando el ventajismo gubernamental hasta última hora, pues se encontraría en juego el control de un "negocio político", de un país con una tasa de crecimiento envidiable y que sueña afirmarse como parte del primer mundo. Sin embargo, hay coincidencia entre los candidatos en cuanto a la necesidad de construir un pacto social y constitucional que permita que ese Tokio latinoamericano que emerge y ya lo pueblan rascacielos, drene hacia los sectores más pobres, que se encuentran a dos kilómetros de la capital, sobre todo, rescatando de la exclusión a las comunidades indígenas originarias, y devolviéndole la fortaleza a unas desajustadas instituciones democráticas.

Serán 2.477.401 panameños los habilitados para el voto en 6.330 mesas repartidas en todo el territorio y alrededor de unos 2.700 centros electorales. Pero cuenta un detalle que sorprende, como lo es la disposición tradicional de aquellos para el ejercicio del voto. Es normal que acudan al sufragio casi el 75% de los votantes inscritos en el Registro Electoral. Y la votación, como siempre, será manual, apoyada electrónicamente; pues aquí, al igual que en

Alemania, se sostiene que el acto de votación debe ser tan simple que el votante, sin necesidad de formación especial, pueda realizarlo sin sentirse presa del andamiaje tecnológico que le complica la vida, incluso, a matemáticos e ingenieros de computación y sistemas. En suma, se entiende que el momento más democrático del ciudadano no puede ser secuestrado por una aristocracia digital. Aún así, la trasmisión de la data y los resultados, eso sí, contará con todo el andamiaje de modernidad posible, teniendo como residencia el impactante y recién inaugurado palacio del Parlamento Latinoamericano, que compite con la magnificencia del Tribunal Electoral, en quien todos confían.

Panamá aspira a vivir el siglo XXI cabalmente y ser el eje comercial más importante del mundo, aun cuando, para facilitar la observación electoral, sus autoridades hayan dispuesto 683 caballos, 46 pangas, 76 botes y 62 piraguas. Observamos, en fin, un sincretismo irrepetible entre la Guerra de las Galaxias y el Realismo Mágico.

VARELA, PRESIDENTE

(6 de mayo de 2014)

La clara elección de Juan Carlos Varela, como presidente de Panamá, durante una justa en la que, al momento de instalarse las 6.330 mesas de votación donde acudieran este último domingo 2.477.401 panameños aptos para el voto, no era fácil asegurar la derrota de sus dos reales contendores –José Domingo Arias y Juan Carlos Navarro– deja enseñanzas importantes de considerar.

Es cierto que las más importantes encuestas situaron a Arias como el favorito –candidato del actual mandatario Ricardo Martinelli– y a Navarro como el segundo, representante del histórico partido social-demócrata fundado por Omar Torrijos, padre de la actual Panamá independiente. Pero todas a una marcaban una brecha de apenas 3 puntos hacia arriba, o hacia abajo, entre las distintas opciones. Cualquier cosa podía ocurrir, sobre todo dado el talante desenfadado del mismo Presidente de la República, quien confrontó al Tribunal Electoral y se metió de lleno en la campaña, a pesar del ventajismo que implicaba.

No obstante, los 3 candidatos y sus seguidores, sobre todo la opinión nacional, se mantuvo blindada en cuando a la confiabilidad e imparcialidad del órgano electoral. Al final de las cosas, por lo mismo, nada ocurrió y todos los candidatos celebraron, a despecho de quien tendrá que abandonar, democráticamente, el Palacio de las Garzas.

No quiere decir lo anterior que las encuestas se hayan equivocado, como ya ocurre en la región en los últimos tiempos, pues Varela, situado en el 3er lugar de las preferencias, crecía y el último muestreo tuvo lugar 10 días antes de las elecciones.

Se mantuvo, una vez más, la regla de oro en la experiencia política de esta nación, próxima a los afectos de Venezuela desde los tiempos de nuestra formación como república, y, sin embargo, sufrió alguna modulación.

En las elecciones de Panamá es tradicional que el candidato perdedor logre su acceso a la Presidencia en los comicios sucesivos e inmediatos. Cabía pensar, por ende, que el vencedor sería Navarro, del PRD, pues al fin y al cabo tanto Arias como Valera vienen de la misma fuente, el "martinellismo" empresarial; ambos representan a la derecha y son oligarcas, diría un chavo-madurista radical.

Lo cierto es que la ruptura entre Martinelli y su Vicepresidente Valera llevó la sangre al río. Lleno de tensión al país y redujo el debate electoral a las ofensas y zancadillas, con lo cual el factor partidario opositor al "régimen" –como ahora tildan algunos empresarios y medios al gobierno actual– se desplazó desde el PRD hacia el polo del neo-gobernante ayer electo.

No operó, cabe subrayarlo, el voto "útil", es decir, la votación de los adeptos de un tercero en lista por la primera y segunda opción, lo que hubiese liquidado a Varela.

Aún así, la oposición varelista es una apuesta por el "continuismo", ya que en buena lid Panamá logró hasta ayer un crecimiento en su PIB descomunal y una explosión en sus actividades económicas y de construcción sin precedentes; por si fuese poco, es el único país de centro-américa que tiene metro y construye un segundo canal para unir al Pacífico con el Atlántico.

Como me lo expresará personalmente el mismo gobernante en despedida, su obra fue hacer soñar en grande a los panameños. Basta visitarlos para constatar que viven en una suerte de Tokio tropicalizada. Y ese sueño, al parecer, no lo garantizaba su hacedor ni el candidato que impuso, sino su Vicepresidente, a quien acusa de haberle dado una "patada histórica", muy latinoamericana.

Otra versión de lo que ocurre en Panamá, la del PRD, de cultura reformista y, como cabe repetirlo, social-demócrata, apoyado por el PP demócrata cristiano, dice sobre la otra cara del éxito de Martinelli. A dos kilómetros de la capital se constata un cuadro de pobreza y exclusión inaceptables. En verdad, más que una crítica de su candidato Navarro a lo hecho, este puso el énfasis en lo que falta para cerrar el círculo de la modernización, incluyendo el rescate pleno de la democracia.

La versión de la izquierda radical, reunida alrededor del Frente Amplio para la Democracia, próxima al chavo-madurismo venezolano, es de crítica furibunda al "milagro panameño". Le ofende el grosero antagonismo de las obras faraónicas con la falta de servicios de aguas negras y la costumbre de las letrinas dominante en la mayor parte de la geografía. Los prefiere a todos pobres e iguales, subsidiados, lejos de la irritación de lo diferente.

Los panameños, en fin, votaron por Valera. La deriva "socialista del siglo XXI" no aparece en pantalla. Los más apostaron al sueño de la modernidad, y los excluidos aspiran, demandan que se los monte también en el ferrocarril de la globalización.

EL MIEDO A LA EMANCIPACIÓN

(11 de mayo de 2014)

Más allá de la retórica democrática, que no cede en los labios de quienes denuestan de la Carta Democrática Interamericana llamándola "intervencionista", o de quienes, entre nosotros, hacen del diálogo una consigna o con ánimo represor de la conciencia libre conducen el gobierno, lo constatable es la irritación que a éstos les provoca la disidencia. Llaman radicales a quienes demandan pensamiento propio.

Desde antes del culto al positivismo, que prende en el alma de los intelectuales a inicios del siglo XX y les permite reivindicar al déspota ilustrado medieval o al gendarme necesario, acaso al César democrático que pinta Laureano Vallenilla Lanz, ya el mismo Simón Bolívar sojuzga al pueblo que busca liberar de extraños. Le considera indigno del bien supremo de la autonomía o de la democracia, en casa propia.

No por azar despotrica contra quienes, en 1811, apelan a la razón ilustrada para imaginarnos como república posible. Los censura por la forja de entelequias aéreas. Y desde Angostura, en 1819, reclama un senado hereditario tutelar formado por los hombres de espada; y llegado 1826, desde Chuquisaca, forja el modelo que hace bueno a su muerte Hugo Chávez: El presidente vitalicio, padre bueno y fuerte, escoge a su sucesor, en la persona de su vicepresidente.

Después de 1958, la emergente república civil nos empuja hacia la modernización material y sobre todo educativa; pero bajo la égida tutelar de los partidos. Sustituye el dominio de las armas por las togas y levitas que conducen, con igual criterio dominante, a la sociedad política.

Nuestro promedio de vida salta de 53 años a 72 años. Se nos dan servicios de aguas blancas y aguas servidas, conjurándose la letrina. Dejamos atrás la constante fatal desde nuestra Independencia, a saber, el abandono de la casa paterna en búsqueda de una capital de estado o de la república, para cursar estudios primarios y acaso secundarios, o alcanzar la exquisitez universitaria.

Entre 1958 y 1998, las 3 universidades públicas con las que cuenta el país y las 2 privadas creadas durante la dictadura militar, crecen e integran una red de más de 400 núcleos de educación superior. Cada hombre y cada mujer de esta tierra lee y escribe, y hace doctores a sus hijos para sacarlos de la pobreza. Pero cuando éstos intentan ilustrarse, es decir, cuando creen llegada la hora de la emancipación, del uso de la razón propia sin servirse de la ajena, la de los dirigentes o jefes de los partidos, quienes suceden a los capataces de los cuarteles que todo nos lo dan y hasta piensan por todos, nuestros primeros actos de rebeldía son entendidos como el producto de conspiraciones o adelantamientos.

El Estado y los mismos partidos, correas de transmisión de la actividad política y diafragmas impermeables, a inicios de los '90, no se muestran a la altura de su obra magna de civilización. La sociedad civil, el pueblo hecho ciudadanía, es ahora realidad, aun cuando debió preceder culturalmente a la organización de nuestra experiencia republicana. Y al acudir, incluso con retardo, a la fuente universal de la educación en niveles jamás imaginados – no se olvide el Plan de Becas Gran Mariscal de Ayacucho– era predecible que abandonase sus "cárceles de ciudadanía" y tomase la calle con espíritu constituyente. Desata sus amarras, sin propósitos de vuelta o regreso al estadio de sumisión.

En ese instante, justamente, un traficante de ilusiones, quien anuncia desde los cuarteles entender y satisfacer a la masa que reclama su protagonismo civil, en un hábil juego de manos la hace presa y también demuele las organizaciones partidarias que hacen el milagro educativo y no lo comprenden. Y reinstala en su conciencia el credo de Bolívar y a todos nos devuelve a los orígenes, a la tutela de los incapaces. En esas estamos hoy los venezolanos, desde 1999, con miedo profundo a la emancipación y a luchar contra las incertidumbres que ella provoca.

Creo como Kant, pues, que nada avanzaremos si, como observantes pasivos de la MUD y de los militares que rodean a Nicolás Maduro, no alcanzamos librarnos de nuestra culpable incapacidad; es decir, si como hombres – varones y mujeres– no nos proponemos ser los dueños de nuestra humana condición, anclada en la razón propia y no prestada.

Se trata de abandonar la pereza o la cobardía, dejar atrás nuestra comodidad de pupilos –lo que sí hacen los estudiantes y en buena hora– y tener el coraje para disentir, para ponernos los pantalones largos de la rebeldía democrática. Ello, obviamente, no le hará gracia a quienes ven como amenaza tal ejercicio, que limitan a las formas y sus rezos, por cultores como Vallenilla del "unanimismo" de los déspotas, sean civiles, sean militares.

DIÁLOGO PENDIENTE ENTRE LOS OPOSITORES

(18 de mayo de 2014)

Leo con cuidado y en su contexto las palabras de Henrique Capriles, quien demanda de la oposición "reunificarse". Le pide que se conecte "con los temas que más importan a la gente", si aspira situarse como "alternativa ante el gobierno".

Éste, según él, "no sirve", pero la oposición no calza. Las necesidades se acumulan y agravan. El primero "no quiere que se discuta" sobre "inflación, escasez, aumento del costo de la vida", y la última, por lo visto, parece no comprender que apenas enfrentamos a un gobierno incapaz y mediocre, que suscita "violencia, represión, detenciones" con el único fin único de distraer a la opinión.

Sus afirmaciones, como lo creo, desnudan la ausencia de empatía –fuera de la electoral– entre los distintos actores de la oposición "democrática". Explican, a la par, la aproximación de algunos de éstos al gobierno, a pesar de sus groseras desviaciones antidemocráticas. A la vez que despejan la incógnita que, a no pocos observadores, nos suscita la extraña protección que recibe Nicolás Maduro de gobernantes latinoamericanos ajenos al eje del Socialismo del siglo XXI.

¡Y es que, en efecto, éstos, todos a uno, en el fondo, comparten el credo de Capriles!

Si lo esencial es que la gente coma, tenga techo y salud, viva libre del desorden público –sueño de todo burgomaestre– y que las repúblicas se ocupen de lo útil para la misma gente, transando intereses recíprocos para remediar los males que la aquejan, como la escasez o la inflación, obviamente que en tal punto pueden confluir, sin riesgos ni reservas, Capriles y Maduro. Y también, cabe decirlo, encontrarán como adherente a hombres como Juan Manuel Santos, por cultores de la llamada racionalidad práctica. Les importa –no lo ocultan– la adecuación de sus acciones o políticas públicas a la obtención de finalidades relacionadas con la subsistencia vital de los ciudadanos, regidas aquéllas y éstas por criterios de maximización de la satisfacción subjetiva y minimización de los costos clientelares.

El caso es que en línea distinta, lo apunta Max Weber, se sitúan los cultores de la racionalidad sustantiva; esa que demanda la concordancia del político con ciertos principios morales esenciales, como la trascendencia del ser humano, el vínculo entre medios legítimos y fines legítimos democráticamente sustentables, la emancipación del hombre a través de la ilustración, la búsqueda de la verdad, el abandono de toda tutela que domestique y apenas satisfaga los instintos, en suma, el avance de la persona, previo o junto al "tener", hacia el estadio de libertad y plenitud, en el "ser".

Dentro de la perspectiva racional práctica que postula Capriles la cuestión de los valores éticos de la democracia, de la primacía del Estado de Derecho y del sometimiento del poder a la ley, de la independencia de la Justicia, del respeto y garantía de los derechos humanos, o de las libertades de prensa y manifestación como columnas vertebrales de la democracia, sin negársela no encuentra relevancia discursiva.

La cuestión no es baladí. Se trata, nada menos, que del asunto crucial a partir del cual hoy se bifurcan los caminos y credos en la Venezuela de la crisis. Uno, compartido por chavistas y antichavistas quienes animan el diálogo para resolver sobre la inmediatez, es presentado como la opción de los tolerantes, y el otro, que asimismo transitan algunos antichavistas y hacen propio, incluso, militantes del chavismo, dentro de sus respectivas cosmovisiones, es acusado de radical o fundamentalista por los partidarios de la razón práctica.

El filósofo de Königsberg, Emmanuel Kant, recuerda, al efecto, que el hecho de que "los que mandan en el género humano lo tomen –al hombre– por una pequeñez y le traten en consecuencia, ya cargándole como un animal e instrumento suyo, ya empleándole como pieza de ajedrez es sus pugnas, para que se deje matar por ellos, esto sí que no es una pequeñez sino la genuina inversión del fin último" de la persona humana, como hija de la Creación.

No agrego más dado los límites de esta crónica, salvo decir que si un sector de la oposición "democrática" sostiene que el problema que nos tiene como presas a los venezolanos es de incompetencia o falta de gerencia económica gubernamental, en tanto que otro aprecia el deterioro terminal de la democracia en manos de Maduro y urge sobre su reconstitución, la unidad opositora real es una quimera.

El papa Francisco dibuja bien y por lo mismo la tragedia del político contemporáneo, cuando apunta su falta de discernimiento entre el bien y el mal; le hace optar por el manejo crudo de las ventajas y desventajas para su oficio.

EL PACTO DE SAN PEDRO ALEJANDRINO

(24 de mayo de 2014)

Las conversaciones de paz entre las FARC y Juan Manuel Santos, instaladas oficialmente en Oslo el 18 de octubre de 2012 y cuyo encuentro preparatorio, apertura formal y posterior desarrollo tienen lugar en La Habana, desde el noviembre siguiente, avanzan sin prisa pero sin pausa.

Los "acuerdos de base" que le sirven de marco e imponen la agenda fueron adoptados en la capital cubana por los emisarios de Santos y las FARC el 26 de agosto anterior, ocultos para la opinión, tanto que los protesta y pone al descubierto el ex presidente Álvaro Uribe Vélez.

A la fecha ya hay entendimientos sobre la transformación radical del medio rural y agrario colombiano, para que rijan –ahora sí, entre comillas– la equidad y la democracia (27 de mayo de 2013); la participación política de las FARC en la vida colombiana (6 de noviembre de 2013); y la sustitución del negocio de la droga (16 de mayo de 2014), que las partes anuncian como un fogonazo en medio de la tensa campaña electoral colombiana.

Cabe suponer que el eje Caracas-La Habana, en el marco de los intereses que se han tejido desde antes y a propósito de tales negociaciones, hace lo imposible por la reelección del presidente Santos y la ratificación de su Canciller, María Ángela Holguín.

No es fácil discernir –salvo intuir– acerca de esas alianzas o pactos políticos tácitos alcanzados por éstos con los actores del llamado Socialismo del siglo XXI, quienes cultivan la "razón práctica" y hacen de la política, en tiempos de globalización, una cuestión de oportunidades y beneficios inmediatos; apenas disimulados tras prédicas reivindicativas y compromisos ideológicos que ha mucho dejaron ambos en los museos del siglo XX. Las propias FARC tiraron atrás su catecismo, para incursionar como emprendedores en la rentable trasnacional del narcotráfico.

Más complejo, aún, es ponderar el papel específico que en esta cuestión juega Venezuela, veedor de las conversaciones y acompañante "logístico" de las FARC, pues todo ello ha sido igual opacidad y falta de total transparencia.

Lo único cierto es que la procura de la paz, así negociada, tiene su anclaje en el pacto de Santa Marta del 10 de agosto de 2010, entre Hugo Chávez y Santos, quien sustituye a Uribe apenas tres días antes, y con quien el mismo Chávez rompe relaciones diplomáticas el 22 de julio precedente. Néstor Kirchner, Secretario de la UNASUR y aliado militante del gobernante venezolano, se hace presente para rubricar la alianza entre estos dos "nuevos mejores amigos".

¿Acaso Santos –ministro de defensa de Uribe cuando invaden a Ecuador y fallece Raúl Reyes, cabeza de las FARC, dando lugar a una condena de la OEA que motoriza Venezuela– negoció su circunstancia en la misma casa donde fallece El Libertador? ¿Entrega Santos a Uribe en manos del binomio castro-chavista para que lo demonicen y lapiden internacionalmente, como Bolívar lo hace con Miranda, su superior, a quien traiciona durante la "madrugada triste" de 1812 descrita por Mariano Picón Salas y en una hora en la que quiere superar su caos emocional y "afirmar enérgicamente su personalidad"?

Lo único veraz, en fin, es que en agosto de 1999, estrenándose como gobernante, Chávez pacta con las FARC su alianza, para protegerlas y auxiliarlas "logísticamente", ofreciéndoles nuestro territorio como aliviadero y para doblegar a la oligarquía liberal-conservadora vecina, que es su obsesión.

Nicolás Maduro, presente en Santa Marta, no podrá menos que hacer bueno el pacto que acompañó y del que también fue testigo Holguín. A cambio Colombia hoy le ayuda, para que desande sus entuertos y se limpie el rostro por las atrocidades de su régimen.

MADURO, OTRO PRISIONERO ROJO

(3 de junio de 2014)

Rindo homenaje a un preso libre, Iván Simonovis. Le dedico, otra vez, algunas parrafadas que son parte de mi introito a su libro de confesiones, *El prisionero rojo*. A Nicolás, preso sin conciencia, le dejo mi lástima.

¡Y es que la realidad que dibuja Iván o el propósito de su narrativa variada –su vida, sus logros, su cárcel, sus tristezas, su mujer e hijos, sus alegrías– no se entenderían a cabalidad sin el contexto dentro del cual ha lugar su historia, vaciada desde la cárcel, como arresto de autonomía ante quienes intentan domesticarlo!

Digo en mi prólogo que Friedrich Nietzshe, al escribir sobre la muerte de Dios en *Así habló Zaratustra*, catecismo que reza en su agonía (el hoy Comandante Eterno) y dado lo cual –para aquél y para éste– todo vale y todo cabe, recrea la imagen del hombre inferior, que seríamos todos o la gran mayoría de los hombres. El mismo apenas sería un eslabón entre los animales y el "super hombre", que ha ser forjado en su defecto por la revolución: el "hombre nuevo" del que hablara el propio Chávez en 2004, en La Nueva Etapa, El Nuevo Mapa Estratégico.

La trama nietzschiana, base de la filosofía del nacional socialismo, es tributaria del engaño, del menosprecio, del desconocimiento de la realidad racional y prometedora del hombre común; pero sobre todo describe ese engaño fatal que a nosotros nos hacemos los humanos y al que nos vemos sometidos cuando alcanzamos el poder y nos situamos en el puesto del Sol, desconociendo u olvidando que todos a uno tenemos la misma naturaleza racional y finita.

Lo veraz, pues, es que Chávez y sus causahabientes –así Nicolás– no se percatan que hasta el propio sol –lo afirma Nietzshe, descontextualizando el Eclesiastés– tiene su ocaso. Por ello, los deudos del primero, en medio del conflicto entre sucesores que hoy los anega, gritan de terror ante la voz firme de sus víctimas; a esas que han sojuzgado y tornado en preteridas considerándolas como la nada, mintiendo ante ellas hasta doblegarlas y confundirlas y quienes, ahora, reclaman sin inhibiciones de memoria, verdad, y justicia. Desnudan sin concesiones (presos políticos y estudiantes presos) la farsa revolucionaria, en buena hora, ya que hasta los mentirosos de Estado no encuentran más alternativa que descargar el alma de podredumbres al quedar en evidencia sus pánicos ante esos débiles que todavía oprimen, en imagen que muestra mejor Zaratustra.

Preso de por vida por razones estrictamente políticas como un "ajuste de cuentas" políticas que se propone Chávez para ocultar sus responsabilidades a propósito de un crimen de Estado que forja o propicia el 11 de Abril y desde el ergástulo que padece durante la mayor parte del tiempo que el régimen actual, Simonovis, muerto su verdugo, publicó su testimonio elocuente, que perturba a Nicolás: *El prisionero rojo*. Hiere, duele, pero también enseña e ilumina, reconforta, y muestra todo cuanto puede alcanzarse sirviéndole a la verdad y asumiendo los riesgos de decir la verdad, como le acontece a Iván".

Sigue preso, dizque a perpetuidad. Así lo ha ordenado el causahabiente, Nicolás Maduro, quien no repara en la finitud de su mismo poder porque disfraza la igual precariedad del poder de quien fuera su causante, llamándolo Comandante Eterno. Al igual que éste, se cree omnipotente, y como éste es un prisionero más. El miedo a la verdad, la que desnuda el libro de Simonovis, como la inseguridad de saberse ilegítimo y, para colmo, el sobrevenido temor al magnicidio, obra de un desvarío emocional y trampa de la mala conciencia, hija de la vileza cubana, lo han hecho rehén tras los muros de Miraflores.

No entiende Maduro –ya es tarde– que el propio Chávez, "otro iluminado más" hasta el momento en que su atormentada existencia le abandona y cuando deja atrás, en fecha ignota y lejos de la patria, la caja de huesos que lo contiene, se descubre como "prisionero rojo" sólo en la agonía, al reparar durante esa hora nona la mirada vidriosa e inexpresiva de su carcelero espiritual, el fósil Fidel Castro Ruz, allí presente.

¡Nicolás no comprende que la razón expedita que encontrara Fidel para tutelar a su testador, desde 1998, atenazarlo, gobernarle la voluntad y a través de ella dominar a los venezolanos, fue convencerle –como ahora lo han hecho con él– de la poderosa amenaza que buscaría ponerlo de lado, mediante el expediente del manoseado magnicidio!

De modo que, Simonovis sigue preso, pero está libre. Maduro, preso de los cubanos, carece de libertad. Iván puede decidir sobre su vida. Hace huelga de hambre como protesta venida de su conciencia. Nicolás no puede. Su vida y su alma reposan en manos del Mefistófeles cubano, quien lo asusta desde las sombras.

NICOLÁS, EL SOBERANO

(8 de junio de 2014)

La OEA, leo en la prensa, recomienda a Nicolás Maduro volver al Sistema Interamericano de Protección de Derechos Humanos, recordándole así –por encontrarse su gobierno bajo escrutinio por violaciones sistemáticas y generalizadas de dichos derechos– que, cuando menos, cuide de las formas; pues ellas son, en esencia, el secreto de las "dictaduras del siglo XXI", ocultas tras el paraban del Socialismo del mismo siglo.

Todas a una, en efecto, obvian la regla de oro de la democracia –a fines legítimos medios legítimos– sin dejar de usar sus modales, pero vaciándolos de contenido finalista. Eso sí, controlando e "inflacionando" hasta el paroxismo el ejercicio del voto, como si a este se redujese la sustancia de la democracia.

El acceso al poder respetando el Estado de Derecho, la separación de los poderes, el pluralismo, o la libertad de prensa como realizaciones y garantías de los mismos derechos de la persona y el ciudadano, son para dichos gobiernos una masturbación intelectual, que cede frente al poder de las mayorías. Y el caso es que no solo los gobernantes de tal eje comparten esta cosmovisión casera, hija del cinismo, sino que agrada a los otros, venidos incluso de la democracia como experiencia de vida y estado del espíritu pero interesados en reelegirse a perpetuidad, como suerte de monarcas tropicales.

Maduro, ayer en calidad de ministro de relaciones exteriores, cuando denuncia o retira al país de la Convención Americana de Derechos Humanos, el 6 de septiembre de 2012, o a partir de febrero de 2014, cuando arrasa con lo poco que nos queda de formas democráticas y decide violar de modo generalizado y sistemático los derechos humanos de sus opositores, le ha puesto punto final a la farsa.

Hugo Chávez, su causante, era más hábil en estos menesteres. Tanto que, una vez como autoriza a Maduro para realizar dicha denuncia de la Convención, con astucia zorruna mantiene a Venezuela como Estado parte del tinglado inútil en el que se ha transformado la actual OEA bajo la dirección de José Miguel Insulza.

Le interesaba, apenas, el fogonazo de trabuco navideño. Hacía ver, por una parte, que la Comisión y la Corte Interamericanas de Derechos Humanos ya no pondrían sus plantas insolentes sobre nuestro territorio; mas, en la práctica y por otra parte, administra su violencia a cuenta gotas y como miembro de la OEA entiende que dicha Comisión seguiría, bajo otro paraguas y castrada, realizando su labor de vigilancia supranacional.

El caso es que Maduro y quienes lo rodean –ninguno sin poder para decidir, y con derecho a veto tanto aquél como éstos– carecen de estilo. Han puesto al desnudo sus verdaderas creencias. Violan, ahora sí y al descampado, los derechos de los venezolanos. Asesinan, torturan y privan de libertad a los contrarrevolucionarios, e irrespetan la inmunidad de los parlamentarios o desconocen la propia soberanía popular, destituyendo a alcaldes opositores, fundados en la razón de Estado.

Maduro, como su junta de gobierno, no cree en la democracia y de suyo tampoco en el Estado de Derecho ni sus estándares. Y se excusa de las críticas venidas desde afuera, arguyendo que acepta esas instituciones pero les otorga un significado distinto al conocido. En pocas palabras, llama agua al aceite y aceite al agua.

En su carta al secretario de la OEA –enterrador de la democracia en las Américas– Nicolás le dice, entre otras sandeces e ignorancias que redactan sus cagatintas, que denuncia la Convención Americana por cuanto ella, al intentar proteger los derechos humanos de las víctimas denunciantes lo ha hecho "adoptando una línea de acción injerencista en los asuntos internos de nuestro gobierno" y violentando "el principio de respeto a la soberanía de los Estados". Y ningún violador de derechos, así calificado por el propio Estado, según él, puede pretender tener derechos, ni siquiera a la defensa.

En fin, hace propio el discurso que en sus momentos esgrimen ante sus detractores los dictadores militares Somoza, Videla, Pinochet y también Castro. Marcha a contravía de la enseñanza universal e imperativa que, nacida del Holocausto y los juicios de Nüremberg en el pasado siglo, recién reitera el Tribunal Penal Internacional para la Ex Yugoslavia: "Es una parodia y una traición a la necesidad universal de Justicia que el concepto de la soberanía del Estado pueda ser alegado con éxito frente a los derechos humanos y sus violaciones".

Es este, en suma, el asunto de fondo que divide moralmente a Venezuela y buscan transar los cancilleres de UNASUR, mediante un sincretismo de laboratorio, en una mesa de diálogo. La cuestión es, sin embargo, que, o están de primero los derechos humanos y sus garantías, es decir, la democracia como derecho del pueblo que han de respetar los Estados y sus gobiernos, o están éstos a la cabeza con sus soberanías medievales a cuestas, manteniendo a la democracia como mera forma de acceso al poder para que luego reinen nuestros gobernantes según las reglas del despotismo iletrado bolivariano.

EL DESENCANTO CON LA OEA

(17 de junio de 2014)

Se celebró, recién, el 44° Período de Sesiones Ordinarias de la Asamblea General de la OEA, en Asunción. Pasó sin pena ni gloria, como suerte de rezo profano entre espíritus agonizantes.

A la luz de dos declaraciones de su Secretario General, José Miguel Insulza, y tres resoluciones adoptadas por dicha Asamblea, no obstante subrayo, otra vez y a disgusto, la doble moral que anida ésta y la desnuda como templo de la ignominia. Lejos quedan las luces de 1826 y 1948, que le dieran su fundamento al eje de la seguridad democrática, del Estado de Derecho, y de la garantía de los derechos humanos que fuera la OEA.

Ante la prisión ilegal, en cárcel militar, que Nicolás Maduro ordena imponerle a Leopoldo López por el delito de practicar la democracia: manifestar y reunirse pacíficamente en espacios públicos y demandar la renuncia de aquél antes de que sus funcionarios asesinen a dos estudiantes el pasado 12 de febrero, interpelado al respecto dice Insulza que nada puede hacer. Nada tiene que decir.

No obstante, desde Paraguay, la OEA insta a sus Estados miembros –a la manera de un ruego taimado– para que dicten medidas a objeto de que las personas privadas de libertad cuenten con "acceso a la justicia, la cual debe ser pronta y efectiva" y "limitar la aplicación de la prisión preventiva a situaciones eminentemente excepcionales, sujetas a los principios de legalidad, presunción de inocencia, necesidad y proporcionalidad, y considerar la reglamentación y uso de medidas cautelares no privativas de la libertad".

A la sazón, junto al miedo conveniente que le suscita opinar acerca de toda cuestión que irrite al gobierno de Caracas, a pocas horas de distancia el "diente roto" de Insulza –que recrea el personaje de Pedro Emilio Coll– se lanza a las aguas profundas de la política colombiana. Interviene, aquí sí, con desenfado. Afirma compartir la iniciativa "histórica" del presidente Juan Manuel Santos, quien promete negociar la paz también con los "elenos", los narco-guerrilleros miembros del Ejército de Liberación Nacional, siendo que tal anuncio tiene propósitos manifiestamente electorales.

En contrapartida, según el texto de la resolución que lleva ante la Asamblea de Paraguay, relativa al seguimiento de la Carta Democrática Interamericana, el Secretario de la OEA se encarga de encadenar a la democracia. Le resta sus tintas. Reedita, desde sus primeros párrafos y en forma categórica, la doctrina de su compatriota, el dictador Augusto Pinochet, para quien la soberanía nacional y el principio de la No intervención están por encima de la dignidad de la persona humana.

La prisión de López hace parte, cabe decirlo, del conjunto de violaciones masivas y sistemáticas de derechos humanos que comprometen las responsabilidades internacionales del triunvirato venezolano: Maduro, Diosdado Cabello, y Luisa Ortega Díaz.

Pero Insulza, con sangre de lagarto, distante, a la vez que calla y obvia ante el desgarramiento profundo que sufre Venezuela, en suelo guaraní habla del "derecho a la verdad". Sólo allí.

En el auditorio de los gobiernos a quienes sirve con lealtad cortesana y más allá de sus obligaciones para con el Bien Común hemisférico, reconoce "la importancia de respetar y garantizar el derecho a la verdad que le asiste a las víctimas de graves violaciones a los derechos humanos…, así como a sus familias y a la sociedad en su conjunto, de conocer la verdad sobre tales violaciones de la manera más completa posible, en particular, la identidad de los autores, las causas, los hechos y las circunstancias en que se produjeron, …".

El dualismo ético que afecta a la OEA y su Secretario puede inscribirse o explicarse, no lo dudo, en esa transición global que describe Jürgen Habermas en su diálogo con el Cardenal Joseph Ratziger –Papa Emérito– y dice bien sobre el desencanto actual de los ciudadanos con el Estado y las organizaciones internacionales.

Observando la pérdida del sentido de la solidaridad ciudadana y el avance de las personas hacia mónadas o cavernas aisladas, extrañas a las "patrias de bandera", advierte Habermas sobre la urgencia de un nuevo consenso social que, como en 1945, llegue animado por la común indignación que deben provocar las violaciones masivas de derechos humanos.

La validez de tal contexto y su razonabilidad, sin embargo, no excusan sino que acusan el comportamiento de José Miguel Insulza, en una hora crucial que demanda de coraje y compromiso. Empero, creo como Lacroix, que el optimismo de la voluntad triunfará sobre el pesimismo de la inteligencia, y nuestra generación, apoyando a la sucesiva, logrará revertir los efectos de la desintegración social y política que hoy muestra el Continente.

APENAS VEINTE MINUTOS

(22 de junio de 2014)

Le bastó un tiempo magro para expresar con claridad sus ideas. Dibujó Felipe VI, hasta ayer Príncipe de Asturias, la nación una y diversa que su generación habrá de conducir y situar cabalmente en el siglo que ya corre acelerado. Y honra a la que le precediera, corrigiendo rumbos: "Una generación de ciudadanos que abrió camino a la democracia, al entendimiento entre los españoles y a su convivencia en libertad".

Entre tanto, en el interregno, horas antes, sin Rey, pues Juan Carlos I firma su abdicación a las 18 horas del día 18, y su sucesor lo sería luego de la medianoche, comenzando el día 19, en el doble de su tiempo –cuarenta minutos– me afano en explicar a los miembros de la Real Academia Hispanoamericana el decurso de nuestra lucha por una madurez democrática, que aún no nos llega.

Les narraba que a pesar de los movimientos ilustrados y civiles que intentaran forjar, sin negaciones odiosas, una patria nueva para los venezolanos, en

1811 y más tarde al separarnos de Colombia, en 1830, los integrantes de la generación inaugural de nuestro siglo XX, también hombres de libros e ideas susceptible de llenar de orgullo a cualquier nación del Occidente, aceptaron como fatal la tesis del gendarme necesario. Y que a pesar de los esfuerzos desplegados por los fundadores de nuestra experiencia democrática civil, a partir de 1958, emulando a nuestros Padres Fundadores, otra vez el Cesarismo Democrático, vestido de carreteras, nos hizo presa a partir de 1999, en una lucha agonal entre la razón de la fuerza y la fuerza de la razón.

Felipe, a su turno, incluso siendo parte de la generación digital –"los hombres y mujeres de mi generación...aspiramos a la primacía de los intereses generales y a fortalecer nuestra cultura democrática"– y entendiendo a cabalidad que su reinado ancla su legitimidad en la soberanía popular resumida en la Constitución de 1978, recuerda en su mensaje lo permanente e inalterable, lo que le amarra como "Rey constitucional": "Colaborar con el gobierno de la nación –a quien corresponde la dirección de la política nacional– y respetar en todo momento la independencia del Poder Judicial". No solo eso. Declara como su deber ser "cauce para la cohesión" entre sus conciudadanos, ajeno a las divisiones y las retaliaciones.

Jura cumplir las leyes aprobadas por las Cortes –no las suyas ni el dictado de sus caprichos– y abogar por el respeto al "principio de separación de poderes". Anuncia un "tiempo nuevo", sin revanchismos, con respeto hacia la historia vivida, que le manda "superar lo que nos ha separado o dividido... para recordar y celebrar todo lo que nos une y da solidez hacia el futuro". Y en cuanto a las víctimas de la violencia terrorista o quienes perdieran la vida por defender la libertad, vuelve sobre lo raizal para la experiencia democrática y sus finalidades: "La victoria del Estado de Derecho ... será el mejor reconocimiento a la dignidad que merecen".

Felipe VI, en suma, es directo al reconocer las falencias de la nación cuya jefatura recibe y los yerros de quienes la han conducido, comprendiendo lo urgente: la "cercanía y solidaridad" con las personas y familias más vulnerables y la obligación de trabajar y ofrecer esperanzas, sobre todo a los jóvenes, a fin de que encuentren solución a sus problemas y la obtención de un empleo, como prioridad social.

Pero todo ello lo recoge con elevado sentido de responsabilidad. Sin obviar las rémoras de la historia –"tiempos de tragedia, de silencio y de oscuridad"– y asumiéndolas sin amargura que le doblegue en su espíritu o lo reduzca a la pequeñez: "Todo tiempo político tiene sus propios retos, porque toda obra político –como toda obra humana– es siempre una tarea inacabada".

Felipe VI evita el nominalismo y por respetar el tiempo de su audiencia resume, en veinte minutos, lo que no logran decirnos las cadenas presidenciales del chavismo-madurista, en un contexto social –el nuestro– que se niega en buena parte a la emancipación intelectual: "Deseamos una sociedad basada en el civismo y en la tolerancia, en la honestidad y en el rigor, siempre con una mentalidad abierta y constructiva y con un espíritu solidario".

"Una nación –lo dice Felipe de Borbón– no es sólo su historia, es también un proyecto integrador, sentido y compartido por todos, que mire hacia el futuro... en un nuevo siglo, que ha nacido bajo el signo del cambio y la transformación y que nos sitúa en una realidad bien distinta de la del siglo XX".

Vivimos, en efecto, en el siglo de la razón y no de la fuerza, "en el siglo del conocimiento, la cultura, y la educación", son sus palabras, que acompaño y aspiro hagan buenas nuestros estudiantes, a quienes dediqué mi incorporación a la Real Academia.

EL ÚLTIMO ANDINO, EL ÚLTIMO ILUSTRADO

(1 de julio de 2014)

Nuestro siglo XX comienza teniendo las manos sobre las riendas de la República de Venezuela un personaje atrabiliario, como los de ahora, a quien sus detractores llaman el Cabito. Se trata de Cipriano Castro, andino, gestor de la República Militar que cristaliza con Juan Vicente Gómez, otro andino.

Y cuando se aproxima el siglo citado hasta su abismo, en su proximidad al siglo corriente, el país tiene como conductor a otro andino más, pero muy distinto de los anteriores. Es el emblema de nuestra civilidad, como José María Vargas. Se trata de Ramón José Velásquez Mujica, quien cumple 77 años al apenas asumir el poder y frisa los 98 años al despedirse, hace pocos días, en Caracas.

La República de partidos, que deja de ser tal para el momento en que nos gobierna, hecha rompecabezas, exige de los cuidados urgentes de este hombre con sentido del equilibrio, de visión profunda y capaz de otear más allá de las circunstancias, como de empujarla sin maltratos hasta devolverla a manos de sus verdaderos dolientes, los electores de diciembre de 1993.

Ramón Jota, como le llaman sus afectos próximos, nace en San Juan de Colón, estado Táchira, y gradúa como doctor en Ciencias Políticas y Sociales en 1942, en la Casona de San Francisco, sede primaria de la Universidad Central. Pero a lo largo de su vida es esencialmente periodista, hasta que lo conquista el frustrado candidato Diógenes Escalante para hacerlo su colaborador en tiempos del general Medina Angarita.

Tiene a su cargo, más tarde, la dirección de los periódicos El Mundo y El Nacional, mas se le recuerda por su exitoso desempeño como secretario de la Presidencia durante el gobierno de Rómulo Betancourt, a partir de 1959. Y se le tiene presente por la obra de recopilación documental sobre nuestra Historia ilustrada. Le da vida al Archivo Histórico de Miraflores asegurándole al país su memoria. La cuida de quienes intentan reescribirla, como hoy ocurre con inescrupuloso desenfado.

Ha sido Ramón Jota, hasta su hora final, el gran componedor de la comarca, el hombre-puente que en su instante contribuye a que la animadversión que determinados sectores de la vida nacional le profesan a Betancourt, desde mucho antes, amaine. Facilita la gobernabilidad.

Y lo logra, con su sereno espíritu observador de hombre de montaña, quien sabe administrar sus palabras.

Como andino es intuitivo, y como hombre de libros y pensamiento denso, opone la racionalidad a los puñetazos. Nos conoce como nadie y describe con trazos de maestro: "En el camino de asegurar el comienzo de esta nueva etapa de la vida nacional, que no es otra que librar de riesgos a la democracia [hemos de] reconstruir la unidad espiritual de los venezolanos, tan resquebrajada por la fiera lucha política a la que hemos asistido en los últimos años", son sus palabras al tomar posesión de la Casa de Misia Jacinta, el 5 de junio de 1993.

Su gobierno es breve, pero tanto o más crucial que el más breve gobierno de otro maestro ilustrado de nuestro siglo XX, Edgar Sanabria, en 1958. Y ante los ataques de hora nona en que las pasiones políticas desbordan y le abren las compuertas a la tragedia que hoy vive Venezuela, el presidente Velásquez responde en seco: "Yo no tengo más riqueza que mi moral y a los 78 años de vida no se cambia... Esa vaina no". "Yo sólo respondo por mí y por el país", ajusta.

"Nuestra Historia contemporánea –dice el presidente Velásquez al despedirse del poder con otra enseñanza imperecedera– ha girado alrededor del Estado. Durante setenta años de este siglo, y hasta no hace mucho, el centro de las disputas era la cercanía con el Estado debido a su gran papel distribuidor de la renta... Ese Estado, fundamento de los hábitos de Venezuela en este siglo, ya no existe", concluye tajante antes de pasarle la cerradura a casi un siglo de nuestra Historia, que discurre entre la República Militar y la República de los partidos para no volver, nunca más, ni hacia adelante ni hacia atrás, en las páginas ya leídas o gastadas en un azaroso devenir.

Pero un amago de república militar de utilería sí se nos instala, otra vez, a partir de 1999, por defecto de lo que él también previene y no entiende la última generación política del siglo terminado: "El país que fue actor fundamental en la empresa de la Independencia hispanoamericana, ha llegado a un momento de su historia en que tiene planteado como reto histórico reflexionar sobre las bases de un nuevo acuerdo nacional, más allá de sus mayorías parlamentarias".

Ha muerto nuestra memoria viviente, en un trance, pues, en el que la razón de la fuerza vuelve por las suyas proscribiendo la fuerza de la razón que nos acompaña en momentos de lucidez legendaria: 1811, 1830, 1947, 1961.

IGLESIAS, UN MAL PRESAGIO

(6 de julio de 2014)

La prensa europea, de forma viral, desprende ávida la curiosidad sobre Pablo Iglesias, el "indignado español" recién electo parlamentario europeo.

Hijo de padre y madre comunistas él también lo es, aunque no lo diga, pues los comunistas de ahora se disfrazan de socialistas del siglo XXI.

El propio Castro –Fidel, que no el juez de Palma de Mallorca quien intenta tumbar sobre el ajedrez a la Infanta Cristina para regocijo de Iglesias– ha dicho bien que ese "socialismo" digital es comunismo a secas, a la cubana.

El caso es que al igual que se roban el discurso en defensa de los pobres –lo advierte Papa Francisco– los comunistas de hoy también le roban sus instrumentos a la globalización que tanto demonizan. Al fin y al cabo –según su regla de oro– el fin justifica los medios. Avanzan hacia el comunismo disponiendo groseramente del vil metal que les aporta el capitalismo, y manipulan a la democracia hasta vaciarla desde adentro, reduciéndola a mero ejercicio electoral inflacionario.

A Iglesias atribuyen ser la prolongación del movimiento informe de los indignados españoles de mayo de 2011. Hugo Chávez, el militar golpista venezolano del 4F de 1992, a su turno asume como propia la insurgencia popular –El Caracazo– que promueve tras bambalinas, destruyendo las expectativas del gobierno democrático recién inaugurado de Carlos Andrés Pérez, el 27F de 1989.

Pero no cabe extrapolar –no lo aceptan los intelectuales europeos y al efecto hacen valer sus estereotipos– la experiencia "revolucionaria" hispanoamericana a España, así no más. Pero los mismos medios que hacen de Iglesias una "Super Star" o *rara avis,* por su lenguaje desenfadado, efectista e irreverente, en su instante hacen otro tanto con Chávez para darle rienda suelta a los descontentos con la clase partidaria tradicional.

¡Que la "revolución chavista" se explique en la pobreza extrema que acusan capas ingentes, es una verdad a medias¡ Oculta, a conveniencia, el acelerado proceso de modernización –nada distinto al de la España posfranquista– alcanzado por Venezuela, que hasta mediados de los años '50 era una república de utilería, insalubre y de letrinas.

Sus sectores más beneficiados –no los excluidos– y los citados medios de comunicación, golpeados por la crisis económica y petrolera de los años '90, fueron, justamente, quienes animan el "experimento de la anti-política" y juegan con fuego antes de terminar chamuscados como sus primeras víctimas. Así se repite el esquema en Ecuador y en Bolivia.

Lo cierto es que en 1999, no ahora, llegan a Caracas los profesores del celebérrimo CEPS (Centro de Estudios Políticos y Sociales) valenciano, quienes a la sazón igualmente sirven como docentes en la Universidad de La Habana. Los contrata como asesores el Vicepresidente de la recién electa Asamblea Nacional Constituyente venezolana, Julián Isaías Rodríguez Díaz, más tarde embajador de Chávez en Madrid y reconocido protector de la ETA. Y son quienes, sucesivamente, aportan sus luces a ecuatoriano Correa y al boliviano Morales, para el desmontaje constitucional del Estado democrático y social de Derecho.

Con agilidad dialéctica, Iglesias, miembro del CEPS, propone otro tanto en Europa. Dice luchar contra las élites y oligarquías financieras; anima la disidencia civil y demoniza al Pacto de la Moncloa que hace posible la democracia española. Acusa a sus élites de la debacle económica corriente y a la sazón demanda un referéndum, la democracia directa que enseña y practica Chávez en su hora, luego de situar el origen de todos los males de Venezuela en el Pacto de Punto Fijo, que de igual modo permite 40 años de democracia civil en una nación dominada históricamente por el "gendarme necesario".

Sea lo que fuere, atacar a Iglesias es un error. Querer silenciarlo, mediáticamente, una estupidez. Pero sí es esencial que el periodismo independiente y responsable, democráticamente comprometido, lo escrute y desnude, le sitúe ante el espejo de la transparencia. Ha de informar, sin mediatizaciones ideológicas, el saldo que el socialismo del siglo XXI deja como herencia en los territorios que contamina.

Venezuela, un país petrolero inmensamente rico, expropiado conforme a la receta comunista, hoy importa gasolina desde Brasil; acusa una inflación que corre hacia el 70%; muestra escasez y desabastecimiento de alimentos y medicinas en un 39%; ha hecho crecer el promedio anual de sus homicidios (4.500 en 1999, 24.000 en 2013) una vez como fortalece su alianza con el narcotráfico colombiano y su brazo armado, las FARC; por si fuese poco, su gobierno se encuentra bajo la mira de la ONU por violaciones sistemáticas de derechos humanos.

¡¡QUIENES TENGAN OÍDOS, OIGAN!!

(13 de julio de 2014)

Lo ha dicho la Conferencia Episcopal. Y lo dice, debo decirlo, contando entre los suyos a quien el propio régimen –Cabello y Maduro– tanto como la oposición variopinta le han dado una cordial bienvenida, como observador de un diálogo nacional sin destino, el Nuncio Apostólico de Su Santidad.

¿Qué dicen los purpurados de nuestra Iglesia Católica, único factor de identidad cultural que nos queda –no solo religiosa, pues la mayoría profesa su credo– una vez como han sido prostituidos hasta los símbolos patrios y nuestra modesta historia civil?

Bajo la orientación del Papa Francisco, contenida en la Exhortación Apostólica *Evangelium Gaudium* –síntesis de su pensamiento– el Episcopado "lejos de cualquier interés personal o ideología política", sin las palabras "de un enemigo ni la de un opositor" hace el diagnóstico crudo de nuestra enfermedad como país. Destaca "la violencia, inseguridad y criminalidad crecientes", que afecta a los afectos y desafectos al Gobierno. Suman 196.465 los venezolanos asesinados bajo el Socialismo del siglo XXI, hasta 2013.

Observan preocupados, estos pastores, el drama del desabastecimiento, el alza del costo de la vida unida a las devaluaciones de la moneda, y la aplicación de controles excesivos a la actividad productiva; luego de que los actuales gobernantes reciben y dilapidan, hasta 2013, la cifra satelital de 1.248.894 millones de dólares, y habiendo desmantelado el Fondo de Estabilización Macroeconómica que nace en 1998, para el ahorro. Hoy la caja está vacía.

La pérdida de las esperanzas, las colas para obtener el sustento y el abandono del país, según la Conferencia, son la marca de la cotidianidad, tanto como (1) la pretensión por el gobierno de imponer un modelo político totalitario y un sistema educativo fuertemente ideologizado; (2) la criminalización de las protestas; (3) la politización del Poder Judicial; (4) los presos políticos y jóvenes encarcelados por protestar; (5) la corrupción en todas las esferas del Estado.

Al paso, la deuda pública interna y externa, al término de 2012, suma 275,3 millardos de dólares; pero, entre tanto, otro país petrolero como nosotros, Noruega, ahorra para sus tiempos de vacas flacas 600.000 millones de dólares. Y nuestra inflación sobrepasa 1.200 %, como cifra acumulada desde 1999.

El contexto de todo lo anterior es asimismo ominoso. Si no es causa o efecto de la sintomatología descrita, su transversalidad impide o condiciona las soluciones. De allí que el Episcopado destaque los elementos que son ejes del diagnóstico de Venezuela: (a) El militarismo dominante y totalizante del poder, (b) las mutaciones constitucionales a manos de jueces supremos que le hacen decir a la Constitución lo que no dice, y (c) la anomia política, la división entre los actores del gobierno y de la oposición, por "apetencias e intereses particulares".

¿Qué hacer?

Según el Papa, para que cambie el actual estado de cosas –pérdida de la memoria histórica y la identidad con el terruño, fragmentación social y ausencia de proyectos en común, en fin, "caída de las certezas"– corresponde a los responsables de orientar y dirigir los cambios necesarios "hablar con verdad, decir la verdad".

El diálogo demanda, en todo caso, hacerlo cada uno consigo mismo y con los próximos, para luego procurar un diálogo creíble puertas afuera y con los otros. Ha de contar con políticos auténticos y re-jerarquizar a la política: restableciendo el significado real de las palabras, mirando nuestras raíces constitutivas, abandonando los refugios partidarios o las cavernas de la localidad para trascender hacia lo que funda en la diversidad. Dejar de lado "el sincretismo conciliador" o la "cultura de collage" –lo dice Bergoglio– entendiendo que la pluriformidad debe asentarse –para ser real y duradera– en "la unidad de los valores".

¿Cuál es la ruta?

"Refundar los vínculos sociales", revitalizar la urdimbre de nuestra sociedad apelando a la "ética de la solidaridad", tanto como buscar la unidad del pueblo en "la memoria de sus raíces", obviando importar programas de supervivencia, es lo pertinente, sugiere el Papa antes de serlo, en *La nación por construir* (2005). Ello requiere de coraje y realismo.

Un pueblo sin coraje es "fácilmente dominable" afirma, y un pueblo que no es capaz de analizar y asumir la realidad se fragmenta, y es cuando "los intereses particulares priman sobre el… bien común".

Trabajar con la realidad, entendiendo los límites de los procesos, sin aislarlos de la conciencia moral ni a ésta de éstos, pero sin negarnos a la utopía en su más estricto sentido: "Lo que vemos... nos es todo lo que hay" y de allí la esperanza, nos aconseja el jesuita Jorge Mario Bergoglio.

UN PAÍS PARA TODOS

(20 de julio de 2014)

Sea por las razones que fuesen, la urdimbre social y política de Venezuela quedó rota desde la década de los '90 del pasado siglo. No la restableció la constituyente de 1999, pues una parte del país, en mayoría relativa, se casa consigo misma excluyendo a la otra.

En cuanto a lo primero y para entenderlo, me basta la tesis del filósofo florentino Luigi Ferrajoli, quien observa que los Estados son demasiado grandes para las cosas pequeñas y cotidianas, a la vez insignificantes para resolver los asuntos de mayor catadura que afectan al género humano bajo la corriente de la mundialización.

Leviatán o artificio construido desde inicios de la modernidad para atar nichos o cavernas o nacionalidades culturales que caracterizan al Medioevo e inicios de la modernidad, el Estado degenera en cárcel de la ciudadanía. De allí que algunos políticos aún entiendan a la democracia como simple forma de organización del poder o procedimiento y se empeñen, en pleno siglo XXI, sólo en la defensa de sus oficios o experticias. Pero la política en la democracia exige de algo más, al servicio de lo que se encuentra su instrumental electoral, sea para elegir diputados, sea para convocar constituyentes.

A finales del pasado siglo, cuando los venezolanos nos hacemos críticos e irreverentes al descubrimos desnudos de aquel sentido de ciudadanía que tiene por límites a los cuarteles militares o los mismos partidos civiles, y al vernos compelidos a la emancipación social, abandonamos nuestras casas y nos lanzamos a las calles para no regresar jamás, según lo aprecia con ojo agudo y me lo cuenta el fallecido ex presidente Ramón J. Velásquez.

Ante un vacío sobrevenido de moldes institucionales que no son llenados pronto y menos entienden las élites del momento, y dada la pérdida de las certezas en esa hora agonal, cada quien opta por irse al reencuentro con sus "patrias de campanario" o localismos, o se deja arrastrar por las circunstancias - hojas que se lleva el viento en medio de la marea digital y su cosmovisión inmediatista: La realidad se basta con los 140 caracteres de un twitter y nuestro pueblo, en la orfandad, le abre sus puertas al tráfico de las ilusiones.

1999 es propicio, así, para una constituyente que se oculta tras el único propósito de su partero, Hugo Chávez: usarla como "destituyente" para el "reseteo" de nuestra memoria histórica. No recrea el molde social y político inédito que demanda la crisis de cambio en curso, que nos diese otra vez, como pueblo, sentido de pertenencia dentro de un proyecto nacional en común. La toma de la Justicia y la remoción de los jueces es apenas el abrebocas.

De modo que, al morir en 2013 (¿?) Chávez, como era de esperarse, cede la ficción "bolivariana" y todos, revolucionarios o contra-revolucionarios, militantes o adversarios del régimen personalista que aquel instala, en un tris nos miramos como lo que éramos y no habíamos dejado de ser sobre el puente entre el siglo XX y el siglo XXI, un rompecabezas, una "caja de gatos" –uso la atinada expresión del maestro José Ignacio Cabrujas, dirigida sobre las izquierdas– que es la descripción cabal del gobierno colegiado hoy causahabiente y de la oposición variopinta que nos acompaña.

Si la urdimbre social del país no existe –calco los consejos del Padre Jorge Mario Bergoglio, Papa Francisco– lo que se impone y cabe dialogar, es el deber de su reconstrucción impostergable, mediante consensos.

Median urgencias, económicas y sociales, urgidas de ser resueltas, es cierto. No era distinto el panorama de 1958 cuando nace el llamado Plan de Emergencia bajo una reflexión utilitaria y de coyuntura: "O plata, o plomo" le dice el ministro del interior, Numa Quevedo al almirante Wolfgang Larrazábal, presidente de la Junta de Gobierno. Pero a la sazón, poniendo sobre la mesa sus desencuentros y recelos intestinos recíprocos, sin abandonar sus personalismos, sus miradas parciales de la realidad venezolana, Betancourt, Caldera y Villalba consideran que la patria y la nación son algo más y mucho más que lo ellos alcanzaban a ver desde sus patios propios.

Ese algo, como denominador, era el desafío de la experiencia democrática como hábito de vida imaginado en 1811 y 1830; valor susceptible de atarlos sin dejar de ser ellos partes en controversia. Ninguno renunciaría a su estrategia ni aspiraciones, pero todos se obligaban, para los momentos de peligro, a salir "de sus refugios para llegar a la trascendencia que funda", dicho esto con palabras de Bergoglio. Fueron capaces de distinguir entre el drama y la tragedia que arrastra a toda empresa humana hacia el desastre. Optan por escoger entre la vida y la muerte, entre el bien y el mal, y nos invitan a apostar al "proyecto de un país para todos". Era lo esencial, como lo es en el presente.

EL CASO CARVAJAL

(27 de junio y 29 de julio de 2014)

No son públicos los detalles de fondo esgrimidos por el gobierno de USA para convencer a las autoridades holandesas de la extradición –finalmente denegada por éstas– por presuntos delitos relacionados con el narcotráfico y el terrorismo, del general Hugo Carvajal, antiguo jefe de la inteligencia militar venezolana y pretendido Cónsul de Venezuela en Aruba.

En cuanto a lo primero, se sabe la presencia de dicho general y otros de sus compañeros de armas en las listas de personas señaladas por sus relaciones con narcotraficantes y terroristas por las autoridades estadunidenses. Y sobre la situación de Carvajal, a quien el Presidente de la República, Nicolás Maduro, defiende sin reservas –"me la juego por él"– y responde que se trata de un ataque contra Venezuela y su revolución, vale decir que el mismo no es un "diplomático protegido por la Convención de Viena", a pesar de lo afirmado por el uno y el otro caminando sobre tierra movediza. Es la tesis confirmada por el juez que conociera de su detención.

Carvajal fue designado Cónsul General en la citada isla, pero Holanda no le ha otorgado el exequatur. Más lo cierto es que, incluso habiéndoselo otorgado, según la Convención de Viena sobre Relaciones Consulares los funcionarios consulares, incluidos los provisionales como es caso de Carvajal, a diferencia de los representantes diplomáticos no gozan de inviolabilidad personal plena, pudiendo "ser detenidos o puestos en prisión preventiva... cuando se trate de un delito grave", como reza el artículo 41 de ese tratado multilateral.

Carvajal ha viajado bajo la protección de un pasaporte diplomático, lo que en nada cambia la circunstancia anterior. No es diplomático. Esa identificación, para que surta efectos más allá de nuestras fronteras requiere que su titular ostente a cabalidad la condición de diplomático, es decir, haya sido acreditado por el gobierno que representa y luego aceptado como tal por el gobierno u organismo internacional que lo recibe; así lo porte un Cónsul. Del resto, tales pasaportes son un saludo a la bandera. A quienes los llevan sin estar investidos de las calidades que dice atribuir, les permite presumir o acaso alcanzar un eventual trato preferente o de cortesía por las autoridades de inmigración de los países hacia los que viajen. Nada más.

El caso del general Augusto Pinochet es ilustrativo. Fue detenido en Londres por crímenes de lesa humanidad, hacia 1998. Esgrimió su condición de ex Jefe de Estado y su inmunidad, reconocida por una ley vigente de su país, y afirmó ser portador, por lo mismo, de un pasaporte diplomático.

Lo cierto es que la justicia británica no admitió su alegato, menos los efectos extraterritoriales pretendidos por dicha ley local. Su extradición fue acordada, al margen de que por razones políticas el ministro de justicia de la Gran Bretaña, bajo protesta del Alto Comisionado de Derechos Humanos de la ONU, hubiese decidido entregárselo a las autoridades de su patria, luego de un muy largo proceso.

Carvajal tenía derecho a un juicio previo de extradición y justo, en las instancias de Aruba y de Holanda. Luego se sabría si procede o no el requerimiento norteamericano. Pero esto es historia, por encontrarse libre.

Lo que queda de bulto y mal puede ocultarse es la gravosa y desdorosa situación que, casos como el de Carvajal, significan para Venezuela, a la vez que comprometen la muy debilitada justicia internacional contemporánea.

Chávez y su entonces Canciller, Nicolás Maduro, decidieron profundizar sus relaciones de amistad con las FARC sin reparar en las consecuencias. Hacia agosto de 1999, como consta, aquél autorizó un pacto con éstas para que la violencia de su narco-guerrilla no se expandiese indiscriminadamente en territorio venezolano. A la sazón, le autorizó usar nuestro territorio como aliviadero o sitio de reposo. Dispuso de recursos energéticos e instrumentos financieros para beneficiarla, al punto de que el propio Presidente, desde la tribuna del parlamento, les otorgó su reconocimiento internacional.

Desde entonces se susurra, *sotto voce*, sobre la existencia de cárteles y de soles en Venezuela. De tanto en tanto llegan las noticias desde África, México, Centroamérica o Europa, dando cuenta de aeronaves con matrícula nacional que trasladan droga hacia tales destinos. Y otro militar, Coronel y antiguo magistrado de la Sala Penal, Eladio Aponte Aponte, confiesa hace dos años haber puesto en libertad a narcotraficantes por pedido del Palacio de Miraflores; amén de que el narcotraficante al que lo vincularan y motivó su exilio, Walid Makled, antes de ser rescatado en Colombia por el gobierno chavista para impedir su extradición hacia el Norte, dijo tener en su nómina a diputados, ministros, y también generales.

Lo veraz, a fin de cuentas, es que en noviembre del pasado año los Reyes de Holanda suscribieron acuerdos de cooperación petrolera y sobre lucha contra el narcotráfico con el actual presidente venezolano. ¿Privó ahora, en la decisión política y de oportunidad holandesa de liberar a Carvajal, acaso lo primero? ¿O será que el tráfico de drogas no es un delito grave, como lo pide la Convención de Viena?

LA BANALIZACIÓN DEL NARCOTRÁFICO

(2 de agosto de 2014)

Son distintas las caracterizaciones que reciben los gobiernos integrantes del eje de La Habana, que poco a poco, luego de la influencia política ejercida por ésta sobre aquéllos, en lo adelante también se sujetan al dominio económico de los chinos. Venezuela es el modelo.

Desde la trinchera intelectual se habla de autoritarismos electivos o populismos carismáticos con vocación totalitaria: pero lo único veraz es que todos a uno apelan a la democracia procedimental –elecciones– para vaciarla de contenido democrático y eliminar la alternabilidad. A la vez, rescatan de sus cenizas al parque jurásico del marxismo, le limpian el rostro y lo ponen a ritmo de Twitter, crean hegemonías comunicacionales, a la vez que practican el capitalismo salvaje con los dineros públicos mientras cuestionan nominalmente a la globalización y sus poderes mediáticos y financieros.

Lo relevante es el denominador común que se los traga en silencio y engulle a nuestros pueblos en medio del debilitamiento y desinstitucionalización que sufren los Estados que detentan tales gobiernos. Minúsculos para asumir los graves desafíos contemporáneos y elefantiásicos a la hora de resolver sobre la cotidianidad de la gente, reducen su tarea a la compra de lealtades o la indiferencia; de modo que se personalizan estos y sus gobiernos mientras la hidra del narcotráfico envuelve sus pedazos, las partes restantes de la vieja organicidad pública, cooptando y controlando partidos, militares, jueces, policías, redes económicas y bancarias, puestos de identificación e inmigración, registros y notarías públicas, etc.

No exagero al plantear lo anterior.

La cuestión muestra su rostro gélido tanto como desnuda la muerte moral de la *res-publicae* desde cuando, en el asiento del Socialismo del siglo XXI, Venezuela, se recibe con honores de jefe de Estado –luego de que Holanda lo libera, al considerar que no media "delito grave" como lo pide la Convención de Viena sobre Relaciones Consulares– a un general, Hugo Carvajal, señalado como presunto cabeza de uno de los cárteles del narcotráfico. Es rescatado por el presidente Nicolás Maduro, quien lo presenta ante los suyos como héroe nacional. Antes, le espeta a la opinión pública que se la juega por él.

La historia es ominosa. Los homicidios por ajustes de cuentas saltan en Venezuela de 4.500 en 1999 hasta casi 24.000 en 2013, sin contar los asesinatos de Estado nunca investigados que se comentan en los mentideros, para acallar razones que se ignoran pero presumen.

En 2008, Hugo Chávez, banalizando el asunto, desde la Asamblea Nacional y al hablar del territorio que él y sus "pares" gobiernan, propicios para la realización de la utopía, dice a los embajadores presentes que "la coca no es cocaína". "Yo mastico coca todos los días en la mañana y miren como estoy. Evo me la regala así como Fidel me manda helados Copelia y muchas otras cosas que me llegan frecuentemente de La Habana". Hoy se encuentra tres metros bajo tierra, según afirman, en el Cuartel de La Montaña, en Caracas.

Lo cierto es que los venezolanos sufrimos los efectos devastadores del pacto que suscribieran Chávez y las FARC en agosto de 1999, a través de otro militar señalado de vínculos con el terrorismo y las drogas, Ramón Rodríguez Chacín. El capo Walid Makled, empresario chavista, a la sazón no es entregado a los americanos por el presidente Santos, como Holanda no entrega a Carvajal, y sí son devueltos a Caracas mientras el primero declara, para hilaridad de una Justicia servil, que ha financiado ministros, diputados, y generales.

Se entiende así, en medio de colusiones y lenidad, que a todas éstas el indicado Carvajal fuese jefe de inteligencia militar –suerte de Vladimiro Montesinos– del chavismo y, luego, que Maduro lo reincorporase a la actividad militar, le nombre su Viceministro de Lucha contra la Delincuencia Organizada, antes de hacerlo Cónsul: "punto de fusión entre lo militar, lo político y lo netamente criminal", escribe el periodista Javier Ignacio Mayorca el pasado 28 de julio en "El ocaso del general".

Entre tanto, la Conferencia Episcopal Argentina, en noviembre pasado, advierte al gobierno de la Kirchner sobre el avance del narcotráfico en su país, en una "situación de desborde que ha llegado con la complicidad y corrupción de algunos dirigentes". Y es electo, cabeza de la UNASUR, el ex presidente Ernesto Samper, cuyo gobierno suscita polémicas y es aislado por USA desde 1994, al recibir para su campaña dineros de la droga.

El socialismo del siglo XXI, en suma, juega a las elecciones. Y cabe preguntarse si los narco-gobiernos salen por el escrutinio de la opinión pública o manifestaciones civiles. Se trata de una tragedia, que la imaginación democrática regional ha de transformar en drama.

ARMANDO EL ROMPECABEZAS

(9 de agosto de 2014)

No cabe duda en cuanto a que, desaparecidos Hugo Chávez y sus propiedades carismáticas –que ocultan la anomia política e institucional de Venezuela, no resuelta con la constituyente y la Constitución de 1999 pues mudó en mero instrumento o mito movilizador– la realidad citada ha vuelto a aflorar, descarnadamente, bajo el gobierno de Nicolás Maduro.

No es que ahora se encuentre parcelado el territorio gubernamental y en desencuentro sus partes –que lo está, pues fallecido El Padrino sus causahabientes delimitan espacios de poder con artes mafiosas– sino que, la misma oposición democrática, acusa una igual fractura, que es existencial y no es nueva.

En la circunstancia, que se extiende por casi tres lustros, la unidad de lado y lado ha sido apenas funcional, atada a la "democracia procedimental" y subestimándose, de lado y lado, a la democracia como estado de vida y del espíritu; tanto como fue funcional el dictador Marcos Pérez Jiménez, al favorecer como peligro el entendimiento en 1957 entre los padres del Pacto de Punto Fijo, quienes hasta la hora previa se pasan cuentas y buscan ajustarlas. Pero se entienden Rómulo Betancourt, Rafael Caldera, y Jóvito Villalba, al final, sobre todo por compartir el sueño de nuestros Padres Fundadores de 1811, civiles, demócratas, e ilustrados.

Por lo pronto y entre tanto la miríada de focos del movimiento opositor logra escamotear su unidad necesaria; pero cabe decir que, por lo pronto y entre tanto es bueno que los responsables de la destrucción nacional, el triunvirato Maduro, Diosdado Cabello y Rafael Ramírez, se cocinen en su propia salsa. Y que el ojo colectivo no se distraiga y aprecie, en su justa dimensión, la naturaleza del régimen, desnudo como nunca antes, y en lo adelante susceptible de una síntesis cabal: Narco-Socialismo del siglo XXI. Vale dejar atrás las exquisiteces de nuestra ciencia política, ocupada de saber si vivimos o no bajo un autoritarismo competitivo o en una dictadura electa.

Aún hoy, a la intemperie y al descampado como se encuentra el país, hecho hilachas por todas partes –como cabe reconocerlo sin abrumarse– los opositores, en sus agónicas y meritorias luchas de trinchera confrontan y se separan haciendo de lo instrumental dogmas de fe, puntos de honor, pues unos no entienden que es historia la realidad partidaria de nuestro siglo XX, y los otros, afanados por las coordenadas distintas del siglo corriente, olvidan que asimismo cunde el desarraigo en los pueblos que le dan la espalda a sus raíces constitutivas.

Cabe decir, en buena lid, que todas las armas constitucionales esgrimidas por las partes y partidarios de nuestra democracia son legítimas. Es un error demonizarlas. Todas a una valen en sus respectivos contextos, sean asambleas ciudadanas, debates sobre lo que cabe constituir de nuevo, participación en elecciones, movilizaciones de calle, reclamo a los gobernantes que destruyen a nación y la patria para que frenen sus desmanes y tengan las agallas de renunciar.

Pero esas partes y partidarios han de comprender que, más allá de sus cuarteles de lucha o trincheras, hay un campo de batalla que reclama ser visualizado en su conjunto, desde un Estado Mayor, con larga-vistas a la mano, apuntalado en lo que ata a los diferentes.

He insistido y seguiré machacando sobre la importancia de entender la realidad cabal que nos rodea y desmorona como pueblo, sin matizarla o falsearla, conjurando el riesgo de nuestra total fragmentación. He repetido, siguiendo los consejos de Jorge Mario Bergoglio, hoy Papa Francisco, que por mediar un desarraigo monumental entre nosotros los venezolanos, urge un alto para mirar hacia atrás y hacerlo con espíritu crítico, si aspiramos a reencontrar –como Dante– el camino perdido, descubriendo lo que nos identifica, cabe repetirlo, en la diversidad de lo que somos.

Se requiere de humildad, sobre todo de coraje para avanzar hacia el futuro, apalancados en lo que nos otorga identidad, pues cuando se pierde el coraje se apela a lo providencial, se acepta el sometimiento, y se le da cabida a los programas de supervivencia en defecto de una Utopía compartida.

Nuestra historia es el patio en donde aún se debaten dos opciones para entender al país y dibujarlo: la del "gendarme necesario" o el traficante de ilusiones –de gorra militar o con gorra de pelotero– que exacerba el Mito de El Dorado –al petróleo– o nos lee una proclama épica a fin de retrasar nuestra emancipación social y política; o la de la restauración civil y democrática, donde el piso son nuestras creencias compartidas y debatidas, donde todos, con nuestras parcialidades y tareas propias, armónicamente, podamos ensamblarnos en la lucha por instalar la democracia allí donde nos falta, para regar a la democracia en los espacios en los que prende, y cuidar de la democracia para que no desfallezca donde echa raíces.

CRÓNICA DEL ABSURDO

(24 de agosto de 2014)

Dicen bien, quienes afirman que en las sociedades hechas hilachas o que han perdido todo arraigo e identidad bajo el peso de las emergencias o intentando reescribir sus historias desde cero, borrando la memoria acumulada, sus vacíos o ausencias los copan la barbarie y sus falacias. A diario construyen medias verdades sobre mentiras para solazar a incautos, quienes por falta de coraje se dejan colonizar por el desencanto y el tráfico de las ilusiones. Se trata, no obstante, de fenómenos que llegan al final, tarde o temprano, bajo el dictado de la *anacyclosis*: todo nace, todo madura, todo muere.

Pero en la espera, es el caso de Venezuela, el absurdo y la fragmentación –la muerte de las solidaridades– cubren la cotidianidad y mientras más son extremos, la capacidad de reacción colectiva cede, la impasibilidad se hace ley, y los dislates dejan de ser ocasionales. Es el caso, por ejemplo, de la última declaración de Nicolás Maduro, cabeza y miembro del triunvirato que domina sobre el territorio de la otrora República de Venezuela, que apenas existe por algo más de medio siglo hasta que la revolución socialista del siglo

XXI la entierra prosternando el nombre de quien fuera su Libertador, Simón Bolívar. Y dice aquél, entre anuncios que indican la mutación de nuestros viejos ciudadanos en simples números o huellas de rebaño que cabe alimentar hasta que los hornos de la vileza se los engullan, que está prohibida la exportación de productos e insumos que hagan parte de la dieta básica.

Lo cierto es que uno se pregunta qué podemos exportar los "venezolanos" en esta menguada hora, cuando lo poco que consumimos se importa bajo racionamiento, incluida la gasolina que compramos al Brasil luego de haber contado, desde mediados del siglo XX, con la privilegiada condición de productor y exportador mundial del oro negro. ¡Y es que no tenemos siquiera gasa y adhesivos para cubrir, cuando menos, las heridas de las decenas de enfermos, heridos o muertos que –aquí sí– produce anualmente la factoría revolucionaria.

Entre tantos absurdos se anuncia luego el cierre de la División contra las Drogas de la policía científica, pues la cuestión quedará en manos de la llamada ONA u Oficina Nacional Antidrogas, bajo la regencia de otro soleado de nuestra Fuerza Armada. Y queda atrás, para el anecdotario o la crónica que probablemente ilustre a las generaciones del porvenir, la cuestión ominosa del denominado Cartel de los Soles o el affaire reciente de uno de sus presuntos socios o relacionados, quien recibe honores de Estado desde su llegada al Aeropuerto Internacional de Maiquetía, en su celebérrima Rampa 4, desde donde despegaran los cargamentos de droga atribuidos al empresario bolivariano, hoy encarcelado, Walid Makled.

A la sazón, mientras asume sus funciones como Secretario General de UNASUR, el expresidente colombiano Ernesto Samper, trayendo a la memoria sus momentos de agonía como gobernante luego de que su contendor y sucesor en la Casa de Nariño, Andrés Pastrana, lo señalase de haber mantenido vínculos o recibido donaciones del narcotráfico, aquí se anuncia, como hecho de mayor trascendencia, la detención de un twittero quien desde Barinas se dio la licencia de criticar al régimen del triunvirato. Y con gran despliegue policial y disposición de una aeronave, se le trasladó hasta Caracas y se le encerró en el Helicoide, a la espera de que la espada de la Justicia socialista le caiga sobre la cabeza.

Y como las colas de trashumantes, suerte de bancos de sardinas, ahora pululan en los establecimientos comerciales y mercados de nuestra arrasada geografía, tratando de hacerse, a manotazos, de lo que "haiga", la mano racional del triunvirato opta por imaginar que acabará con ellas sancionando a los dueños de dichos establecimientos; si no aumentan en número los despachadores o cajeros de sus enjutos y macilentos negocios.

Lo paradójico es que tampoco hay velas –se quejan desde Puerto Cabello– que nos permitan hacernos siquiera de una para rezarle a los santos o a la Virgen de Coromoto o la Pastora en este desierto sin tierra prometida, o para, a la manera de Diógenes de Sínope, filósofo griego perteneciente a la escuela de los sínicos, vagabundear por nuestras calles con nuestra pobreza a cuestas hecha virtud y con una lámpara para iluminar nuestros pasos en búsqueda de hombres honestos. O a fin de topar con uno de los triunviros que hoy nos desmandan –Maduro, Cabello, Ramírez– y quienes pueden preguntarnos qué más pueden hacer por nosotros en el plano de los absurdos, y al efecto decirles que sí: que se aparten de nuestra vista porque nos tapan el sol. Nos niegan la concordia, el cambio, la serenidad, la paz, visto que lo demás, los insumos para el buen vivir –que no para "vivir viviendo" a los demás– a buen seguro llegarán por añadidura, y terminarán con la escasez.

CABALLOS DE TROYA

(31 de agosto de 2014)

Luego de que la Comisión Interamericana de Derechos Humanos, fundada en 1957 y cuyo primer presidente es el honorable escritor y ex gobernante venezolano don Rómulo Gallegos, sirviese de refugio a la dignidad humana y la democracia de ejercicio en las Américas, hoy medra en ella la abulia.

Los gobiernos del Ecuador y Venezuela la han horadado y perseguido hasta ponerla de rodillas y enmudecerla. Han propiciado la parálisis de sus funciones tutelares e inquisitivas, con la aviesa complicidad del Secretario de la OEA, José Miguel Insulza. Toda denuncia, de toda víctima, ha de reposar cuando menos 5 años en los anaqueles de la Comisión antes de que le pida cuentas a los gobiernos responsables. "Nada se parece tanto a la injusticia como la justicia tardía", afirma Cicerón.

Ahora le llega su turno a la Corte Interamericana, instancia judicial del universalmente reconocido Sistema Interamericano de Derechos Humanos. Pero media una particularidad, ominosa.

A la Comisión y su Relatoría para la Libertad de Expresión, los gobiernos del eje cubano-venezolano las agredieron frontalmente. En el caso de la Corte su circunstancia responde mejor a la lógica sibilina de los artesanos del Socialismo del siglo XXI; ese que Fidel Castro llama comunismo a secas y se hace servir del andamiaje democrático, global y digital, para desmontarlo desde adentro con sus instrumentos. A la Corte le bastó que uno de sus jueces fuese presa de la ambición y decidiese mudar su historia –de juzgador de violaciones de derechos humanos cometidas por los Estados ahora intenta ser empleado de éstos, desde la Secretaría de la OEA– para conocer "desde adentro" las fauces destructoras del socialismo falaz.

El cambio de oficio o la aspiración personal nunca son censurables. Todo lo contrario. Son inherentes a la perfectibilidad de lo humano. Pero cualquier modificación de ruta existencial, sobre todo en quien administra Justicia, queda atada más que en otros supuestos a las reglas éticas del oficio y de la democracia, sin las cuales los derechos que ha de proteger todo juez pierden su contenido y fallan en sus garantías. La transparencia y el uso de medios legítimos para fines legítimos, es al respecto insoslayable.

Sensiblemente, el aspirante a sucesor cabal de Insulza, el juez Diego García Sayán, relajó tales exigencias. Y mi consideración no tiene pretensiones hirientes o subalternas.

Desde 2008, al juzgar la Corte en el Caso *Kimel* vs. *Argentina*, relacionado con la libertad de expresión, García Sayán se encarga de ponerle freno a la doctrina democrática en la materia para aproximarla al credo del eje cubano-venezolano. Y al efecto, en decisión que por vez primera divide abiertamente al Alto Tribunal Interamericano, sostiene –dicho en términos coloquiales– que debe llevarse a la cárcel a todo periodista que ofenda el honor de los funcionarios y cabe, además, legislar para frenar el poder de la prensa.

La cuestión grave es que, desde antes, García Sayán se querella contra la prensa peruana por los señalamientos críticos que le hace luego de ejercer como ministro de Estado. No se inhibe sucesivamente para juzgarla, como era su deber.

Durante los años que siguen, antes de solicitarle al Presidente de la Corte –no a la Corte en pleno como corresponde estatutariamente– se le permita separarse de sus funciones como juez, pero sin perder sus privilegios como tal y a fin de hacer su campaña electoral, se despide García Sayán coronando de halagos a los gobiernos del eje cubano-venezolano, repetidamente denunciados como violadores de la Convención Americana.

En el Caso *Fontevecchia* repite su credo sobre la prensa y en *Mémoli*, ambos contra Argentina, el juez-candidato justifica la condena penal que la Argentina le impone a un periodista por informar sobre un concesionario de servicio público quien le quita dineros y engaña a los usuarios con tolerancia de las autoridades y el enardecimiento de éstos, argumentando que se trata de un asunto entre particulares. Y en el Caso *Brewer* vs. *Venezuela*, cuya justicia parcial, venal y politizada ha sido condenada repetidamente por la comunidad internacional y al paso se ha insubordinado contra la propia Corte Interamericana, García Sayán opina que si acaso se le violaron a la víctima sus derechos a la defensa, tales violaciones no se dan por consumadas hasta tanto esos mismos jueces parciales, venales y politizados se rediman, y decidan corregir sus abusos.

Los colegas del juez-aspirante, los de mayor tradición judicial y ortodoxos en la defensa de los estándares de la democracia, del Estado de Derecho, y de los derechos humanos, están escandalizados. La aspiración de García Sayán, quien sostiene que los valores democráticos tienen sus "claros y oscuros", marcha, en fin, a costa del desmontaje, desde adentro, de 30 años de doctrina que privilegia la dignidad humana por sobre el Estado y sus abusos.

SANTOS Y HOLGUÍN, UNA DECEPCIÓN

(7 de septiembre de 2014)

Con cierto dejo de cinismo, conscientes de llevar a cabo un atropello a las reglas más elementales del Estado de Derecho, en una democracia garantista de la dignidad humana, las autoridades de Colombia afirman que la entrega expedita a los Servicios de Inteligencia venezolanos de un estudiante acusado de "expresarse" y "opinar" libremente en contra del régimen de Nicolás Maduro, la hicieron de acuerdo con la ley y respetando los derechos humanos. Nada más. Pero nada más falaz.

Resulta irrelevante –tampoco nadie lo informa– indagar sobre los hechos y circunstancias particulares que dieran lugar a la expulsión de Lorent Gómez Saleh, ni que hacía o acaso que relaciones tejía en territorio neogranadino. Basta saber, y eso sí lo declaran las autoridades vecinas, que lo despacharon en aplicación de un decreto ejecutivo, genérico en su texto, que le permite a las autoridades de migración impedir el ingreso o disponer la expulsión de todo extranjero que pueda poner en peligro el orden público y la seguridad nacional. Cabe presumir que el mismo fue redactado así en el marco de la lucha agonal contra el narcotráfico.

Pero a todas estas y es lo que importa señalar, Colombia es Estado parte de la Convención Americana de Derechos Humanos. Su Constitución vigente le otorga primacía a las normas de los tratados internacionales relativos a tales derechos y sus libertades por sobre su ordenamiento jurídico interno.

Por lo visto, Juan Manuel Santos y su Canciller, María Ángela Holguín, olvidaron que la citada Convención, en su artículo 22, dispone que sólo a través de disposiciones de rango legal se puede limitar o restringir el derecho a la libre circulación. Y el extranjero, quien se halle legalmente en el territorio de un Estado parte de la Convención, "sólo podrá ser expulsado en cumplimiento de una decisión adoptada conforme a la ley". En pocas palabras, a nadie se le pueden afectar sus derechos sino a través de normas de carácter legislativo, democráticamente justificadas, y con base a procedimientos que garanticen los derechos a la defensa y a la tutela judicial efectiva. Así de simple.

Pero si acaso Colombia, conforme a la ley y con fundamento en decisiones legítimas –donde el orden y la seguridad nacional se entiendan como el orden de los derechos humanos– tuviese motivos para extrañar a un extranjero de su territorio, "en ningún caso", según la Convención, puede devolverlo a su país de origen, menos entregarlo a sus autoridades –como ocurriera con Saleh– si existe el riesgo de que pueda ver afectados sus derechos a la vida o a la libertad personal a causa de "sus opiniones políticas".

No es secreto para Santos ni Holguín que Nicolás Maduro separó a Venezuela del Sistema Interamericano de Derechos Humanos. Les consta que desde febrero pasado, de manera sistemática y generalizada su gobierno a violado los derechos a la vida, a la integridad y a la libertad personal de jóvenes estudiantes manifestantes. Suman centenares, en conjunto, las víctimas de dichas violaciones. Lo que es más grave, saben el presidente y la ministra de relaciones exteriores de Colombia, que la Comisión Interamericana de Derechos Humanos, ha declarado repetidamente que en Venezuela se usan la Justicia y los jueces penales para la persecución de la disidencia política y democrática.

Quiéranlo o no, les importe o no, la decisión administrativa mediante la cual a Gómez Saleh y otros estudiantes venezolanos se le expulsó y entregó a manos de las autoridades de inteligencia al servicio de Maduro, cristaliza en una violación de la Convención Americana que compromete la responsabilidad internacional de Colombia por hecho internacionalmente ilícito. Cabrá valorar, luego y sobre los efectos, cual es el alcance de las responsabilidades individuales que quedarían comprometidas al respecto, a lo largo de la cadena de disposiciones que llevaran al señalado atentado a la Convención y a la dignidad humana de las víctimas.

Es imposible digerir o racionalizar la iniciativa colombiana, que no sea observando que en cabeza de los vecinos gobernantes, demócratas e hijos de un país con acerada tradición en cuanto a la independencia de su judicatura, prendió el virus que destruye de raíz a toda democracia, a saber, justificar en la legitimidad de los fines la ilegitimidad o arbitrariedad de los medios dispuestos para alcanzarlos.

La opinión pública de Colombia en buena hora ha reaccionado y con fluidez se ha expresado sobre la cuestión, al punto que la misma Canciller hubo de ofrecer sus explicaciones. Pero lo que nunca podrá explicar es lo elemental, haber entregado a los verdugos un estudiante opositor y demócrata de cuyo destino nada se sabe, pues saben Holguín y su presidente que bajo el régimen de Maduro rige a cabalidad la ley de la mordaza.

¿DIÁLOGO EN UNASUR?

(13 de septiembre de 2014)

Recobrar la vigencia de lo político –escribe hacia 1992 el jesuita Jorge Mario Bergoglio– "es recobrar el horizonte de síntesis y de unidad de una comunidad, horizonte de armonización de intereses, de organización de la racionalidad política para dirimir conflictos; horizonte estratégico de acuerdo en lo esencial, de creencia de que nuestra propia identidad y seguridad personal, familiar y sectorial es frágil e imprevisible sin el marco superior de lo político".

Esa perspectiva, que de suyo impone la disposición del ánimo colectivo para el acuerdo a través del diálogo fecundo entre demócratas, habla de la sustancia de la cultura política, distinta de su perversión, la politización o el juego de oportunidad.

¿Se encuentra Venezuela urgida de un diálogo por su anomia social y política, por su división entre bandos con poderes reales o equivalentes de decisión como en el caso colombiano, o su "descuadernamiento" es el producto de un modelo de dictadura impuesto por una parte que centraliza el poder total en detrimento de una mayoría inerme, que sólo tiene como arma y su voz a la Constitución?

La hibernación transitoria en la que se encuentra la opinión pública democrática opositora por su censura oficial y por fractura afectiva, originada en diferencias tácticas con vistas a la defensa de los espacios de libertad que a diario le hace magros el gobierno marxista y militarista de Nicolás Maduro, hace dable y urgente ayudarla como prioridad, a fin de que encuentre una narrativa o cosmovisión que le permita sostener su pluralismo, la pluriformidad de sus acciones en la unidad de los valores compartidos.

La demonización recíproca entre muchos opositores por diferencias que acusan en cuanto a las vías para la reinstitucionalización o el rescate de la democracia –que no se reduce y desborda a la inflación electoral a la que se nos ha acostumbrado– ha lugar, justamente, por orfandad de cultura política, de una narrativa ética común. Todas las vías constitucionales y democráticas valen y todas son legítimas como vagones separados de un mismo ferrocarril. Eso cabe entenderlo, salvo que nos empeñemos en hacer dogma de fe de las razones instrumentales por sobre la razón moral y democrática.

Que urge un nuevo y distinto orden constitucional fundado en un modelo que mejor se mire en las coordenadas del siglo en curso es una verdad meridiana, cuando menos para quienes adhieren a la democracia sustantiva y su principio *pro homine et libertatis*, distinta del credo inscrito en los artículos 3 y 1 de nuestra Constitución –el pecado original– fundado en el principio *pro gubernatore et imperium*: "El Estado tiene como sus fines esenciales… el desarrollo de la persona…con apego a la doctrina de Simón Bolívar". Pero ese objetivo tendrá su momento, que mal puede descalificarse arguyéndose que le sirve en bandeja de plata a los enemigos de la democracia tomar la delantera y profundizar en las desviaciones totalitarias del actual texto constitucional mediante un referéndum.

Si media tal peligro o la corrupción conocida de nuestro proceso comicial o la hipotética mayoría oficial que algunos predican y les preocupa, ello descalifica al paso la propia alternativa de quienes aconsejan esperar a las elecciones parlamentarias.

También es obvio que mal se puede constituir "democráticamente" como un salto en el vacío –así ocurría en el pasado– y omitiendo el necesario diálogo nacional al respecto; lo que, según entiendo, se proponen conjurar los organizadores del llamado Congreso ciudadano, que aspira el dibujo participativo de la Venezuela posible y del porvenir.

Y a quienes optan por el ejercicio electoral como única opción inevitable, tampoco puede cuestionárseles así no más. Usan un medio de movilización y resistencia válido, como lo fuera en 1952 y en 1957; pero al paso cabe decir que ellos también necesitan de banderas. La Constituyente fue el pendón electoral de Chávez, antes de constituir a su antojo, y la sociedad democrática en diálogo abierto, asimismo, puede ser útil para dar luces a los aspirantes a diputados, exigiéndoles que se pongan la patria sobre los hombros y no que se monten sobre la patria.

Urge un diálogo, en fin, pero entre las víctimas del régimen –presos políticos, estudiantes torturados, carenciados, ciudadanos de a pie, partidos, parlamentarios, Ong's– y no con un régimen que para corregir su rumbo suicida le bastaría poner un freno a su despropósito antidemocrático y suicida.

¿Dialogaremos con Samper, quien comparte con Maduro su odio irrefrenable al imperio, que lo aislara después de haber coludido con el narcotráfico para ser presidente de Colombia? ¿Dialogaremos con el Canciller Holguín, quien violó la Constitución de Colombia y los tratados de derechos humanos entregando estudiantes opositores a los verdugos de Maduro, por "opinar" en su contra?

RAYMA Y EL PERIODISMO TESTAFERRO

(21 de septiembre de 2014)

Luego de ser ícono del periodismo de humor en El Universal, por dos décadas, la censura le bota sus lápices a Rayma, Rayma Suprani, artista plástica y comunicadora de sensibilidad, quien fragua en los hornos de la muy liberal Universidad Central de Venezuela; donde también se cuece nuestra primera expresión intelectual civilizada, la de los doctores de la pionera Real y Pontificia Universidad de Santa Rosa de Lima y Tomás de Aquino, los repúblicos de 1810 y 1811.

La cuestión no es irrelevante. Que los gerentes de "parabán" del nuevo El Universal decidan cambiar de línea editorial, una vez como transan su compra y le quiebran las piernas a su antiguo propietario, cabe debatirlo; no así la purga de quienes opinan desde sus páginas, pues la opinión pertenece a quien opina y es libre en toda democracia.

Pero lo de Rayma desborda y es más decidor que los atropellos a los que somete Hugo Chávez Frías a los editores, periodistas y trabajadores de la prensa venezolana; a quienes al paso lapida con su voz y también con los golpes que les propina en las calles, a plena luz del día, por medio de sus "círculos bolivarianos", mudados luego en "colectivos de la muerte".

El despido que sufre Rayma deja al desnudo dos cuestiones vertebrales y preocupantes, que interesan a la moral de la democracia, la primera de las cuales es descrita por ella misma con sencillez elocuente: "La caricatura es el termómetro de las libertades de un país".

Los atisbos de nuestra caricatura política tienen lugar en vísperas de la Revolución de Abril de 1870 y hasta cuando se entroniza con ella el dominio personalista de Guzmán Blanco, Dictador, Ilustre Americano, Regenerador, Jefe Supremo. Mas es con la aparición de El Diablo, al iniciarse el mandato de Raimundo Andueza Palacio, en 1890, que luego tiene como su director a Lucifer, cuando ha lugar al nacimiento cierto del humorismo político en nuestro país. Es la campana que anuncia la llegada, por breve intersticio, de la libertad. Venezuela, entonces, ensancha sus pulmones, procura debates parlamentarios, diatribas periodísticas, manifestaciones estudiantiles y callejeras, en ese disfrute coyuntural que les permite la mudanza de Guzmán hacia París, donde muere distante y alejado del pueblo al que somete.

Lo esencial, en todo caso, es que la caricatura, que se anticipa a la fotografía y es espacio de opinión sobre el que discurren –a la manera de una síntesis gráfica aguda, inteligente, punzante– los ideales y sueños de las generaciones civiles que nos preceden, representa el testimonio vivo de una década en la que –como lo recuerda Ramón J. Velásquez– fluyen las libertades y se permite el más amplio debate político sobre las cuestiones constitucionales, administrativas y sociales, sin antecedentes. La caricatura, ¡he aquí lo vertebral!, le mata el ceño duro a los venezolanos.

La sangrienta guerra fratricida por la Independencia nos apoca, nos deja tristes y amargados. Y el periodismo de humor con sus caricaturas nos devuelve el empuje, nos hace, como las mismas caricaturas y en su versatilidad artística, ágiles, imaginativos, valientes, anatematizadores, capaces de ser moralmente inquisitivos con los poderes de turno, desnudándolos, desacralizándolos en medio de la risa y la sonrisa para democratizarlos, ahora sin necesidad del recurso extremo a la violencia armada.

La caricatura deviene en espada virtual que resuelve controversias y procura soluciones, sin que ceda el ánimo, en las horas de nuestra mayor adversidad. Logra pacificarnos interpelando a la razón, permitiéndonos conocer mejor la realidad que nos rodea a través de su deformación exagerada y suscitando la pluralidad en las interpretaciones. Es expresión de nuestra democracia vernácula y ser nacional, condenatoria del césar democrático parido en los cuarteles y recreado por los plumarios taciturnos, amigos del sincretismo de laboratorio, alcahuetes de nuestras muchas dictaduras.

La destitución de Rayma, por ende, es "destituyente" de lo poco que nos resta de democracia. Nos arrebata, con saña cainita, nuestra válvula de escape en horas tan aciagas como las de ahora. Pero tiene una contracara peor. Desde Bolivia, a través de un doliente de los medios, recibo el libro Control Remoto, del periodista Raúl Peñaranda, a quien un banquero venezolano tienta para que le dirija un periódico al servicio de Evo Morales. Describe la emergencia de los "medios paraestatales", adquiridos por quienes se lucran con sus proximidades a estos dictadores del siglo XXI, a los que luego les entregan "el control editorial e informativo de los mismos".

Entre gallos y medianoche, hijo de la impostura, nace el periodismo testaferro, que nos prohíbe reír y rompe el Decálogo, las leyes de la decencia humana.

INSULZA, HAGA SILENCIO

(28 de septiembre de 2014)

La OEA nace en 1948 como una suerte de refundación del Sistema Interamericano. Ancla ella sus orígenes en el Congreso Anfictiónico de Panamá de 1826, de neta inspiración mirandina.

Cambiando lo cambiable, es propósito común de ambos hitos en la historia de las Américas la defensa de la república democrática y su protección mediante el esfuerzo colectivo de todos los gobiernos. A la vez y como consecuencia, la No intervención cristaliza como uno de los ejes del Derecho internacional americano, que sensiblemente se ha desfigurado como principio por el hacer de distintos gobernantes, ignorantes u oportunistas, quienes la asumen como un muro de contención para sus despropósitos políticos y autoritarios, blindándolos tras la idea medieval de la soberanía o apelando a la reserva de los asuntos internos de cada Estado.

Se olvida de tal modo que la No intervención es la garantía vertebral de lo republicano y su intangibilidad, para purgar eventuales movimientos extranjeros e incluso domésticos que pretendan la resurrección de las formas de gobierno monárquicas, tal y como se lo propone el mismo Simón Bolívar con su Constitución de Chuquisaca, hecha el mismo año en que se adopta el Pacto anfictiónico panameño. América para los americanos indica nuestra ruptura y separación definitiva de los modelos políticos del viejo mundo.

Luego de la Conferencia de Bogotá, donde Venezuela es representada por el ex presidente Rómulo Betancourt, el compromiso con la democracia –de allí el llamado "cordón sanitario" alrededor de las dictaduras– adquiere otra vez su talante como principio estructural, que mal pueden trastocar el voluntarismo de los gobiernos o el dictado incidental de las mayorías populares.

De modo que, la No intervención, como regla, se hace compleja para significar hoy la libertad de toda nación y de todo pueblo para darse, democráticamente y sin interferencias, un sistema político y económico dentro de la pluralidad de opciones que ofrece la misma democracia, como contexto inmodificable.

Esto es así, no de otra manera, a pesar de lo que opina José Miguel Insulza, médico forense y enterrador de la OEA. Cree no superado, aún, el sistema internacional de Estados paritarios y absolutamente soberanos que rige antes y durante las grandes guerras del siglo XX; cuyos gobiernos disponen con total arbitrariedad del destino de sus pueblos bajo la mirada inerme de la burocracia internacional, como la que tuvo bajo su cuidado a la célebre Sociedad de las Naciones.

Olvida Insulza que sobre la dramática experiencia del nacional socialismo y el fascismo, que paren el Holocausto y llevan a millones de víctimas inocentes hasta sus hornos crematorios o campos de concentración, luego de 1945 se imponen las ideas del Bien Común Universal y el orden público mundial, reflejadas en la Carta de San Francisco. En lo sucesivo los Estados y sus mandatarios no pueden tremolar sus soberanías para encubrir con impunidad sus violaciones de derechos humanos, entre éstos el derecho a la democracia y al Estado de derecho, que los aseguran en su vigencia y efectividad.

En las manos de Insulza, sea por oportunismo, sea por ignorancia o desviación ideológica, se disuelve la Carta Democrática Interamericana con argumentos propios de la primera mitad del siglo XX. De sus manos, por lo mismo, reingresa Cuba –abierta dictadura interventora– al Sistema Interamericano, y cohonesta los 180 atentados que al orden constitucional y democrático le infligen Hugo Chávez y su causahabiente, Nicolás Maduro, desde 1999.

A manera de despedida, quizás con la conciencia cargada y a punto de jubilarse, pretende el Secretario de la OEA, tardíamente, afirmar lo que ya saben las miles de víctimas que a su paso deja la malhadada revolución bolivariana: No hay diálogo posible ni democrático o con destino cierto allí donde una de las partes empuña las armas y mantiene tras las rejas a sus adversarios políticos, por cultores de la democracia.

Tarde, pues, llega Insulza. Es preferible que, por vergüenza o como acto de contrición, guarde silencio; ese que lo acompaña durante la última década de agresiones manifiestas a la democracia en las Américas, sobre todo en Venezuela. ¡Y es que en silencio se frota las manos mientras los gobiernos de Ecuador y Venezuela montan su conspiración para dejar en tetraplejia a la Comisión Interamericana de Derechos Humanos¡ Y silencio mantiene mientras los citados gobiernos reescriben a su antojo la "cláusula democrática" en sede de la CELAC y la UNASUR, para hacer de ella derecho de los gobernantes y no derecho de los pueblos que tales gobernantes se obligan a respetar.

¡Siga en silencio, señor Insulza, por respeto a los muchos muertos, heridos y presos venezolanos que pasaran ante sus ojos!

LLORO POR TI, VENEZUELA

(5 de octubre de 2014)

Y la rabia altanera de Diosdado Cabello, que no cede siquiera ante la muerte por ser hijo de la parca, incubada un 4F, dice mucho acerca de la grave enfermedad que consume a Venezuela.

Si no le importan las condolencias por la ejecución –Nicolás Maduro confirma que fue obra de sicarios– del joven diputado Robert Serra, allá él. El dolor por el deceso de todo ser humano es cosa personal, muy íntima.

¡Mi sentido pésame, decimos todos!, hasta como rito que incluso cumplen los asesinos frente a las viudas de sus víctimas. Pero vayamos a lo esencial.

Nos desangramos como nación, y eso es lo prioritario. Nuestras mujeres protestan airadas por no encontrar un sobre de leche en los mercados. Pero sus carencias son el efecto de un virus más peligroso que el ébola. Me refiero a la disolución de los lazos morales, de identidad e históricos, alrededor de los que se teje la cohesión y el sentido de solidaridad de todo pueblo, con el hilo tomado de aquello que lo une en los afectos.

Sobre la pérdida de la memoria del venezolano, incapaz de valorar de dónde viene y necesaria para que transite con seguridad hacia el porvenir, ocurre nuestra colonización por la maldad absoluta –el narcotráfico, el peculado, la corrupción política– y sus encomenderos cubanos

De manos de la asociación que pacta Hugo Chávez en 1999 con las FARC, mudamos en sede del narcoterrorismo y se nos impone, desde arriba, una cultura de mafias y aprovechadores. A partir del Programa Bolívar 2000 y el incremento de los precios del barril petrolero –saltan desde 9 dólares hasta casi 100 dólares– la dilapidación del tesoro público llega al paroxismo.

El cuerpo sin alma de la nación es poseído y violado con sevicia. Lo dejan extenuado, maltrecho, sin latidos perceptibles, al borde de la tumba como experiencia colectiva.

Nos encontramos descuadernados. De otra forma no se entiende la bofetada que le propina Nicolás Maduro a las mayorías empobrecidas desde el Nello's en Nueva York y a bordo de un nuevo avión presidencial. Las hojas del país, sueltas y desparramadas, han caído al piso. No cabe encuadernarlas, a menos que los males señalados los asumamos sin escapatorias cobardes, como problemas propios, obras de nuestro deshacer, ajenos a conspiraciones o imperialismos distantes.

Hemos perdido las certezas por falta de una narrativa ética común. Hemos abandonado el coraje ante el futuro. Las horas adversas y de ignominia nos apocan, exacerban nuestro complejo colonial e imponen programas de supervivencia. Y al ras, medramos incapaces de captar la verdad, que no sea sublimándola bajo prevenciones ideológicas o utilitarismos de corta mira.

Este año, desatados los demonios por la herencia chavista, también es ejecutado el Capitán Eliecer Otaiza, ex jefe de la policía política, y en 2013, Juan Montoya, emblema de los "colectivos" armados paraestatales, causahabientes de los "círculos" que organizan el citado Cabello y el ex alcalde Freddy Bernal desde 1998, muere a manos de un escolta del ministerio del interior. No cierra el año sin el horrendo homicidio de la embajadora venezolana en Kenya, Olga Fonseca. Y en 2012 es asesinado el ex gobernador apureño y capitán Jesús Aguilarte, vecino de la Colombia narco-guerrillera.

En 2011, con 21 disparos le quitan la vida a Nelly Calles Rivas, cabeza del PSUV en Cumaná, y ocurre la masacre de El Rodeo –35 muertos y 100 heridos– de manos castrenses y de "pranes" con quienes negocia la paz el mismo Capitán Cabello. Y dejemos la cuenta aquí, pues atrás quedan la masacre de Miraflores, las ejecuciones del fiscal Danilo Anderson, de Antonio López Castillo y Juan Carlos Sánchez, en 2004; y en 2005 la del ex fiscal nacional de aduanas, Gamal Richani, quien investiga al chavista Walid Makled, cabeza visible del narcotráfico endógeno.

El periodista Orel Zambrano y al veterinario Francisco Larrazábal, dejan al descubierto la trama del negocio de drogas de Makled, coludido con altas esferas del poder político y castrense, y son asesinados en 2009.

La lista de los crímenes desde o hacia o relacionados con el Estado es larga. Desdibuja nuestra tradición. Allí están Arturo Erlich y Freddy Farfán, ajusticiados en 2006 y 2009 "por el hampa común" tras el "extravío" de 45 millones de dólares pertenecientes a la institución que cuida de la salud de nuestra banca, FOGADE.

¡Por Dios, abramos los ojos¡

La tortura hasta la muerte del diputado Serra, a quien se le recuerda como fervoroso líder estudiantil del oficialismo, esta vez protegido –¿por qué?– por escoltas casualmente ausentes y poseedor de armas de guerra, sería útil –nunca justificada– si nos ayuda a reflexionar. Él luchó por algo más que ser el mero estandarte de una misión madurista. Paz a sus restos.

UNA REVOLUCIÓN SIN JÓVENES

(12 de octubre de 2014)

Nicolás Maduro, incapaz siquiera de conservar algunos símbolos de la herencia épica de Chávez, es el final de otra aventura revolucionaria más en Venezuela. Inútil, como la mayoría de nuestras revoluciones.

En nuestro empeño secular por hacer borrón y cuenta nueva, los venezolanos nos hemos dado 52 revoluciones importantes hasta 1945 según la óptica conservadora, pues otros citan 104 en 70 años "sin hablar de simples sublevaciones".

Con igual empeño fundacional que nos deja desnudos de historia, vacíos de identidad y de suyo sin cultura nacional, más de 20 veces, hasta llegada la Revolución de Octubre, cambiamos nuestras actas constitucionales; a las que cabe sumar los textos de 1947, 1952, 1961 y 1999.

Como país, hemos admitirlo para corregirnos, somos una colcha de retazos; ni siquiera un rompecabezas con cierta probabilidad de armonía, de ensamblaje con paciencia y ojo agudo.

Hasta el nacimiento de la república civil de partidos en 1958 y como único y trágico denominador común que nos ata, medramos presas inermes del mando de los cuarteles, de los "chopos de piedra" o de los hijos de la "casa de los sueños azules", que así llaman los uniformados a la Academia Militar. Y son la excepción, aparente, los nueve civiles representantes de caudillos militares quienes ejercen el poder entre 1830 y 1931 (el rector José María Vargas, Manuel Felipe de Tovar, Pedro Gual, Juan Pablo Rojas Paúl, Raimundo Andueza Palacio, Ignacio Andrade, José Gil Fortoul, Victorino Márquez Bustillos, Juan Bautista Pérez) o los cuatro civiles quienes buscar afirmar el poder civil respaldados por un golpe militar o mediando un magnicidio, a partir de 1945 y hasta 1958 (Rómulo Betancourt, Rómulo Gallegos, primer gobernante electo mediante el voto universal y directo, Germán Suárez Flamerich, y el profesor Edgar Sanabria).

Pero lo cierto es, en el caso de Maduro y su heredad, la Revolución Bolivariana, que si en el pasado nuestras revoluciones, como la inaugural del siglo XX o Restauradora, ofrecen "nuevos ideales" y se empinan para mirar hacia el porvenir –Pérez Jiménez habla del Nuevo Ideal Nacional– la actual y fracasada sólo mira hacia atrás. Es regresiva como Yrit, la mujer de Lot, pues apenas le preocupa el ajuste de cuentas con una historia que no fue como la imaginaran sus protagonistas. No por azar, desde 1999, es ajena a la juventud y a los universitarios. El único emblema que le secuestran, en 2007, durante la protesta estudiantil por el cierre de Radio Caracas Televisión, es a Robert Serra, que lo enajenan ante la hoy Primera Combatiente, desde la Asamblea Nacional.

Le matan los sueños y le quitan los libros a Serra para hacerlo operador revolucionario, y diputado. Lo arman hasta los dientes, le engolosinan con los escoltas de todo burócrata oficial y dan una cuota de poder dentro del jacobinismo tropical; hasta que uno de éstos –según se dice y quizás en nombre de la misma revolución que hoy hace estertores– lo mata como proyecto de vida mortal.

Alguna vez, una revolucionaria enfebrecida cuenta que Chávez llega al poder para ganarle la partida a Rómulo Betancourt después de muerto. Rómulo derrota las invasiones de Fidel Castro y a sus guerrillas durante los años '60. La espina les queda adentro a los asesores inmediatos del fallecido Comandante.

No por azar, en nada les preocupa sino el pasado y sus "cadáveres insepultos" o resurrectos; dado lo cual, los causahabientes –Maduro y Cabello o el degradado Ramírez– ninguna sintonía alcanzan con el mañana.

Desde el Día de Juventud hasta ahora, el único saldo que acopian son los 3.383 jóvenes y estudiantes que han detenido, de los cuales 1.894 han sido liberados pero con medidas judiciales cautelares. El odio y pánico hacia el futuro lo expresan los 800 jóvenes heridos por sus funcionarios y "colectivos armados", los 42 muertos que dejan al paso junto al casi centenar de aquéllos quienes descubren a temprana edad el mal absoluto, la tortura de sus cuerpos.

Así se explica, cabe decirlo, la obsesión contra Leopoldo López desde cuando se inicia en la actividad política y a quien con inaudita sevicia se le persigue y mantiene tras las rejas. A la vieja generación de opositores ni nos voltean la mirada. Ese complejo frente al día después, imposible de detener o exorcizar en su advenimiento fatal, es lo que explica que, ayer mismo, Maduro y su gobierno hayan suspendido el otorgamiento de dólares a todos los venezolanos quienes cursan estudios de pregrado en universidades extranjeras, dejándolos en la inopia, sin certezas, como estúpida venganza. Su "Misión Jóvenes de la Patria", en memoria de Serra, es un acto de cinismo; trae a la memoria y desde la tumba al maestro de la mentira: "De Miraflores me voy porque este palacio he decidido donárselo a la juventud venezolana" (2001).

LA MORDAZA AL PERIODISMO INDEPENDIENTE

(19 de octubre de 2014)

Las consecuencias ominosas de la legislación regional reguladora de la libertad de expresión –de horma venezolana validada por el Foro de San Pablo– están a la vista. El común de la gente no se da por aludida. Hay cosas urgentes que priman en lo cotidiano, como las carencias domésticas, que alejan lo esencial e imponen la supervivencia.

El establecimiento de hegemonías comunicacionales de Estado –o la voz excluyente de quienes mandan a título personal luego de haber asaltado al Estado, apropiándoselo– es una realidad extendida o en curso de afirmación en Venezuela, Argentina, Bolivia y Ecuador, con sus matices. La prensa independiente, radioeléctrica o escrita, es cosa del pasado o la han comprado muñecos de ventrílocuos oficiales.

Algunos creen que su ausencia la remedia el periodismo subterráneo, el twitter y las redes sociales, eficaces en una democracia real. No así cuando la fuerza mayor o menor del Internet y sus servidores la distribuye un censor policial.

Lo cierto es que ha muerto la democracia –la expresión libre y plural es su columna vertebral– y pocos se percatan de ello, pues se la ha desmontado progresivamente, sin ruido, como cuando se elimina un puente tuerca por tuerca, viga por viga, rail por rail, sin que su usuario se percate hasta el día en que no lo ve más.

No exagero. Si le falta el papel al diario El Impulso de Barquisimeto o a Teodoro Petkoff para su Tal Cual, ello es cuestión que lamenta la gente pero ve propia del editor afectado y al caso resoluble, poco a poco. Al fin, ante de sus cierres anunciados, les ha llegado algo de oxígeno a los periódicos no gubernamentales para sus terapias intensivas. Si Nicolás Maduro niega divisas para importar papel por una parte, por la otra, a través de la Corporación Maneiro, dependencia del Palacio de Miraflores e importadora de dicho insumo, alguna bobina les da para que pongan en blanco y negro sus ideas, frustrando sus cacareados finales e invitándoles indirectamente a censurarse.

Esta realidad distinta e inédita –las dictaduras de antes cierran los medios y los de ahora se cierran solos, por obra de la ley– tuvo su origen en una razón fáctica, legitimada por jueces al servicio de los sistemas de dominación personalista instalados en los países citados. Hugo Chávez en vida, al igual que sus pares, descubren que no les basta el petróleo ni sus presupuestos para mantenerse en el poder sin alternancia, como tampoco para mandar sobre sus territorios feudalizados sin dominar la fuente de poder en el mundo globalizado, las comunicaciones.

Desde entonces enfilan sus baterías contra medios y editores locales, demonizándolos, tachándolos como antidemocráticos a la vez que de explotadores de los periodistas, tildando a éstos, a la par, de asalariados con bozal, para neutralizarlos. Y al dedo llega y calza la prédica falaz sobre la democratización necesaria de la prensa. Las leyes de control son bienvenidas, pues, según la conseja, vienen a poner las cosas en su justo sitio. Y ya están en su sitio.

La radio y la televisión, y en el caso ecuatoriano también la prensa escrita, ahora son "bienes del dominio público" (Venezuela), "administrados por el Estado" (Argentina) o "del Estado" (Ecuador), o acaso "recursos estratégicos de interés público" (Bolivia). En suma y en lo adelante, el mismo Estado, como padre bueno y fuerte, se ocupa de informarnos, de opinar por nosotros y comunicarnos lo que ellos, como tutores diligentes, consideran beneficioso para nosotros.

En nombre de la libertad, lo declara Rafael Correa desde el Ecuador, cabe "erradicar la influencia de los sectores económicos y políticos sobre los medios", y al ras, la procuradora argentina, Alejandra Gils Carbó, levanta el velo del despropósito: "Es competencia del Estado la distribución democrática del poder de la comunicación, tanto como es inadmisible la enorme ventaja competitiva en términos políticos de los medios independientes, pues ello les da la posibilidad de influir activamente en el diseño de las políticas públicas".

Nicolás Maduro, en suma, hoy piensa y habla sólo durante largas cadenas, para que los demás escuchen sin replicar. Diosdado Cabello, el capataz, insulta desde el canal del Estado mientras apresa o somete a la justicia penal a quien discrepe o lo ponga en evidencia. Y al igual que Evo Morales, Cristina Kirchner o el propio Correa, dicen encarnar a la democracia y su talante posmoderno, dentro del socialismo digital en boga.

La expresión y la prensa libres son al presente asunto de gobernantes, no derecho de periodistas o ciudadanos. La ciudadanía plural, por ambiciosa y aplaudiendo el anunciado castigo de los editores de medios, ha mudado en propaganda de Estado. Esa tenemos.

DIÁLOGO CON ARTURO

(26 de octubre de 2014)

Arturo Sosa, fino historiador, jesuita de militancia social, cabeza de las instituciones internacionales de la Compañía de Jesús, entre éstas la Pontificia Universidad Gregoriana cuyas puertas traspasé como cursante breve a inicios de los '70, desgaja con bisturí y destreza la situación política y social de Venezuela. Lo hace durante una charla que corre por las redes y tiene lugar en Medellín, recientemente.

Es el primero de nuestros intelectuales –lo digo sin obsecuencias– quien rompe con la trinchera y dibuja con seriedad, en lenguaje elemental, con fundamentos teóricos y vivencias, los males que nos aquejan y los desafíos pendientes.

Sus enseñanzas y conclusiones, no obstante, me merecen comentarios o notas al margen, pues se trata de un vuelo vertebral pero rasante. Es breve su lúcido resumen oral.

Traza las bases para un primer diálogo entre los venezolanos, que yo me atrevo a atajar, resumiéndolo y preguntándole a la vez por esta vía, pues soy convencido de que el primer diálogo, si llega ha de tener lugar entre quienes discrepamos del régimen imperante, suerte de autocracia electiva y primitiva, y que no nos entendemos por ahogados en las urgencias y atrapados por agonía de nuestros lazos sociales.

Lo primero que afirma Arturo es que somos una sociedad herida y resentida. Ello dificulta nuestra ausencia de capacidad para el debate público, para la reflexión que supere los prejuicios y genere espacios para lo político y el encuentro. Es una verdad medular, como lo creo, que mal afecto si agrego que tales heridas y resentimientos –existiendo ellos para 1998, entre las élites– no son evidentes hasta cuando las exacerba y lleva al paroxismo, deliberadamente, Hugo Chávez. Relaja con saña nuestros ya maltrechos vínculos afectivos para instalar, en su defecto, una cultura ajena y extraña, revanchista.

Cuba y las FARC, con su contracultura, hija de la muerte, son el ébola, el mal absoluto que nos contamina como virus desde entonces.

Dice Arturo sobre la necesidad de caracterizar sin equívocos nuestra realidad. Observa un sistema de dominación sin legitimidad, negado a los consensos, militar-cívico y no a la inversa, donde la conservación del poder se hace por lo mismo agonal. Es la única razón de la lucha, por la posesión de un Estado que no necesita de la sociedad sino del petróleo para sostenerse, pues es el Hilo de Ariadna que aún ata a las mayorías –el rentismo– y facilita la dominación política, oculta tras el manto de la justicia social. Un Estado centralista rige entre nosotros, dice Arturo, que se confunde con el gobierno y éste con el presidente, como suerte de monarca tropical; lindando por ende con la dictadura.

Nos describe como una realidad en la que se hace vigente la tiranía de las mayorías, eso que los griegos llaman oclocracia y mata a la democracia. Incluso así no avanza para calificar al régimen de modo terminante y apenas sugiere que muestra síntomas que hablan de ausencia de democracia. Y esa caracterización incompleta, que es central, condiciona lo que sigue.

Dice Arturo que hay ausencia no de oposición, que se reúne en negativo, sino de alternativa opositora; diría yo, que hay ausencia de cosmovisión o narrativa compartida. Agrega que sus expresiones más significativas corren sobre rieles opuestos: Uno, el representado por la "salida" de la dictadura, pues no abandonará "su" poder por la vía electoral aun cuando finja elecciones. Otro, el de quienes predican "con paciencia y saliva" alcanzar la democracia, conquistando para ello una base social que la soporte.

Arturo sostiene que enfrentar la dictadura hasta que se derrumbe arriesga llevarnos a una dictadura militar (¿?), inconveniente; en tanto que luchar democráticamente, hasta vencer, sería lo correcto. No es optimista, sin embargo, en uno u otro sentido.

Lo que si aprecio de raizal en su discurso y bien explica su aparente contradicción o duda al resumir su aguda premisa, es la confesión que hace luego a bocajarro: Una mayoría de los venezolanos no cree en la democracia, menos la clase media.

Hoy, mi amigo jesuita, preocupado por la reacción estudiantil, saca del desván y vuelve a releer –afirma– la literatura positivista de los plumarios del gomecismo.

En fin, ajusta que la urgencia del diálogo, antes de que nos anegue la violencia, tiene un obstáculo mayúsculo, la falta de confianza en la palabra por las heridas y resentimientos incubados. Yo agregaría que la limitante es la prostitución de la palabra, sin la cual no hay diálogo con destino. Chávez y los suyos se apropiaron del diccionario de la democracia y lo han reescrito. Libertad equivale a servidumbre y pluralismo significa hegemonía comunicacional, sistema de dominación, pero de conciencias y su corrupción.

EL SER QUE (AÚN NO) SOMOS LOS VENEZOLANOS

(2 de noviembre de 2014)

Pedro Paul Bello nos obsequia recién su libro sobre "Venezuela, raíces de invertebración: El ser que somos los venezolanos", donde explica el porqué de nuestro saldo histórico como pueblo invertebrado, en apariencia incapaz de sortear como ahora su hora de adversidad.

Escrito con serenidad, con responsabilidad y sin apremio, describe en sus páginas la negación que hace de sí cada venezolano antes y después de 1811; a un punto que nunca nos sentimos satisfechos o contentos ni con la obra ajena ni con la propia y por ello, en la búsqueda agónica de una razón de ser y existir, apelamos a los mitos que creamos o encontramos al azar para luego desecharlos y sucesivamente hacernos de otros en un continuo caminar que a todos nos impide adquirir aún el perfil de una Nación verdadera, ligada por los afectos y decantada sobre valores compartidos.

Paúl parte de una consideración de base que vuelve por sus fueros e impide otra vez dar por cerrado y como cosa pasada el debate acerca de nuestros orígenes republicanos: Vivimos una farsa constitucional permanente que nos obliga, de tanto en tanto, a emprender de nuevo el camino de la experiencia social, nacional y republicana, como si nunca lo hubiésemos recorrido.

Según lo explica el autor con admirable dominio sobre su argumentación, los venezolanos, antes de ingresar al purgatorio de la libertad que viene a ser nuestro Estado, ese que nos hace sociedad artificial o postiza, primero dentro de las mesnadas revolucionarias que dominan a nuestro siglo XIX, luego dentro de los cuarteles y sucesivamente dentro de los partidos a lo largo de todo el siglo XX, perdemos hasta el sentido de la libertad, incluso económica y de iniciativa, desde la más lejana época colonial.

La dominación hispana –cuestión que aborda– nos intenta dar identidad en la lengua, la religión y las costumbres, y también en nuestro encuentro alrededor de nuestras pequeñas patrias raciales o las políticas, que son nuestros primeros cabildos; pero esa forma de identidad en fragua que nos viene desde España y da soporte y la oportunidad común para avanzar junto a ella o sin ella en la ampliación sea de la idea de la Nación española, sea de la búsqueda de alguna otra parecida, se rompe una vez como se establecen privilegios sobre los criollos. Así nacen, de modo anticipado, previo a la Emancipación formal de 1810, el estamento de los excluidos, de los resentidos, quienes desde entonces acopian frustraciones y mascullan sus deseos libertarios, que no de libertad con su contrapartida de responsabilidades, e igualitarios, que no de igualdad como desiderátum del esfuerzo personal en ascenso que se niega al rasero de los mediocres.

En mis palabras de mediados de año ante la Real Academia, reunida en Cádiz, expresé por lo mismo y sin ambages que lamentablemente, más tarde, desde Cartagena de Indias, Bolívar, por preferir la enseñanza antigua sobre la renuncia del pueblo a su poder soberano a manos del monarca quien lo ha de ejercer vitaliciamente, se ocupa de rezar y elaborar su credo dionisíaco prosternando a nuestros apolíneos Padres Fundadores de 1811, hombres de razón y de levita. Seguidamente, desde Angostura propone, en 1819, la creación de un Senado hereditario –con los hombres de guerra; pues a ellos todo se los debería la patria lograda. Y después, con su Constitución de Chuquisaca, de 1826, concreta el modelo final de su ideario político, de su deriva autoritaria – forja el Presidente vitalicio quien elige a su sucesor en la persona del Vicepresidente– y contra la que reacciona airadamente el intelectual liberal Tomás Lander, amigo de Miranda y miembro a la sazón de la misma Secretaría del Libertador.

Pero "estamos ante nuevas realidades –afirma Paúl– que modifican radicalmente las expectativas de los habitantes de este país respecto a la política, los partidos políticos y sus dirigentes. Hay apatía, ciertamente; tenemos poca conciencia ciudadana, es verdad; también conocemos comportamientos que aíslan, por supuesto. Sin embargo nada de esto resulta nuevo. El país es lo que es desde hace mucho: lo que somos y hacemos viene desde los primeros tiempos de nuestra existencia política formal; pero hace más de cuatro décadas, los venezolanos –que no éramos otros distintos a como hoy somos y teníamos los mismos rasgos culturales, defectos y hasta "taras" si así se quiere calificar algunos de ellos– mostrábamos gran participación política", observa el autor.

En fin, según él, habría pasta suficiente para moldear a la Nación que aún mora por serlo y darnos un orden diverso, que se mire en lo que somos y en las coordenadas del siglo en curso.

¡Disfrutemos, pues, de la obra de Pedro Paúl Bello, que es testimonio vivo de su amor profundo por Venezuela!

MI TESTIMONIO

(9 de noviembre de 2014)

Escribe Juan José Caldera, con prólogo de su hermano Rafael Tomás, académico de la lengua, un libro testimonio sobre la vida de su padre, el ex presidente venezolano Rafael Caldera. Y da cuenta de la presencia a su lado de una mujer hecha dignidad y de origen corso, Alicia Pietri Montemayor, "compañera de vicisitudes" como la llama el mismo biografiado en una de sus obras fundamentales, *Moldes para la fragua*, publicada en 1962.

Juan José, quien es diputado y fue senador por el Estado Yaracuy, donde nace su padre y en el que a la sazón también ejerciera como gobernador, aclara que no escribe una biografía ni un libro de historia; pero, como lo aprecio, narra cronológicamente con pluma diestra, enlaza fechas y vuelve sobre ellas con ritmo en la medida en que avanzan sus trazos, argumentando sin especular y apelando siempre a las fuentes documentales.

Anda y desanda pasos para refrescar la memoria colectiva, sobre todo la de una opinión pública que como la nuestra, la venezolana, mineraliza percepciones, consejas, creencias que corren de voz en voz y nada tienen que ver con la realidad de los sucesos oficiales.

Muestra –es testigo de excepción– cómo se cuecen y hacen los verdaderos hombres de Estado –su padre es uno de ellos– destacando el valor de la paciencia, del estudio, el compromiso con los ideales, sobre todo el sentido de la oportunidad –cosa distinta del oportunismo– para navegar en medio de las aguas encrespadas, mirándolas y enfrentándolas por encima de los traspiés e intentando conservar siempre el norte, los intereses superiores de la patria como tarea existencial que no se agota en lo momentáneo.

Alguna vez afirme que así como Rómulo Betancourt, hombre ilustrado, se hace a puñetazos sacando del calor de la refriega las enseñanzas que luego moldean a sus ideales democráticos, Caldera se aproxima a la realidad aferrado a principios trascendentes que toma del magisterio de la Iglesia e intenta insuflarlos como en el quehacer de nuestra república civil en el siglo XX, incluso a contracorriente, que es lo propio de los líderes; cosa distinta del deshacer de quienes se aproximan a la diatriba ciudadana en calidad de candidatos, como sirvientes de la opinión pasional y no como sus constructores.

Debo decir que *Mi testimonio*, título de la obra que desde ya circula, es, dentro de sus características, la autobiografía esperada y que no llega de manos del propio presidente Caldera, autor, no obstante, de una amplia obra escrita que inicia a temprana edad, cuando sin cumplir los 20 años recibe ya los honores de la Academia Nacional de la Lengua por su texto sobre Andrés Bello. Nos deja como legado último, sí, su testamento político y el libro *Los causahabientes*, que algunos, de buenas a primera, aprecian de insuficiente pero que al releerlo, también dicen que sólo pudo escribirlo un estadista cabal.

El ex presidente, padre de la democracia cristiana continental y copartero de la democracia venezolana, deja el poder a los 83 años y fallece a los 93. Hasta ese instante priva en sus decisiones –me consta como su secretario presidencial y ministro– el cuidado celoso de los intereses superiores de Venezuela, acertando o errando como lo reconoce; al margen de sus humanas debilidades o de sus legítimos afectos, que sólo decanta en la estricta privacidad.

Prefiere echar tierra sobre los desencuentros de la brega cotidiana para darle vuelo a las enseñanzas que mejor ayuden al porvenir de los venezolanos. Y quizás por eso deja en reposo sus vivencias y su monumental archivo epistolar y político, evitando atizar las pasiones en una hora crucial para la vida del país, que coincide casualmente con el final de su vida. Opta por soportar las incomprensiones y las más injustas agresiones, con estoicismo y admirable resignación cristiana.

Como líder y constructor que fue, insobornable en las convicciones, Caldera supo que el costo de su amor por Venezuela, es evitar la cultura del collage y las medianerías del clientelismo, por lo que carga sobre sus hombros el equívoco señalamiento de soberbio.

No adelanto sobre el contenido del libro de Juan José, cuya mejor virtud es contar lo esencial sin huirle a los asuntos más polémicos que rodean la vida intelectual y de Estado de su padre. Sin zaherir, eso sí, pone el dedo sobre la llaga.

Saludo que en un momento de pérdida de nuestras certezas históricas, ahíto de reconstrucción de lazos que nos devuelvan el sentido de sociedad como venezolanos, tres hombres forjados dentro del ideario social-cristiano contribuyan con seriedad, sin ánimo subalterno, con ese propósito: *Del pacto de puntofijo al pacto de La Habana*, de José Curiel; *Venezuela, raíces de invertebración*, de Pedro Paúl Bello; y *Mi testimonio*, motivo de estas notas.

DESPUÉS DE LA DEMOCRACIA

(16 de noviembre de 2014)

La idea de la "posdemocracia" –de estirpe inglesa y crítica de la izquierda sobre los efectos perversos de la globalización para la democracia, al sobreponerse el control mediático y propagandístico o el populismo sobre la gente en una yunta con los poderes financieros que rompe el principio de la igualdad en la competencia por el acceso al poder– se la vende Norberto Ceresole a Hugo Chávez en 1995.

Ceresole, neofascista, quien medra hasta el final de sus días como usufructuario de las causas más radicales que se encuentra en el camino, dictadores militares, guerrilleros, fundamentalistas islámicos, se dice antiglobalizador, y lo que le importa es el fenómeno citado, que advierte útil para cualquiera de sus clientes y en modo alguno es exclusivo de hombres de derechas, como Silvio Berlusconi. Su esencia es la relación directa del líder con su pueblo, sin mediaciones institucionales.

De modo que, la posdemocracia –cosa diferente a la crisis de la democracia– viene a sugerir algo así como lo planteado por Nietzsche en "Así habló Zaratustra": Muerto Dios todo vale, cede la moralidad e emerge el poder sin trascendencia, el poder por el poder. Y Chávez compra esa tesis. Tanto que, al despedirse de los mortales dejando su desastre a la vera, para que lo carguen sus causahabientes, relee al filósofo prusiano.

Hoy, qué duda cabe, la manipulación de las formas democráticas es la piedra angular del Socialismo del siglo XXI, un basurero de la historia animado con partituras digitales.

De modo que la cuestión no es si tenemos más o menos comunismo, es la conservación del dominio sobre la gente desde la carcasa del Estado y el acceso a los recursos que para ello adquieren relevancia en medio de la anomia social y su "posdemocracia": el dinero y los medios, luego la propaganda, es decir, la vuelta al populismo. Y este significa, como siempre, dominio sobre la personalidad y el libre discernimiento de los individuos, atontándolos, haciéndolos masa pasiva que participa electoralmente para encarnar en los novísimos traficantes de ilusiones y médicos forenses de la democracia.

Ahora bien, lo relevante no es tanto el manido fenómeno, que bien nos explica por qué sus agentes (Maduro en Venezuela, Correa en Ecuador, o Iglesias ahora en España) antes que gobernantes desean ser jefes de redacción de los medios de comunicación que regimientan o compran, sino la circunstancia dramática que al efecto viven los demócratas de antes.

Por una parte y en buena lid éstos rechazan a cabalidad la perversión que sufre la democracia bajo el yugo de los "posdemócratas" –hacer televisión es un arma, es como el sexo adolescente, te uso y luego te mato, afirma Monedero, socio de Iglesias– pero lo cierto es que, ceden y se dejar tentar por estos modos de comportamiento populistas, a la vez que se atrincheran en sus "franquicias" partidistas y sus glorias dentro de un contexto democrático que ya no existe, el del Estado como cárcel de la ciudadanía.

De modo que, ante esa fenomenología perversa, que durará mientras tengan dinero sus responsables o controlen medios con esos dineros y no se les agote la explotación de los males de coyuntura –la corrupción de los políticos y de los partidos, que sobresale en tiempos de penuria cuando la gente se mira en el ombligo– cabe que los demócratas de principios y los de las nuevas generaciones entiendan las coordenadas del siglo en curso.

No es una herejía que se asuman éstos como viudos de las revoluciones americana y francesa, fuentes de los estándares de la democracia que atamos a un contexto formal que se ha debilitado, el del Estado, y reinventen la utopía democrática. Una buena parte de los asuntos que antes deciden los gobernantes, democrática o dictatorialmente, se han desplazado hacia ámbitos globales sin retorno y no democráticos. Ningún Estado, por sí solo, es capaz de resolver los desafíos inéditos del siglo XXI.

Pero ante ese fenómeno globalizador, como reacción, emergen fronteras y límites dentro de los mismos Estados en una suerte de cáncer de localidades ("g-localización"), de nichos o cavernas y cosmovisiones caseras entre semejantes, quienes reclaman su derecho a la diferencia (comunas y colectivos, ambientalistas, indigenistas, babalaos o afro-descendientes) y asimismo se destapan autonomías fundadas en la homogeneidad (Cataluña en España), recreadoras del nazismo en lo imaginario. Y este otro fenómeno nada tiene que ver con el municipio o la comunidad democrática, que junta a diferentes capaces de convivir bajo un mismo techo y los hace visibles, les permite ejercer el poder con "igualdad de armas", cambiar las cosas sin violencia, y limitar al mismo poder para que todos los derechos sean para todos, pues de eso se trata la democracia.

Si no la reinventamos, después de la democracia, vendrá el diluvio.

MADURO VS. PINOCHET

(18 de noviembre de 2004)

De buenas a primeras resulta exagerada una comparación entre Nicolás Maduro y Augusto Pinochet, como en el fondo lo pretenden los Rangel, José

Vicente padre e hijo, al poner sobre la mesa dicho paralelo, deliberadamente, para aliviarle las cargas al régimen venezolano por sus repetidas violaciones de derechos humanos: ¡Nicolás no es así, señores de la ONU, se les pasó la mano!

Pero como tal ejercicio han sido ellos quienes lo provocan, no es ocioso caer en el mismo, dejarse tentar y realizar al efecto un trabajo comparatista fundado.

Uno y otro, Nicolás y Augusto, tienen distintos nombres, pero Nicolás, al apenas mencionárselo evoca a los "nicolaítas", quienes, según el Libro de los Libros, conquistan a sus pueblos a través de la degradación de sus vidas espirituales. Augusto, hombre de comunión diaria se hubiese escandalizado con los profanadores de Barquisimeto, quienes dejan sus excrementos dentro del sagrado cáliz de la Catedral o con los colectivos armados, quienes reivindican el delito como medio de subsistencia o expropiación revolucionaria.

Decir Pinochet, aquí sí, es rememorar el momento en que el mal absoluto –la repetición de la experiencia del nazismo– se cuece en el Cono Sur latinoamericano, ya no para enviar a las pailas ardientes a judíos sino a comunistas. Nicolás no llega a tanto, pues es presa de la ambigüedad del modelo que lo ata, a saber, prorrogar la dictadura militar y fascista que lo tiene como mascarón de proa mediante el cuidado de las formas democráticas. En otras palabras, usa a la democracia como objeto de consumo. La manipula y la desecha cuando ya no le sirve, para volver a reusarla más tarde, si le sirve para prorrogar su autoritarismo electivo.

Pero si se trata de los números, como parece, Nicolás desborda con creces al general chileno.

En tres lustros más de 200.000 venezolanos han caído bajo las balas, luego del perverso pacto que el difunto Hugo Chávez firma con las FARC para anegarnos de droga y contaminar con sus narco-negocios toda la estructura social, política y militar venezolana. Entre prisioneros y torturados Pinochet deja un ominoso saldo, 28.259 víctimas, habiendo muerto o desaparecido unas 3.507 personas durante 18 años.

Maduro, por el camino que va asusta. Desde febrero del pasado año ha detenido a 3.400 personas, incluidos 280 menores de edad, por razones políticas –ya no por comunistas como cuando Augusto, sino por antimaduristas– y en una espiral de violencia que deliberadamente provocan sus esbirros y colectivos, asesinando por parejo a un estudiante opositor y a un líder de los grupos paramilitares oficialistas, a fin de rescatar el dominio militar transitoriamente debilitado.

Uno en la derecha, otro en la izquierda, Maduro y Pinochet son panes de la misma levadura. Acopian una escasa diferencia, ya que uno, el primero, le preocupa el poder por el poder, desnudo de teleología; de allí que no solo viole derechos humanos y su fiscalía impida la investigación de los casos en que ocurren víctimas opositoras, sino que en la lista de crímenes de Estado suman a "revolucionarios" que se hacen incómodos y amenazan a las logias que dominan el entorno palaciego. El fiscal Anderson encabeza la lista donde siguen altos cargos de los servicios de inteligencia y de policía, una ex diplomática, un ex gobernador, encontrándose en la cola el diputado Serra, cuya muerte desnuda la podredumbre de la política sin motivos nobles. El otro, Pinochet, cree entonces un deber sacar de raíz el mal del comunismo, suerte de leviatán que contamina y amenaza el futuro de los chilenos, pero deja el poder una vez como advierte cumplida la misión tutelar del mundo castrense.

La violación de la dignidad humana y el atentado a los valores éticos de la democracia, tan venidos a menos en tiempos que se dicen de post democracia, no tiene ni podrá tener justificación o encontrar legitimidad cualesquiera sean sus cometidos; pues las leyes de la decencia y de humanidad reclaman de medios legítimos para fines legítimos y viceversa.

No obstante, como los Rangel piden comparar, cabe decir que Maduro hace un milagro a la inversa. Acaba con un país petrolero y sus recursos haciéndolo importador de petróleo y gasolina, dejando a la vera millones de víctimas en la miseria, como ríos a las puertas de los mercados y las farmacias. El general, hoy fallecido y a diferencia de su subalterno venezolano, el Teniente Coronel Chávez, al abandonar su caja de huesos deja a su nación como ejemplo de modernidad económica y seguridad social.

Sea lo que fuere, la caída a peor del pueblo venezolano –copio a Kant– no puede continuar sin cesar en la historia humana, porque al llegar a cierto punto acabaría destruyéndose a sí misma. Y si Pinochet no fue el fin de la historia, Maduro, su pichón, tampoco lo será.

LA DEMOCRACIA ESTÁ EN LA CÁRCEL

(23 de noviembre de 2014)

La idea de la justicia, en mayúsculas o minúsculas, alude, por ser un valor y no mera forma legal, a todo aquello que promueve la idea de la dignidad de la persona humana, en pocas palabras, la que le permite a todo hombre, varón o mujer, definir un proyecto legítimo de vida y de desarrollo personal.

Si la ley del mundo fuese sólo lo que ocurre cotidianamente, obra del voluntarismo humano, en medio de una realidad en la que cada quién y cada cual se mira su ombligo sin trascender, sin esperanza, la vida carecería de sentido y sería, no cabe duda, objetivamente, la casa de la maldad. Algo así como la Venezuela de la circunstancia.

Pero si la ley del mundo fuese un mero catecismo escrito, técnico, frío, que se redujese a lo que dicen las Constituciones, sin más alma que las palabras hechas por los entendidos en leyes, la justicia mudaría en un acto de violencia institucional, que impone lo legalmente escrito –probablemente injusto– sobre las realidades huidizas y arbitrarias que dominen.

En el primer caso, regiría la ley de la selva, la del manotazo. En el segundo caso, las Constituciones "servirían para todo" por inefectivas y extrañas al comportamiento general de la gente.

La ley del mundo tampoco puede reducirse a lo sobrenatural, al deber ser, a lo que pueda dictar una apuesta por la perfección humana divorciada de las certezas, es decir, de la imperfección inequívoca de lo humano; y si ello se tradujese o fuese trasplantado como aspiración a un texto constitucional, este marcharía por un lado mientras la cotidianidad lo haría por el otro. Tendríamos muchas normas justas y buenas, pero inefectivas e ineficaces.

De modo que, mirándonos en la realidad y describiéndola en leyes para la vida diaria, cabe que éstas, sin despegar hacia el espacio sideral, corrijan sobre lo humano todo aquello que humanamente puede pedirse del ser humano como ser racional y perfectible, que no perfecto. Y esa aspiración, susceptible de ser efectiva y eficaz, es, justamente, la medida humana de la justicia humana.

La cuestión anterior puede resultar rebuscada o acaso abstracta, pero vale como un esfuerzo conceptual necesario para entender que la hora agonal que vivimos los venezolanos tiene su origen no en un defecto –que si lo tiene– de quien tiene entre sus manos la fuerza bruta del poder, Nicolás Maduro, y tampoco en las falencias de una asamblea cuartelera que no legisla o mal legisla o prefiere que Maduro legisle, cargándose ella y éste a la misma Constitución. Padecemos los venezolanos, antes bien, por ausencia total de una idea cabal de la justicia. Rige entre nosotros la ley de la arbitrariedad y la arbitrariedad se hace ley –el propio Maduro fabrica leyes como salchichas– por falta de jueces, incapaces de tener una narrativa cultural acerca del valor justicia, que haga posible la Justicia en mayúsculas y les permita, además, reivindicar sus propias dignidades como seres humanos.

Si el gobierno se comporta criminalmente, reina la impunidad y la justicia oculta su rostro. Y si los legisladores no legislan o lo hacen mal e injustamente sin mirarse en los derechos de las personas y ejecutando los dictados del gendarme a quien mal controlan, ello pasa por carencia de juzgadores. Los que SE dicen tales ni sancionan a la corrupción ni anulan las leyes que contrarían a la Constitución y al principio ordenador de todo régimen constitucional y democrático: el respeto de la dignidad humana.

La reinvención de la democracia, en consecuencia, ha de cerrarle el paso a la idea actual de la "posdemocracia", que es la síntesis cabal de la política deshumanizadora del espectáculo, que humilla a la razón y desprecia la libertad de pensamiento; por ser la mera suma de medios radioeléctricos y prensa controlados, finanzas sin control, y populismo a la orden y para la búsqueda del poder por el poder sin controles judiciales.

Reinventar la democracia demanda una clara idea de la justicia, de la dimensión de los valores, de la moral como frontera que separa y en la que resuelve el antagonismo entre nuestra animalidad como especie sin destino y nuestra trascendencia, como hijos de la razón y objetos de la esperanza.

No por azar, al mirar el conjunto de nuestra gente y preguntarme por la democracia, estimo que ella medra tras las rejas. Está allí en el testimonio de nuestros presos políticos, como Leopoldo López, Enzo Scarano, Daniel Ceballos o Salvatore Lucchesse, emblemas de quienes han sido encarcelados o maniatados con medidas cautelares, como los estudiantes de febrero, por "jueces del terror" y por disentir. Vale, pues, lo dicho por Leopoldo, quien ahora sabe de derechos por haberlos perdido: "Tenemos sicarios, sí, sicarios de la justicia", enterradores de la democracia, nuestros jueces provisorios.

LA DEMOCRACIA ES MEMORIA, VERDAD Y JUSTICIA

(30 de noviembre de 2014)

La denostada Comisión Interamericana de Derechos Humanos acaba de hacer público un informe esclarecedor sobre El derecho a la verdad en América, relativo al conjunto de medidas políticas y jurídicas –que se obligan a adoptar los Estados– para el esclarecimiento de las violaciones de derechos humanos, la reparación de las víctimas y el fortalecimiento de las instituciones democráticas.

Se trata de una asignatura que a diario reprueba una mayoría de los gobernantes que se dicen demócratas en la región, entre quienes no cuento, obviamente, a los autócratas, como Nicolás Maduro o Rafael Correa, pues nada cabe esperar de ellos al respecto.

Acerca de la memoria, la verdad y la justicia, como suerte de variables encadenadas que le dan sustancia al quehacer democrático –ese que desprecia el régimen de Maduro hace pocas horas, luego de permitir que casi un medio centenar de compatriotas mueran envenenados en la cárcel de Uribana bajo su custodia– he escrito en 2012 un libro, con igual título, Memoria, Verdad y Justicia. Allí abundo, justamente, sobre la relación existencial que se da entre la democracia y la verdad, por negarse aquella a la mentira y al encubrimiento como políticas de Estado.

Sin decirlo, la CIDH dirige su informe como admonición al gobierno del presidente colombiano Juan Manuel Santos, quien hoy negocia la paz con la narco-guerrilla –socia del gobierno protochavista de Venezuela desde 1999– y cuyos atentados generalizados y sistemáticos de derechos humanos mal pueden quedar impunes, como se pretende y según parece.

El derecho a la verdad es sustantivo de la democracia y jamás cede, ni siquiera ante las mayorías electorales. Él es acceso libre a la información en manos del Estado. Es derecho de la sociedad a saber el cómo, porqué, y quiénes son los responsables de los atentados que sufren los derechos de las personas y los ciudadanos. Es, asimismo tutela de la justicia, es decir, derecho a que la autoridad judicial diga la verdad sobre tales atentados y exija las responsabilidades comprometidas. De igual manera, como suerte de continuo, el derecho a la verdad es la primera reparación que cabe otorgar a las víctimas y a los familiares de las víctimas que a su paso dejan gobiernos y gobernantes que, por acción u omisión, son irrespetuosos de los derechos humanos.

La democracia es, en suma, práctica de la verdad. Es deliberación, debate e información libre, a la luz del día y con transparencia, a fin de que el pueblo pueda decidir informado, no con una venda en los ojos o enajenado de toda razón –por necesitado de saciar su estómago o necesidades primarias– y al no sentirse siquiera dueño de su hambre. La democracia es, en pocas palabras, desprecio por el engaño y la manipulación oficiales.

No obstante, recién se habla de posdemocracia para describir a esas novísimas experiencias que nos aporta el siglo XXI, donde el populismo gubernamental es exacerbado mediante una combinación diabólica de control y censura de los medios de comunicación social y de recursos financieros ingentes para el manejo de la propaganda de Estado. La política muda así en teatro de utilería, en objeto costoso de consumo que se usa y se desecha, impidiendo toda equidad en la competencia política.

La capacidad para la manipulación de conciencias y la generación de realidades virtuales es, en efecto, el signo de los tiempos que corren. No tiene signo ideológico. No es de izquierdas ni de derechas. Sólo la anima el control del poder sobre la gente y su posesión, sin alternabilidad democrática.

"Mentira fresca" es el nombre que le acuña la oposición democrática y se gana en buena lid el presidente venezolano y quienes le sirven desde los demás poderes estatales. Su gobierno es miembro del Consejo de Derechos Humanos de la ONU, pero a la vez tiene sobre las espaldas miles de perseguidos judiciales por disentir, decenas de miles de asesinatos no esclarecidos que llama ajustes de cuentas, centenares de torturados, decenas de prisioneros políticos y casi una decena de homicidios de Estado. Y a través de su gobernación mediante twitters y redes informativas a diario nos dibuja una realidad sin carencias, hecha de individuos apenas pendientes de otro Dakaso, es decir, de la oferta gratuita por el gobierno, previa confiscación a los comerciantes, de televisores a plasma y equipos digitales a granel, para que siga la virtualidad y el escapismo.

El derecho a la verdad implica, así las cosas, inmunidad social frente a la falsedad, denuncia sin tregua de las violaciones de derechos humanos por agentes del Estado, y lucha sin cuartel contra la impunidad. Y para que la verdad no se oculte o tergiverse, el derecho a la misma es, en lo particular, memoria histórica, nunca olvidar.

VENEZUELA, UN MAL EJEMPLO PARA LA CIVILIZACIÓN

(7 de diciembre de 2014)

La fuerza del título no es retórica ni muletilla para un texto descarnado, que describe, eso sí, la tragedia de una nación –Venezuela– que deja de ser tal para recorrer el camino contrario al norte de la Humanidad, forjado sobre el drama del Holocausto e inscrito en la Declaración Universal de Derechos Humanos del 10 de diciembre de 1948.

El respeto a la dignidad de la persona humana es el límite infranqueable del poder "fagocitante" del Estado –no por azar llamado Leviatán– y ata, incluso, la fuerza preceptiva de su orden constitucional cuando se dice democrático.

Contra tal dignidad humana no pueden conspirar siquiera las mayorías electorales. La democracia y el respeto y garantía de los derechos humanos, en el marco de un Estado de Derecho, es el eje ante el que pierde cualquier valor el voto como manifestación de la libertad.

El saldo del llamado Socialismo del siglo XXI en Venezuela –su primer laboratorio desde 1999– no es otro que la disolución total, de lo humano y hasta lo divino. Muerto Dios para entronizar a Chávez, como en Zaratustra, la amoralidad se hace regla. Somos los venezolanos, como Estado, una caja vacía, una franquicia virtual transable sobre las redes globales mercaderiles mientras algo nos queda de patrimonio material; y como nación y sociedad, nuestros lazos afectivos dejan de ser tales al vernos anegados de sangre, presos y torturados, y por huérfanos de una narrativa común para reinventarnos política y culturalmente.

El Socialismo del siglo XXI abona en favor de la resurrección del Estado absoluto y personalizado, sobrepuesto al ser humano, olvidando lo elemental. De allí su fracaso. Por obra de la globalización comunicacional y su andamiaje "tecnotrónico", el espacio jurisdiccional del Leviatán –cárcel de la ciudadanía– cede en importancia y lo que vale –no lo entienden los alabarderos de esta suerte de "socialismo digital"– es el tiempo y su velocidad de vértigo. Las cosas cambian a cada segundo y la fuerza envolvente de lo humano –en comunicación por las redes sociales– y como mano difícil de frenar en su crecimiento, descose, rompe el guante que la contiene hasta ayer, a saber, la prepotencia del Estado y sus gendarmes.

Como alternativa renovada para su parque jurásico –el pensamiento marxista decimonónico y las enseñanzas del socialismo real del siglo XX– obviamente se propone, en paralelo, dominar a los medios de comunicación social y disponer de los capitales suficientes para doblegar a los editores y las tendencias globales, intentando recrear otro Estado postizo, virtual o de espectáculo, cuyos efectos diluyan lo ominoso de su parto, como en Venezuela: Un país sin tradición, que luego de haber enterrado 300 años de aprendizaje dentro de una cultura milenaria fundante (grego-romana, latina e hispana) se ata a un ícono polémico pero divisor en el presente: Simón Bolívar. Un país sin instituciones, pues las creadas a lo largo del siglo XX son "desconstitucionalizadas" para resucitar, constitucionalmente, al "gendarme necesario", hoy muerto, sin herederos de igual talante. Un país que al perder sus endebles lazos históricos bajo un modelo enajenado, que no tiene otra promesa que la división entre amigos y enemigos, ha profanado su "mestizaje cósmico", recreador del afecto societario.

Lo cierto es que esta alternativa, que se dice hija de la "posdemocracia" (propaganda + dinero = populismo del siglo XXI), no tiene apellido. En Italia la inaugura Berlusconi. Pero al declinar la audiencia de los medios controlados y agotarse el dinero que nutre a la propaganda y otorga premios, su cuerpo flácido y sin alma se hace evidente. Es la consecuencia última del uso de la democracia como objeto de desecho y la cosificación de la persona humana para explotarla en el tráfico de las ilusiones.

La partida de defunción de Venezuela, por lo mismo, la firma recién el Comité contra la Tortura de la ONU: Carece de independencia su Justicia y no existe en la Defensoría del Pueblo; la Fiscalía promueve la impunidad de los centenares de miles de crímenes ocurridos; su Estado o Leviatán miente, de forma contumaz; encarcela y tortura a quien piensa y piensa distinto; inflige palizas, descargas eléctricas, quemaduras, y asfixian sus esbirros a las víctimas; la fuerza militar reprime y lo hacen también los "grupos armados pro oficialistas"; es dantesco el panorama carcelario; las instituciones de remedio –los jueces– son de utilería; y al paso, la última expresión del engaño y el espectáculo transformados en política de Estado la representa el programa de televisión del teniente Diosdado Cabello, con sus "patriotas cooperantes", promotores de la violencia y del desprecio a la dignidad humana.

EN UN PAÍS LIBRE

(14 de diciembre de 2014)

Eso dice Nicolás Maduro, que somos un país libre. Y cabe preguntarse acerca del sentido que tiene la libertad que bulle en su cabeza al gobernar ejerciendo un control total sobre el comportamiento del resto de los poderes del Estado, meras piezas de utilería: "Los Estados Unidos cree que sancionando a Venezuela vamos a soltar al asesino", ha señalado.

La persona a quien se refiere Maduro, Leopoldo López, por lo visto ya está condenada por él, a pesar de que los tribunales no la han condenado y un juicio desde ya irregular todavía espera por su desarrollo. Lo afirma como cabeza del Poder Ejecutivo para repetir la experiencia de quien le precede, Hugo Chávez Frías, y que le da la vuelta al mundo democrático cuando éste ordena encarcelar a la juez María Lourdes Afiuni, por haber puesto en libertad a un perseguido suyo y ante la contumacia del Ministerio Público que se negaba a otorgarle las garantías de un debido proceso.

Pero si bien la reacción de Maduro –que lo desnuda y a la sazón corrompe el uso del lenguaje común al hablar de la libertad– responde a la decisión norteamericana de recibir o no en su territorio a quien o a los dineros del que considere digno de su invitación, lo veraz es que su gobierno ha sido calificado por la ONU y el más importante de sus órganos convencionales de derechos humanos, el Comité contra la Tortura, como uno integrado por funcionarios y militares violadores de dichos derechos; en lo particular por infligir éstos "palizas, descargas eléctricas, quemaduras, asfixia, violación sexual y amenazas" a sus víctimas, entre febrero y junio pasados, por confundir éstas el sentido de la libertad que tiene el régimen con sus libertades de manifestar y expresar sus disidencias.

Cabe, pues, poner las cosas es su puesto, para que mejor las entienda el Presidente.

En USA también se tortura, según lo revela hace pocos días el Congreso de la Unión y lo acepta el jefe de la CIA. Pero en Venezuela, como lo relata el mismo Comité contra la Tortura, ocurriendo lo mismo y siendo los agraviados opositores políticos, rige la ley del secreto o el "yo no fui" que describe magistralmente el cuento Los Batracios de don Mariano Picón Salas. El capataz y coronel Cantalicio Mapanare, borracho y ensoberbecido comete tropelías sin más y cuando lo alcanza la mano de la ley sus propios seguidores, peones de hacienda, lo abandonan junto a su abogado –que redacta proclamas a pedido– y dicen no haberlo visto nunca.

Reclama Maduro las medidas contra Venezuela, y cabe preguntarle si nos está metiendo a todos los venezolanos en el mismo saco de los violadores acusados por USA, o acaso ¿cree que todos, como colectivo, encarnamos en el cuerpo de dichos esbirros y corruptos enlistados, que mucho daño le hacen a su gobierno? ¿No se le tiene prohibido también el ingreso a Venezuela a todo aquél quien sea miembro de un organismo internacional de derechos humanos?

La Comisión Interamericana de Derechos Humanos, lo sabe el ahora ex Canciller y gobernante Maduro, tiene una década pidiendo visa y no se la autorizan. Tanto como no podrán viajar al Norte los funcionarios venezolanos señalados de haber incurrido en crímenes internacionales, que eso son las violaciones sistemáticas y generalizadas de derechos humanos según el diccionario del mundo civilizado. Maduro no tendría de que preocuparse. ¿O es que cree que el dedo acusador llega hasta él? ¿Ha violado derechos humanos? ¿Tiene dineros en el Imperio?

Sea lo que fuere, según Nicolás somos un país libre, cuyas decisiones más trascendentales se adoptan lejos de nuestra frontera, en La Habana. Tenemos la libertad de transitar por las calles a riesgo de integrar la cifra de casi 30.000 homicidios ocurrida durante el año que muere. Podemos manifestar y disentir abiertamente, pero conscientes de que si el gobierno amanece de mal talante terminaremos en la cárcel denunciados por traición a la patria o conspirar. Y tenemos libertad para visitar mercados, farmacias o casas de cambio, para distraernos en sus colas y si posible regresar a nuestras casas con los pocos alimentos o medicinas que no escaseen y sin divisas, eso sí, pues parece que se las han llevado y quedado congeladas por orden de la Casa Blanca.

En una tierra libre, título de una maravillosa y ejemplar novela histórica de Jesús Maeso de la Torre, escrita en 2011, narra el tiempo en que la convulsa España de principios del siglo XIX, mientras el pueblo sale a las calles para reclamar una constitución libre e igualitaria, ve las intrigas de los poderes que marcan la vida de quienes osan cruzarse en el camino y cuenta que uno de sus personajes, en búsqueda de protección, llega al suelo de la Venezuela emergente, cuando se lucha por la libertad, la verdadera.

MADURO ESTÁ CONFUNDIDO

(21 de diciembre de 2014)

Más allá de la rabia que hoy concita en el gobierno de Nicolás Maduro la medida que impide a sus funcionarios responsables de violaciones de derechos humanos ingresar a territorio norteamericano, lo relevante es que ella responde a un dictado previo de la ONU.

El Comité contra la Tortura, durante el pasado mes de noviembre, resolvió declarar que el Ministerio Público venezolano promueve la impunidad. De 31.000 denuncias de atentados de derechos humanos que recibe desde 2011 tan sólo se ocupa de investigar el tres por ciento. Y observa que la Defensora del Pueblo no defiende al pueblo sino al gobierno de Maduro y oculta información, miente, en pocas palabras. Tanto que le molesta al Comité de la ONU que se le hubiesen negado durante 8 años los informes sobre el estado de los derechos humanos en el país.

Constata, además, las actuaciones violentas de los colectivos armados como la represión de militares contra manifestantes, que llegan a las torturas: "Palizas, descargas eléctricas, quemaduras, asfixia, violación sexual" sufren ellos –no lo dice así el Comité pero lo leo yo a la luz del Estatuto de Roma– como víctimas de violaciones generalizadas y sistemáticas de derechos humanos, es decir, de crímenes internacionales.

De modo que, dejando de lado esta cuestión como la reducción del asunto de marras a la gastada diatriba estéril sobre el imperialismo yanqui opresor, cabe destacar que todo Estado, en ejercicio de su soberanía, tiene el derecho incuestionable de decidir, con todo derecho, acerca de quien lo visita o a quién le acepta depósitos de dinero en sus instituciones bancarias.

Lo grave es que media, acerca de lo comentado, una decisión colectiva universal que pone en entredicho a funcionarios del Estado venezolano a ellos, únicamente y en soledad, no a los venezolanos como conjunto. El propio Parlamento Europeo ha declarado, con relación a Venezuela y el apoyo de la mayoría de sus miembros, incluidos los socialistas, que "la democracia y la justicia no puede usarse por las autoridades como medios de persecución política y represión de la oposición democrática" y tienen el deber sus autoridades de "disolver y desarmar inmediatamente a los grupos descontrolados armados por asociaciones progubernamentales y a poner fin a su impunidad".

Es obligación de todo Estado, en consecuencia, cooperar también con el cumplimiento de las decisiones de tutela de derechos humanos adoptadas por la ONU, y es en ese contexto, al menos formalmente, en el que se inscribe la decisión de USA y ahora la europea.

La confusión de Maduro al respecto es mucha y su irritación con Barack Obama desborda, sobre todo luego de la mala jugada que le hace Raúl Castro. Y responde, como lo creo, sobre todo a un prejuicio raizal que le impide salir del desespero y lo obnubila.

En vísperas de aprobarse la Constitución de 1999, Hugo Chávez, su progenitor político, le hace saber a la antigua Corte Suprema –acaso mudado en profeta de lo actual– que "el Estado, investido de soberanía, en el exterior sólo tiene iguales". En otras palabras, tira por la borda la autoridad vertical de la comunidad internacional que nace del Holocausto y la Segunda Guerra Mundial a partir de 1945 y fija la protección universal de la dignidad humana como un límite imperativo del poder y la independencia de los gobiernos. Y ajusta que, quienes no se cobijen bajo el Estado y la autoridad absoluta de su gendarme –"el Jefe del Estado conduce en soledad la política exterior y comanda a la Fuerza Armada... y tiene la exclusividad en la conducción del Estado", agrega– "por centrifugados tendrían que ser aplastados".

Se explica así, no de otra manera, el origen de la herejía que para el constitucionalismo democrático implica el texto constitucional que se aprueba sobre dicho desafío a los jueces supremos, y el desprecio que por la dignidad humana toma cuerpo durante su vigencia; pues el mismo prescribe que la persona humana, con su fardo de derechos, no antecede al Estado sino que existe y tiene dichos derechos por obra de éste. De sujeto pasa a ser objeto del Leviatán.

Los artículos 1, 3 y 102 constitucionales, por consiguiente, son emblemáticos al rezarle al credo antidemocrático y decir, precisamente, que corresponde al Estado desarrollar nuestra personalidad humana, adaptarnos mediante la educación a sus valores preeminentes, y concretar éstos en la doctrina de Bolívar, "César democrático", hecha dogma de fe.

El Estado, piensan Maduro y los suyos, es dueño de la voluntad de los venezolanos y en el Presidente todos encarnamos. Le cuesta comprender, entonces, que las medidas de la ONU, de USA y del Parlamento Europeo, se dirigen únicamente contra sus represores y corruptos, no contra Venezuela ni su sociedad libertaria.

LA CONSTITUCIÓN ES UN PECADO

(28 de diciembre de 2014)

Nicolás Maduro hereda su presidencia por una disposición testamentaria de Hugo Chávez, que despeja antes de su muerte en La Habana y ejecutan con disciplina los poderes públicos venezolanos bajo su control.

Al margen de las mutaciones o violaciones constitucionales que provocan éstos a conveniencia, la verdad es que Maduro no podía, como Vicepresidente del régimen que feneciera en enero de 2013 y ante la ausencia del presidente reelecto por haber muerto, asumir como Encargado presidencial, y lo hizo. Menos pudo ser candidato presidencial, debido a una prohibición constitucional; pero es electo ese año en comicios teñidos por el fraude y bajo amenaza del presidente de la Asamblea, del Poder Electoral, y el Tribunal Supremo de perseguir a los rebeldes.

¡Que dichos poderes, en un enlatado de prepotencias y complicidades, hoy trastoquen las fórmulas constitucionales para designar a su antojo los nuevos integrantes del Poder Moral –Ministerio Público, Contraloría General, Defensoría del Pueblo– o los rectores del Poder Electoral o los magistrados del Tribunal Supremo, no debe sorprender!

Al respecto media, como cuestión de fondo, una suerte de cosmovisión casera, efectiva como en todo cesarismo, que mi estimado condiscípulo y Vicepresidente del TSJ, Fernando Vegas Torrealba, desnuda en 2011: "Así como en el pasado, bajo el imperio de las constituciones liberales que rigieron el llamado estado de derecho, la Corte… y demás tribunales… combatían con sus sentencias a quienes pretendían subvertir ese orden… deben aplicar severamente (en lo adelante) las leyes para sancionar conductas o reconducir causas que vayan en desmedro de la construcción del Socialismo Bolivariano"; ese que hoy se agota, por cierto, tanto como se acaban las bacanales por falta de condumio y espiritosas. Después quedan los dolores de cabeza, las excrecencias sobre la mesa y al paso, atender a las víctimas y recoger los trastos, cosa ingrata pero inevitable para la servidumbre.

Al referirme a las víctimas o a la servidumbre imagino a nuestros presos políticos y perseguidos –que saben de derechos por haberlos perdido– y a quienes entienden la política como servicio sin recompensa ni horario. Distinto es el trabajo del político, ahíto de prebendas o amante del sosiego.

Con Maduro, cabe señalarlo, se realiza el sueño de Bolívar constante en la Constitución de Chuquisaca de 1826. El gobernante, además de vitalicio, tiene la potestad de escoger a dedo a su sucesor en la persona de su Vicepresidente. De modo que, si se pretende retomar el camino de una reconstrucción desde el hito del extravío, cabe decir que el pecado original de lo visible y evidente en el país –cultura de la muerte, quiebra de la economía, hiperinflación, desabastecimiento de bienes esenciales, deslave de la pobreza– fue la decisión comicial antidemocrática de la que somos responsables por acción u omisión todos los venezolanos, al acoger como modelo de sociedad a la Constitución de 1999.

En democracia lo esencial se decide mediante deliberación previa, razonada e "informada", que no a manotazos y tropezones o mediante asaltos constituyentes, como si la democracia fuese un objeto de usa y tire.

En la Revisión Crítica de la Constitución Bolivariana (2000), Historia inconstitucional de Venezuela (2012) y El golpe de enero en Venezuela (2013), reseñó los atropellos constitucionales sucesivos acometidos bajo Chávez y Maduro, pero lo hago, debo admitirlo, desde de un ángulo distinto a la de sus autores.

Nuestro drama nacional ancla, sin lugar a dudas, en la matriz intelectual del despotismo cívico-militar que se entroniza con la Constitución actual. Según sus artículos 1, 3 y 102, corresponde al Estado como padre fuerte y encargado de un pueblo no preparado para el bien de la libertad el "desarrollo de la persona", a la que se debe educar según los "valores" del pensamiento único bolivariano.

En esa perspectiva, los derechos y libertades jamás preceden ni atan al poder del Estado sino que éste los modela, concede o dispensa a su arbitrio. El Presidente gobierna y legisla (artículo 203), tanto como el Poder Moral, parte en los juicios y sujeto a la autoridad de la Justicia, destituye a los jueces supremos que se han desviado (Ley del Poder Moral); lo que desdice de la separación de los poderes como garantía de los derechos de la persona y que, a tenor de la citada Constitución, son el objeto de la seguridad nacional (artículo 326) respaldada por las armas.

Roberto Viciano Pastor, profesor valenciano, uno de los padres putativos de PODEMOS en España, dice, sin que le falte razón, que mis críticas constitucionales responden a mi "particular visión del derecho… y desde una priorización de los valores de la que, desde luego, no es espejo fiel la nueva Constitución"; esa de 1999 en cuyo parto tuvo muy metidas sus manos y no deben olvidarlo los españoles.

Verba volant, scripta manent

EPÍLOGO O PREFACIO DE OTRA HISTORIA ACERCA DE LA "POSDEMOCRACIA"

> *"La sociedad humana no puede ser una ley de la selva en la cual cada uno trate de manotear lo que pueda, cueste lo que cueste. Y ya sabemos, que no existe ningún mecanismo automático que asegure la equidad y la justicia. Sólo una opción ética, convertida en prácticas concretas, con medios eficaces, es capaz de evitar que el hombre sea depredador del hombre"* (Cardenal Jorge Mario Bergoglio, 2005).

Llega la hora del pensar profundo

Ya en trámite de edición mi *Memoria de la Venezuela Enferma*, ocurre en Caracas el encuentro de ex presidentes que convoca la Unidad opositora el pasado 26 de enero y tiene por anfitriones a María Corina Machado, Antonio Ledezma y, desde la cárcel, Leopoldo López; todos interesados en debatir experiencias sobre la democracia de hoy y entender mejor el papel del poder ciudadano, imaginando la transición que se le avecina al país ante la probable crisis terminal de su gobierno.

Seguidamente, en otro ambiente, se realiza un foro con ocasión del 99° aniversario del nacimiento del ex presidente Rafael Caldera, animado por la necesidad de rehabilitar la política tan desacreditada ante las grandes mayorías y a cuyo efecto Luis Ugalde, jesuita, ex rector de la UCAB, afirma que necesitamos "una utopía, (el saber Venezuela) dónde quiere estar en 2020 y expresarlo de una manera que movilice a todos de forma constructiva". "La utopía sola termina en un populismo desbocado. Un político debe meterse en el barro de la realidad", agrega.

Se trata, en suma, de dos iniciativas muy esperadas por los venezolanos durante el curso de la última década, cuando el voluntarismo político –mutación del positivismo decimonónico o acaso provento de la civilización digital en curso– se abre paso en América Latina y prosterna a la razón, purgando los valores éticos que la democracia demanda desde siempre para el ejercicio del poder. Tras aparentes invocaciones ideológicas y una vuelta supuesta a las raíces de la identidad histórica perdida, con enlatados de propaganda y a conveniencia, manipulándose frases de ocasión tomadas del marxismo y hasta del Libro de los Libros, al término no ocurre otra cosa que la paulatina transformación de la experiencia democrática y civil conocida en "política usa-y-tira". Así lo describe Ralf Dahrendorf en su diálogo con Antonio Polito (*Después de la democracia*, 2002), observando el curso de los acontecimientos en Occidente.

Obviar nuestro comentario personal sobre algunos temas de esos dos encuentros, que abordo con brevedad y como ponente invitado, y que en buena hora nos dejan a todos, reflexiones que apuntan a lo esencial, equivale tanto como reducir las páginas anteriores a la crónica de una tragedia, de suyo insoluble. Es como apostar a la desesperanza, que niega la condición perfectible de la obra humana y como autor me puede situar, equivocadamente, en una trinchera irreconciliable con mis convicciones.

Al escribir, de ordinario opto por el camino del drama una vez como refiero realidades cotidianas de la política en mis columnas semanales, sin tener que destilarlas. El drama, a diferencia de la tragedia predica opciones, alternativas probables y posibles, por compleja y pesimista que resulte una situación. Pero ello demanda constancia y coraje ante el futuro, además de adhesión –lo dice el padre Ugalde– a un mito movilizador que, tal y como como lo plantea Felipe Calderón, ex presidente de México durante su exposición, implica el deber existencial de luchar por lo que no se conoce o no se tiene y hasta se cree imposible, haciéndolo realidad.

El mal del que estamos muriendo

Extenuada la opinión pública venezolana, escarnecida por otras noticias que –fuera de la crisis del abastecimiento de insumos básicos para la población– desnudan y muestran para su enojo lo peor del rostro nacional al batírsele en cara que el presidente de la Asamblea –Teniente Diosdado Cabello– es, según su Jefe de Seguridad y compañero de armas, cabeza del narcotráfico doméstico, del llamado Cártel de los Soles, cabe entender el vehemente reclamo que hace de soluciones urgentes y extremas, no de diagnósticos ni paliativos. Todavía más luego de que a Nicolás Maduro Moros, a la par, interpelado por los ex mandatarios visitantes, en lo particular por Andrés Pastrana, se le recuerde haber contribuido con la elección de Ernesto Samper Pizano como Secretario de la UNASUR, obviando que permite que la presidencia colombiana que ejerce antes fuese comprada por los capos de la droga.

Cercada y anímicamente doblegada, esa opinión pide hoy de sus liderazgos distintos que acopien imaginación para ponerle fin a tan desdorosa situación, lejos de consideraciones de oportunidad.

No obstante, mal se puede avanzar en las soluciones necesarias y requeridas, a la vez que resolver la ruptura acaecida entre la moral y el poder que da lugar a lo anterior, si a la par no se tiene cabal comprensión del origen de esa realidad ominosa que a todos nos golpea en las narices y el contexto que sigue alimentando a sus manifestaciones más inmediatas; esas que constatan en vivo los ex presidentes que recién nos visitan.

En ello, en la realidad y su contexto, ¡he aquí la cuestión!, no se avienen pacíficamente los observadores y actores políticos; a riesgo de que para superar las urgencias presentes se conformen y hasta transen con los paliativos, que por algún tiempo oculten nuestra enfermedad nacional sin ponerle remedio eficaz. Y es esta, como lo creo, la tarea pendiente, la que es síntesis de las jornadas de reflexión reseñadas al inicio, para darle piso y fortalecer la unidad del país –que no puede ser perfecta en las actuales circunstancias, como lo señala el ex presidente chileno, Sebastián Piñera– y para que sus liderazgos visibles asuman el desafío de un cambio pacífico y constitucional, por las vías menos gravosas.

Los ex presidentes Calderón y Pastrana, de Colombia, al igual que Piñera, quien al paso y con coraje hace un mea culpa y admite la indiferencia regional, la complicidad por omisión de la América Latina frente al grave deterioro que sufren la democracia y el Estado de Derecho en Venezuela atribuyéndola a injustificadas "solidaridades ideológicas", declaran durante la visita haber conocido de fuente directa y constatado con dolor el cuadro real y no ficticio de violaciones generalizadas y sistemáticas de derechos humanos instalado en el país. Todos los venezolanos lo sabemos, pero no todos creen padecerlo. Y esto es lo que cabe, justamente, considerar.

Escandaliza a los ex mandatarios, además, saber de las colas cotidianas a las puertas de mercados y farmacias donde el pueblo, sin distintos de clases o credos, intenta obtener algún insumo para la subsistencia que probablemente no encuentre; inexplicable, lo afirman, en un país que habiendo sido potencia petrolera importa gasolina para su consumo, tiene un aparato productivo que es un cementerio, y gasta durante los últimos tres lustros una cifra cercana a los 1.176 millones de millones de dólares americanos.

Los conmueve, aún más, la grave información que da cuenta de las "tumbas", especie de reclusorios construidos en los sótanos de la policía política, de dos metros por dos metros, para alojar bajo tierra y a bajas temperaturas a los presos más incómodos.

Al efecto y por lo pronto, en el segmento que ocupo, digo que lo constatable es que los gobiernos de Hugo Chávez Frías y Nicolás Maduro Moros, el causahabiente, incurren en más de 179 violaciones del orden constitucional democrático y bajo sus dictados se suceden atentados sistemáticos a la totalidad del articulado de la Convención Americana de Derechos Humanos, que al paso denuncian, ordenando desde antes el desacato de las decisiones y sentencias de sus órganos de tutela, sin que ello escandalice, ni afuera ni adentro, como cabe repetirlo.

Les expliqué que, así como en el pasado nuestras dictaduras justifican tales atentados a la dignidad humana sin escamotearlos, acaso arguyendo amenazas de grupos terroristas o el peligro del comunismo, ahora se los niega o no se los acepta como reales por el gobierno, que diluye y hasta debate sobre su responsabilidad al respecto. En pocas palabras, se violan los derechos en nombre del respeto de los derechos de las mayorías, encarnados en el Estado, y una parte importante de la opinión pública, pasivamente, compra el argumento. Lo real no es real, en suma, y ello es lo que cabe subrayar.

La Corte Interamericana de Derechos Humanos, en voto razonado de uno de sus jueces más respetables, Sergio García Ramírez, hace constar con preocupación la emergencia de dicho fenómeno extraño e inédito y sutilmente lo describe en los términos siguientes:

> "Para favorecer sus excesos, las tiranías clásicas –permítaseme calificarlas así– que abrumaron a muchos países de nuestro hemisferio, invocaron motivos de seguridad nacional, soberanía, paz pública. Con ese razonamiento escribieron su capítulo en la historia. En aquellas invocaciones había un manifiesto componente ideológico; atrás operaban intereses poderosos. Otras formas de autoritarismo, más de esta hora, invocan la seguridad pública, la lucha contra la delincuencia, para imponer restricciones a los derechos y justificar el menoscabo de la libertad".

El ex presidente de Costa Rica y Premio Nobel de la Paz, Oscar Arias, en misiva que dirige al encuentro de los ex presidentes y la audiencia venezolana, con justa razón denota, a fin de cuentas, lo que juzga inexplicable: "Y sin embargo, el régimen chavista ha persistido a pesar de los augurios que desde sus inicios vaticinan el fin inminente de la revolución bolivariana".

Quizás, entonces, más que el diagnostico de nuestros padecimientos, en ello debo insistir con un discurso de Étienne de la Boétie dicho hace medio milenio (1548), "de lo que aquí se trata es de averiguar cómo tantos hombres, tantas ciudades y tantas naciones se sujetan a veces al yugo de un solo tirano, que no tiene más poder que el que le quieran dar; que sólo puede molestarles mientras quieran soportarlo; que sólo sabe dañarles cuando prefieren sufrirlo que contradecirle".

No todo es obra de la importación comunista

Planteadas así las cosas, para mejor digerirlas y sobre todo resolverlas al final y asimismo con prontitud, cabe proponer la hipótesis de que lo vivido hoy por los venezolanos es la consecuencia de algo más que un mero accidente histórico, o una equivocación colectiva en un instante de frustración política cuando todos a uno, en 1998, gritan ¡que se vayan todos!

Media, a la luz del tiempo transcurrido y según parece, una muy compleja trama –anomia sobrevenida en lo interno, según lo apunta Rafael Tomas Caldera, moderador del segundo encuentro que mencionamos, u obra del desorden internacional corriente, en criterio del panelista Julio César Pineda– que resulta, como lo explico en los años recientes, de un cambio de paradigmas, aquí en Venezuela y también en el Occidente; se sucede una ruptura epistemológica, un cambio radical de Era en la vida de la Humanidad desde los finales del siglo XX, que no se limita a un paso de período o edad, dejando una suerte de vacío en la transición; y sobre la orfandad de ordenamientos en lo inmediato, los espacios de poder son ocupados por traficantes de ilusiones y sus mesianismos desenfadados.

No parecen bastar o ser suficientes, como referencias para explicar cuanto sucede, la caída del Muro de Berlín o el reagrupamiento sucesivo de las izquierdas alrededor del Foro de Sao Paolo con su parque jurásico a cuestas, una vez como la perspectiva liberal se declara, ensoberbecida, victoriosa ante el fin de la experiencia de las "democracias populares". Es tanto como imaginar que agotada la bipolaridad mundial, en una suerte de círculo vicioso o por la necesidad existencial de los extremos –bien y mal, blanco y negro– se restablece la misma desde otros ejes geográficos de referencia.

En *Reflexiones en esperanza*, libro escrito por el jesuita Jorge Mario Bergoglio en 1992, se alude de modo pertinente a la emergencia de la posmodernidad y la identifica el autor, siguiendo a Romano Guardini, como la presencia de un desequilibrio corriente "entre el poder hacer y el poder vivir (o convivir) que causa al hombre una tremenda y creciente desazón".

En otras palabras, "la tentación de la política (en esta transición agonal) es ser gnóstica y esotérica, al no poder manejar el poder de la técnica desde la unidad interior que brota de los fines reales y de los medios usados a escala humana". De allí sus gravosas secuelas, como las que se advierten en el laboratorio venezolano: "Como sucede siempre en estas épocas de transición, sufren una sacudida los últimos estratos del ser humano. Las pasiones primitivas despiertan con mayor fuerza: la angustia, la violencia, el ansia de bienes, la reacción contra el orden" conocido. "Las palabras y los actos adquieren cierto tono primitivo e inquietante", son sus palabras.

De modo que, volviendo a nuestro planteamiento y en palabras del mismo Bergoglio, "no podemos hablar de una antropología política para el hombre de hoy sin intentar una justa aproximación valorativa de la época". Y es eso lo que cabe, sin mengua de las urgencias de la hora, llámense Cabello o Maduro.

Esa ruptura en el tiempo o camino recorrido por la historia que hemos conocido y desborda los espacios que a la par desaparecen o se nos hacen subalternos –las fronteras artificiales y jurídicas de los Estados caen y se muestran impotentes ante los inéditos desafíos globales, tanto como emergen otras fronteras, ahora humanas, dentro de los mismos Estados, causando divisiones o nichos culturales y raciales que se excluyen las unas a los otras como en un cáncer de localidades o "g-localización"– indica que la época o el contexto es muy distinto al conocido; medra en espera, así lo creo y también lo dice Luigi Ferrajoli desde la escuela florentina de filosofía, de las distintas categorías constitucionales que le den tesitura y solucionen la anomia.

Se requiere, entonces, ponderar todo lo que ocurre a la luz de una narrativa ética o compromiso auténtico con una cosmovisión, incluso en defecto de referencias que se consideren útiles, fundada en las leyes universales de la decencia humana constantes en el Decálogo. Se trata de asumir la realidad inmediata observada –Venezuela como narco-estado y su gobierno como violador contumaz e impune de derechos humanos– tal cual es, sin matizarla y sin hipotecas ideológicas; pero igualmente se trata de dominar esa realidad con sus desgracias, mirando el contexto y ofreciéndole un nuevo cauce a la luz de otra perspectiva intelectual que sitúe de nuevo al hombre –varón o mujer– como señor y centro de lo creado y le permita redescubrir su dignidad en la dignidad igual de sus congéneres.

El primer paso, re-jerarquizar la política

Miremos, al efecto, las enseñanzas que nos vienen desde atrás y pueden ayudarnos en la reconstrucción de las raíces que nos den anclaje seguro para avanzar con realismo y coraje hacia el porvenir, despejando las incertezas del momento y bajo la guía de una utopía posible.

Tristán de Ataide o Alceu Amoroso Lima, escritor y crítico literario brasileño, fundador que es de la democracia cristiana en su grande nación de origen lusitano, desde Petrópolis, en prólogo que escribe en 1970 para introducir el *Ideario de la Democracia Cristiana en América Latina* escrito por Rafael Caldera con notas de su hijo Rafael Tomás, aun tratándose de un ideario del autor no obstante el prologuista dice admirar en él su "realismo político".

Precisa que se trata de su constante desafío al escepticismo, y es el primer mensaje que ahora nos interesa. Es el rechazo, a un tiempo y a la vez, "del idealismo, el mimetismo y el oportunismo", prefiriendo que la "reciedumbre doctrinaria" y la lealtad insobornable a la sistemática del humanismo social avancen como un río que debe salir de su cauce para regar las realidades, evitando transformarlas en un pozo de agua.

Entre el ideario y la realidad, en un doble movimiento de sístole y diástole como el corazón lo demanda para funcionar, Caldera, según Tristán, en su momento se propone una utopía –lo que pide el padre Ugalde durante su exposición– y que al término no es tal según él o que acaso la es, como lo creo, pues nos vacuna contra el inmediatismo y los tácticos de la política, huérfanos de convicciones y cultores de las medianías.

Papa Francisco, en pleno siglo XXI, en su Exhortación Apostólica *Evangelium Gaudium* señala que entre el ideal y la realidad ha de instaurarse un diálogo permanente, evitando que la idea termine separándose de la realidad; y es eso, justamente, lo que define el accionar de Caldera como intelectual, académico, universitario, y como hombre de Estado que se forja en la trinchera de la lucha política cotidiana, cercano a los problemas de la gente y promotor, a la vez, de la idea de la Justicia Social como soporte o línea transversal de la ordenación política y constitucional.

"Es peligroso –dice el Santo Padre– vivir en el reino de la sola palabra, de la imagen, del sofisma". "La idea –la elaboración conceptual– está en función de la captación, la comprensión y la conducción de la realidad", reza su Exhortación.

Antes, como Cardenal, Bergoglio abunda sobre la cuestión en su opúsculo *La Nación por construir* (2005). Aprecia que se asoma en el horizonte una nube de desmembramiento social –lo que apuntan Rafael Tomás y Julio César– donde "la primacía de lo formal sobre lo real es funcionalmente anestésica. Se puede llegar a vivir hasta en estado de idiotez alegre –dice Monseñor Jorge Mario– en el que la profecía arraigada en lo real no puede entrar; la sociedad vive el complejo de Casandra". En medio de la violencia abismal instalada –es nuestro caso, el de Venezuela– y de sus efectos disolutos en los ámbitos de la moral democrática y la dignidad de la persona humana, no pocos actores y vecinos, es lo que sorprende, siguen convencidos de que la gravedad de la situación que padecen no es tanta o acaso no es tal.

Cambiar las realidades políticas por sobre la fuerza y hasta por encima del atropello de las maquinarias domesticadoras y de propaganda o de la exacerbación del populismo, es, entonces, el desafío posible. Así lo cree Bergoglio. Pero se requiere lo que Ugalde explica en su disertación, a saber y en primer término, re-jerarquizar la política.

Ello sólo es posible –no es imposible– una vez como se decide pasar "del nominalismo formal que estanca los conceptos a la objetividad armoniosa de toda palabra, camino de creatividad"; "desde el desarraigo retomar las raíces constitutivas"; "salir de los refugios culturales y llegar a la trascendencia que funda"; "caminar desde lo inculto al señorío sobre el poder"; en fin, como lo sugiere Bergoglio, "desde el sincretismo conciliador que termina en una cultura de collage hay que caminar hacia la pluriformidad en la unidad de los valores. Y desde la puridad nihilista, a la captación de los límites de los procesos".

Los liderazgos emergentes de Venezuela, en consecuencia, deben redescubrir la importancia del liderazgo testimonial, que ha de ser constante, coherente, fundado en valores éticos, forjador de opiniones e incluso a contracorriente de las mismas opiniones, modulándolas o forjando otras, con clara comprensión de la realidad y sus desafíos.

Una década antes de concluir el pasado siglo, todavía cura raso, Bergoglio se refiere al hombre moderno dentro de cuya soledad "acaecen" cosas, pero que es incapaz –desde su soledad– de aunar las cosas, de crear unidad; es lo que llama la interioridad romántica, que no es una interioridad óntica en donde la soledad es ecuménica, es decir, convoca y le da unidad de significado a las diversas experiencias del hombre.

El hombre moderno, afirma, "tiende a ser un entusiasta de las causas intermedias". La política, para jerarquizarse debe trascender "la tentación de la autonomía absoluta de la razón enloquecida. Jerarquizar lo político no es absolutizarlo ni minimizarlo. Es ubicarlo en su justo lugar como dimensión de la vida y de la historia de los pueblos", sostiene. Es, en otras palabras o con otro ejemplo, la combinación entre idea y realidad, entre la sístole y la diástole calderiana que describe Tristán de Ataide. O como lo advierte el padre Ugalde: "En política hay que tener resultados".

Amoroso Lima aprecia que lo real de Venezuela es nuestra tradición militarista y dictatorial, pero recuerda que Caldera, en su hora, propone apalancado en su cosmovisión y como desiderátum la utopía de la "civilidad"; dado lo cual le huye, de conjunto, tanto a los belicistas como a los represores. Su pedagogía y forma de vida –me consta en lo personal– es la práctica de la libertad dentro del Estado de Derecho; que es el derecho de todos a todos los derechos humanos y su método preferente es la persuasión, el diálogo con vistas al Bien Común.

Afincado en su anterior elaboración y al enunciar las pautas para la jerarquización de la política, Bergoglio seguidamente las explica y precisa. Cuando habla del paso necesario desde el nominalismo formal en la política a la objetividad armoniosa de las formas, evitando la creación de "un mundo de ficciones con peso de realidad", recuerda lo urgente de luchar contra el desarraigo y volver a las raíces constitutivas de lo que somos, pues el hombre y el político, en su autonomía, al saborear el culto de la genialidad, la fama y la gloria, pierden su punto de apoyo en algo que trascienda a su misma fama y genio, a su personalidad, y al final se aísla y desarraiga, se sirve a sí mismo y no al Bien Común.

Añade que, no obstante, al abandonar el refugio cultural para ir hacia lo que funda en la trascendencia, alcanzar puntos de apoyo propios no implica confundirlos con un retorno o nostalgia del pasado, que desarraiga cabalmente y sin fecundidad que prometa. Pide, seguidamente, ejercer nuestro señorío como hombres y políticos sobre el poder para que el poder no cobre sustancia en sí mismo y deje de responder al hombre y su dignidad; de allí que demande una conducta que, por cierto, sintetiza cabalmente al Pacto de Puntofijo (1958), a saber, el rechazo del sincretismo conciliador y el respeto por la "pluriformidad en unidad de los valores".

Las coordenadas, sin embargo, son otras en el siglo XXI, lo recuerda alguna vez el historiador y fallecido ex mandatario Ramón J. Velásquez. Pero las enseñanzas citadas, como lo creo, sirven y mucho.

La falacia del desencanto democrático

Veamos, de seguidas, con visión retrospectiva y para los fines de un balance que sintetice las distintas dimensiones (social, axiológica y normativa) de la realidad –las recuerda el embajador Pineda en su análisis– los datos que nos aporta la historia democrática reciente de Venezuela, antes de explicar los alcances de odre distinto que hoy y en la circunstancia la contienen.

Rómulo Betancourt, quien participa de la Conferencia de Bogotá de 1948, creadora de la Organización de Estados Americanos como mecanismo de seguridad colectiva de nuestras democracias –el llamado cordón sanitario a las dictaduras– y en un tiempo en el que basta oponer la experiencia dictatorial de nuestros gendarmes con los gobiernos civiles electos por el pueblo, advierte con clarividencia, en 1964, sobre el enemigo que en ese instante tiene al frente la democracia y su iniciativa hemisférica:

"Fácil resulta explicar y comprender por qué Venezuela ha sido escogida como objetivo primordial por los gobernantes de La Habana para la experimentación de su política de crimen exportado. Venezuela es el principal proveedor del Occidente no comunista de la materia prima indispensable para los modernos países industrializados, en tiempos de paz y en tiempos de guerra: el petróleo. Venezuela es, además, acaso el país de la América Latina donde con más voluntariosa decisión se ha realizado, junto con una política de libertades públicas otra de cambios sociales, con simpatía y respaldo de los sectores laboriosos de la ciudad y el campo. Resulta así explicable cómo dentro de sus esquelas de expansión latinoamericana, el régimen de La Habana conceptuara que su primero y más preciado botín era Venezuela, para establecer aquí otra cabecera de puente comunista en el primer país exportador de petróleo del mundo", afirma el mandatario en su Mensaje Anual ante el Congreso de la República.

Difícil era imaginar, apenas entrado el siglo XXI, que Cuba lograse colonizar a Venezuela y realizar su propósito sin mediar una acción insurreccional como la que patrocina durante los años '60 del siglo anterior. La penetración que del modelo marxista cubano tiene lugar a partir de 1998, como experiencia disolvente de la democracia que se predica en Occidente y las Américas, es en efecto inédita.

América Latina, ese mismo año, es consciente de la amenaza que significa la emergencia de gobernantes elegidos por el pueblo quienes, durante su ejercicio, vacían de todo contenido la experiencia de la democracia como aproximación de la moral –de los valores éticos– a la realidad del poder, para contenerlo en sus tendencias hacia la arbitrariedad. Pero es Alberto Fujimori, del Perú, el mal ejemplo que se analiza.

De modo que, en 2001, con el dictado de la Carta Democrática Interamericana los gobernantes de las Américas reiteran el decálogo de nuestras convicciones democráticas compartidas; renuevan, creyendo inmunizarnos ante los peligros que acechan, el igual credo que predican sus antecesores reunidos en Santiago de Chile, en 1959, cuando nace la Comisión Interamericana de Derechos Humanos y sostienen que la democracia reclama de elecciones libres y justas pero que ellas no bastan.

Tanto como ayer repiten que la democracia exige del Estado de Derecho, del control de la legalidad de los actos de los gobiernos y la independencia de los jueces; libertad individual y justicia social, fundadas en el respeto y tutela efectiva de los derechos humanos; alternabilidad de los gobiernos; libertad de expresión y prensa; pluralismo político, es decir, prohibición de la proscripción política por ser "contraria al orden democrático", entre otros estándares.

No son extraños dichos gobernantes, cabe decirlo y al predicar lo anterior, a las circunstancias o crisis que vive la democracia dentro de la misma democracia y que claramente exponen, desde la escuela francesa, Pierre Rosanvallon (*La démocratie inachevée*, 2000) y Alain Touraine (*Qu'est-ce-que la démocratie?*, 1994); uno para indicar la urgencia de "redefinir el imperativo democrático en una Era donde la sociedad civil se ha emancipado", otro para advertir que "entre las tendencias globales y el multiculturalismo absolutamente cargado de rechazo al otro, el espacio político se fragmenta y la democracia se degrada". Pero siendo conscientes todos, tanto como lo predica el último autor, que se requiere otra vez de "un conjunto de garantías institucionales que permitan combinar la unidad de la razón instrumental con la diversidad de memorias, el cambio con libertad; pues al fin y al cabo, la democracia es una política de reconocimiento del otro", concluye.

Al apenas cambiar los actores gubernamentales durante la primera década del siglo XXI en marcha, sobreviene y toma cuerpo, a través de métodos y modos distintos de los conocidos, la narrativa "posdemocrática" liderada desde La Habana y que, obviamente, antes que orientarse a salvaguardar la primacía de la persona humana por sobre el ordenamiento del Estado y como teleología de la democracia sin adjetivos, invierte los términos y cosifica los derechos fundamentales del individuo. Los hace objeto de atribución y distribución por parte del mismo Estado y sobre todo de su gobernante, pues el primero ya es incapaz de reconducir la idea de la unidad de su soberanía bajo la acechanza de la citada mundialización y su fractura social interna, animada por el derecho a la diferencia que reclaman distintos grupos de origen cultural, racial, comunal, de género, y hasta neo-religiosos.

Cabe decir que tal predicado encuentra en Venezuela, después de casi medio siglo de experiencia constitucional bajo el paradigma del Estado social de Derecho, su validación en la idea de un supuesto desencanto democrático acusado por las mayorías latinoamericanas desposeídas o afectadas por la desaceleración del bienestar y que, obviamente, confunden a la democracia con el representante, con el funcionario indolente o corrupto, con el juez que no juzga de manera oportuna, o con el dirigente partidario o parlamentario que marca distancia con relación a quienes, agobiados por necesidades y urgencias cotidianas e incluso anímicas, se sienten víctimas del desafecto político.

Un Informe del PNUD –*Informe sobre la Democracia en América Latina: Hacia una democracia de ciudadanas y ciudadanos* (2004)– que más tarde hace suyo la propia OEA, una vez como también cambia de dirección y asume sus riendas el socialista chileno José Miguel Insulza, sirve como soporte intelectual de conveniencia al efecto. El documento en cuestión, preparado bajo la dirección del ex canciller argentino y luego sub secretario político del mismo Insulza, Dante Caputo, postula que, ante el desencanto, lo que cabe es fortalecer el rol del Estado y acepta como fatal que la gente privilegie sus necesidades económicas y sociales por sobre el bien de la libertad.

Tres párrafos de dicho Informe bastan:

"El corazón del problema es que si bien la democracia se ha extendido ampliamente en América Latina, sus raíces no son profundas. Así, el Informe advierte que la proporción de latinoamericanas y latinoamericanos que estarían dispuestos a sacrificar un gobierno democrático en aras de un progreso real socioeconómico supera el 50%".

"Subsiste el desafío de agrandar la política, es decir, de someter a debate y decisión colectiva todas las materias que afectan el destino colectivo, lo cual a su vez implica más diversidad de opciones y más poder al Estado para que pueda cumplir los mandatos ciudadanos".

El Informe Caputo o del PNUD, por cierto, parte de una perspectiva distinta de la que anima a los presidentes de las Américas hacia 1998 y antes enunciada, quienes optan por discernir pedagógicamente entre las democracias de origen y las de ejercicio dejando de oponer las dictaduras militares con los gobiernos electos, pues el tiempo es otro. Esta vez considera mejor referirse, aguas abajo, a las nuevas modalidades de ruptura institucional democrática que tienen lugar en América Latina, destacando la manera en que éstas se cobijan bajo formas constitucionales alejadas de los golpes militares clásicos (Caso del Presidente Gutiérrez, en Ecuador). Cita como ejemplos, el cierre del Parlamento provocado por Fujimori en 1992 o las salidas del poder de Sánchez de Losada en Bolivia, en 2003, y la de Aristid, en 2004. A la sazón, recuerda el 11 de abril de 2002 venezolano (la renuncia pedida por los militares a Hugo Chávez Frías y el brevísimo interinato de Pedro Carmona), y extrañamente no menciona en los antecedentes a los golpes militares clásicos del mismo Chávez, ocurridos en 1992.

De modo que, llegado 2004, la OEA con Insulza a la cabeza, expide la Declaración de la Florida, a partir de la cual, en la práctica se decide enterrar la Carta Democrática Interamericana y, al efecto, en el mismo año, el presidente Jimmy Carter, desde el Centro Carter, traba un debate con la Secretaria de Estado norteamericana, Condoleezza Rice, para sostener el carácter no vinculante de la misma. Renace, así y a contracorriente del tiempo, con toda su fuerza, el principio de la No Intervención y la independencia de cada Estado para decidir sobre su modelo político más conveniente; oponiéndolas al otro principio, de orden público internacional, que emerge a partir de la Segunda Posguerra del siglo XX y sirve de límite al constitucionalismo de los Estados, el respeto y la garantía universal de los derechos humanos.

La historia posterior es harto conocida. La experiencia que nace con la constituyente de 1999 y luego validan el PNUD como la "nueva" OEA, se extiende hacia Ecuador con la Constitución de Montecristi de 2008 y la del Estado Prurinacional boliviano de 2009, ambas producto de constituyentes "originarias" y rupturistas como la venezolana, propulsoras del inflacionismo electoral de corte plebiscitario, y orientadas a la concentración del poder en manos del Jefe del Gobierno y su reelección perpetua, poniéndose fin a la idea de la alternabilidad democrática.

No huelga agregar, a todo evento, que no es nuevo en América Latina el debate que busca antagonizar o hacer incompatibles los derechos civiles y políticos con los derechos económicos, sociales y culturales, prefiriéndose éstos desde la óptica del Informe Caputo. De allí el planteamiento preciso que opone Betancourt a las amenazas y pretensiones de Cuba, desnudándolas en su falacia.

En tiempos de nuestra Independencia Don Andrés Bello afirma que "los pueblos son menos celosos de la conservación de su libertad política, que de la de sus derechos civiles". "Los fueros que los habilitan para tomar parte en los negocios públicos le son infinitamente menos importantes, que los que aseguran su persona y sus propiedades", agrega el venezolano, hijo adoptivo de Chile, antes de declarar que "raro es el hombre tan desnudo de egoísmo, que prefiera el ejercicio de cualquiera de los derechos políticos que le concede el código fundamental del estado al cuidado y la conservación de sus intereses".

Rómulo Gallegos, primer presidente venezolano electo por el voto universal, directo y secreto, quien toma posesión en febrero de 1948 y luego es derrocado en noviembre por una Junta Militar, al asumir en 1960 la presidencia de la Comisión Interamericana de Derechos Humanos, persuadido como está de la tendencia marcadamente positivista y en boga en Venezuela desde inicios del siglo XX, riposta oportuno que si ello es así el deber del liderazgo político democrático y responsable es proveer al cambio de tal patrón y no profundizarlo:

> "En las altas esferas del espíritu –señala el famoso novelista– donde se mueve el pensamiento conductor de la experiencia humana hacia las realizaciones de la fraternidad universal por encima de las aspiraciones mezquinas, de los egoísmos intransigentes y, más aún, de las apetencias de zarpazo y dentellada que todavía puedan estar permitiendo que el hombre sea lobo para el hombre…toda actividad que sea ejercicio de buena calidad responsable debe dedicarse a procurar que la inmensa familia humana… tenga una igual, una misma posibilidad de disfrutar del bien del bien de la vida, al amparo del orden jurídico estrictamente respetado en todos los pueblos", son sus palabras.

La democracia es el hombre y no el Estado

En cuanto hace a Venezuela, de modo particular, a partir de 1999 cede cabalmente la perspectiva constitucional democrática. El propio Caldera, último presidente venezolano del siglo XX, la sintetiza invocando el contenido del artículo 43 de la Constitución de 1961. La norma prescribe que "todos tienen derecho al libre desenvolvimiento de su personalidad, sin más limitaciones que las que se derivan del derecho de los demás y del orden público y social".

Se trata, según el ex presidente fallecido, de lo sustantivo del modelo democrático posible y perfectible, ya que engloba en su predicado a los derechos individuales y los sociales, la expresión libre del pensamiento, fundar y dirigir una familia, establecer un hogar, trabajar, rendirle culto a Dios, sentirse asegurado en su proyecto de vida, es decir, en su persona, en su correspondencia, en sus bienes, y asociarse; derecho, el último, que trasladado al ámbito de lo político, plantea el derecho de participar en la vida política partidaria, elegir y ser elegido, y a través de todo ello incidir de manera informada en las cuestiones fundamentales que interesan a la comunidad.

Sin que se lo exprese nominalmente, a partir de entonces, bajo el pretexto de reivindicar nuestros orígenes bolivarianos y propender a la inclusión social dentro de una "democracia participativa", emerge como primer hito de la perspectiva distinta sobre la "democracia" la Constitución de 1999.

Su artículo 3 hace constar, textualmente, que el desarrollo de la personalidad ya no es cosa que corresponda libremente al hombre –varón o mujer– en tanto que persona, sino que el Estado asume tal desiderátum como su tarea fundamental y tutelar. Crear un "hombre nuevo" a imagen y semejanza de los valores en que se sustenta el Estado para lo sucesivo y mediante la educación es el propósito; valores que no son otros, según los artículos 1 y 102 constitucionales, que los inscritos en el pensamiento y la doctrina de Simón Bolívar. Y ese planteamiento, que en la práctica y a pesar de su parentela con el constitucionalismo cubano rescata de sus cenizas al gendarme necesario y al hombre de espada, padre bueno y fuerte que forma el pensamiento constitucional del mismo Bolívar, toma espacio y logra adhesión colectiva en medio de un paralelo inflacionismo nominal de derechos humanos. Pero, como cabe repetirlo, se trata de derechos que para lo sucesivo caben y valen como tales derechos según lo determine el Estado y su gobierno, haciendo primar sus finalidades políticos y la misma seguridad de la Nación.

Mi discrepancia con dicho texto la hago pública a pocos días de su aprobación mediante referéndum, en el breve libro que publico al efecto (*Revisión Crítica de la Constitución Bolivariana*, 2000) con prólogo de Roberto Viciano Pastor, profesor español quien a la sazón trabaja tras bambalinas con su equipo del Centro de Estudios Políticos y Sociales de Valencia (nicho intelectual del actual movimiento Podemos), en la Asamblea Constituyente, bajo la dirección de su Vicepresidente, Julián Isaías Rodríguez Díaz, y quien sutilmente desnuda y confiesa la ruptura constitucional acontecida:

> "La observación del autor es crítica desde una particular visión del derecho, de la función pública y del deber del Estado, y desde una priorización de los valores de la que, desde luego, no es espejo fiel la nueva Constitución".

Así las cosas, transcurrida una década de su experimentación, el ahora Vicepresidente del Tribunal Supremo de Justicia, Fernando Vegas Torrealba, confirma la realidad del descalabro del constitucionalismo democrático acontecido:

> "Así como en el pasado, bajo el imperio de las constituciones liberales que rigieron el llamado estado de derecho, la Corte de Casación, la Corte Federal y de Casación o la Corte Suprema de Justicia y demás tribunales, se consagraban a la defensa de las estructuras liberal-democráticas y combatían con sus sentencias a quienes pretendían subvertir ese orden en cualquiera de las competencias ya fuese penal, laboral o civil, de la misma manera este Tribunal Supremo de Justicia y el resto de los tribunales de la República, deben

aplicar severamente las leyes para sancionar conductas o reconducir causas que vayan en desmedro de la construcción del Socialismo Bolivariano y Democrático".

Se explica así, no de otra manera, la irrelevancia que alcanza la dignidad humana dentro de tal perspectiva constitucional; pues antes que ser la persona actor, sujeto y destinatario de la vida social y política, pasa a ser objeto del Estado, que prevalece con sus intereses. De la idea *pro homine et libertatis* que alimenta la experiencia de la democracia según el pensamiento de Betancourt y de Caldera, consistente con nuestras constituciones de 1811 y 1947, en los albores del siglo XXI y regresando sobre nuestra evolución histórica, no pocos actores políticos de esta hora –no sólo quienes detentan el poder– prefieren rescatar de los anaqueles del Antiguo Régimen, la idea *pro prínceps*. En el monarca, llamado presidente, encarnan tanto el Estado como la ley. "La ley soy yo, el Estado soy yo", declara Chávez en 2001, a la manera de Luis XIV.

La cuestión no es baladí, insisto.

En 1937, debatiendo sobre el constitucionalismo, Charles McIlwann, una de las más autorizadas referencias intelectuales sobre la función constitucional de limitación del poder, para que el poder lo tengan las leyes y no los hombres, advierte sobre el peligro de la alianza –lo reseña el profesor italiano Alessandro Pace en "Los retos del constitucionalismo en el siglo XXI" (IUS 21, 2008)– entre un reformador social y un constitucionalista liberal, pues "así como en el pasado luchar contra los abusos implicaba la defensa de los derechos individuales contra un poder despótico, extrañamente, hoy reformar los abusos se traduce para la mayor parte de los reformadores en un aumento de los poderes de gobierno".

Llegado el año 60, el mismo Caldera, refiriéndose al maltrato que desde entonces ya sufre la idea de la democracia y cuando Venezuela vive los embates de la subversión comunista, recuerda que tal relegamiento no es pionero. Apunta, al efecto, que en Europa "allá por 1917, allá por 1923, allá por 1933, surgieron sistemas que apasionaron a los pueblos, que cautivaron la mente de los hombres y les hicieron menospreciar la idea de la democracia política como cosa archivada, como cosa vetusta y absurda para buscar otros caminos de redención social". Su revalorización, después de una larga historia de dolor, otra vez llega hasta nosotros, dice. Pero, como lo ajusta el entonces joven presidente de la Cámara de Diputados, "llegamos a la democracia, no por vía de una reconciliación desengañada, sino con la ilusión aún, con la tímida ilusión del primer encuentro". Todo, está por hacerse, ayer como ahora, *ex novo*.

Lo que no captamos: El tiempo es superior al espacio

La creencia en esa distinta perspectiva "democrática" que toma espacio al apenas arrancar el siglo presente y que se oculta tras las ideas de la reinvención de la democracia o por el advenimiento de un nuevo estadio histórico y político que impone el revisionismo, explica como resultado lo también inexplicable y dicho: la violación de la democracia, del Estado de Derecho y los derechos humanos, en nombre de los mismos derechos y de la democracia, lo hemos dicho. No concita, empero y como hemos dicho, la reacción interna que cabe esperar, y en lo externo crece un muro de indiferencia –lo advierte el presidente Calderón– que el presidente Piñera, reitero, atribuye a "solidaridad ideológica".

Cabe preguntarse, por ende y a la luz de los antecedentes realistas y normativos expuestos, si acaso lo que hay es ¿una reinstalación en Venezuela de la experiencia comunista, en su versión heterodoxa y tropical cubana y acaso la repetición predecible de su fracaso social y económico conocido? Pues, si es así, basta para su conjura reivindicar los paradigmas que de la democracia postula la señalada Carta Interamericana de 2001 y luchar por ellos, a brazo partido, hasta lograrlo.

¿Cómo se explica entonces que en pleno siglo XXI, a pesar del mal ejemplo venezolano, el formato busque repetirse en otras latitudes, como en Grecia y España, tanto como ocurre con sus variantes y especificidades, en Ecuador, Bolivia y hasta en Argentina?

A la hipótesis inicial planteada y a los datos o antecedentes puestos sobre la mesa, cabe, en consecuencia, introducirle una variable que sí es particular y novedosa, propia del siglo XXI y que adjetiva, además, a ese revisionismo socialista-marxista como comunismo de la era digital (Socialismo del Siglo XXI).

He aquí la verdadera innovación.

Coincide con la caída del Muro de Berlín un salto cuántico en la civilización humana. Como lo afirmo en mi reeditado libro *La democracia del siglo XXI y el final de los Estados* (2009, 2014), recordando a un viejo amigo quien fallece antes de conocer estos tiempos, repito con él que llega a su fin otra Era de nuestra historia, varias veces milenaria, que hace de la naturaleza objetiva y espacial como de sus bienes materiales el asiento de las ideas. La anterior, dice Juan Carlos Puig, ex canciller argentino, es "la del laboreo de los metales y comenzada hace más o menos veinte mil años en el cuaternario". No se trata del fin o el anuncio de otra época histórica. Las cosas materiales –la tierra y sus productos, las obras de ingeniería, los medios para el transporte– dispuestas hasta entonces por la naturaleza para colmar las necesidades del hombre, y que por lo mismo son la fuente del poder real y el núcleo objetivo de la racionalidad que da lugar a los credos civiles e incluso religiosos, ceden cabalmente en su importancia.

La Era en cierne –lo digo en mi citado libro– llega dominada por la inteligencia artificial, por la biotecnología, por las comunicaciones satelitales y la información instantánea. Lo instrumental o lo que cubre o encierra a esta suerte alma inédita o chispa del ingenio humano, característica del siglo XXI, tiene como elemento subyacente o acaso es su sustantivo el advenimiento de la realidad virtual. En otras palabras, presenciamos el tránsito desde el tiempo de la explotación del hombre por el hombre y a propósito de la materia –objeto de diatriba entre el marxismo y el capitalismo como de la mediación de la doctrina social de la Iglesia– hacia un tiempo que explota el tiempo y su velocidad, procurando una sociedad de vértigo, en movimiento y cambio constante, sin concesiones, incluso, para el tiempo.

No por azar Papa Francisco, en su Exhortación Apostólica *Evangelium Gaudium*, quizás refiriéndose a otro contexto, pone el dedo sobre la llaga y sintetiza lo antes dicho: "El tiempo es superior al espacio". Y apela a esa afirmación, exactamente, para contener lo que de disolvente pueda tener ese cambio de Era en la vida de la Humanidad: "El tiempo, ampliamente considerado, hace referencia a la plenitud como expresión del horizonte que se nos abre (permite revalorizar la cosmovisión y situarla con la mirada en las generaciones del porvenir), y el momento es expresión del límite que se vive en un espacio acotado". "Este principio permite trabajar a largo plazo, sin obsesionarse por resultados inmediatos", concluye.

Dicho lo anterior en términos coloquiales, así como las generaciones políticas del siglo XX se obsesionan o por los libros y los discursos o por el culto de las formas democráticas, transformándolas en dogma de fe, la del siglo XXI se basta, para resolver sus problemas, con los 140 caracteres de un Twitter. De allí el diálogo de sordos que se aprecia entre el gobierno y el país, y entre los mismos actores, sean del gobierno, sean de la oposición democrática, inmovilizándose y perdiendo fluidez la opinión pública.

La posdemocracia es el fascismo del siglo XXI

Desde el 2000, con fines descriptivos se instala la idea de la posdemocracia, de estirpe inglesa y crítica desde la izquierda sobre los efectos perversos de la globalización para la democracia, al sobreponérsele el control mediático y propagandístico. Se renueva el populismo, pero esta vez con una fuerza inusitada, en yunta con la movilidad sin fronteras de los recursos financieros que facilitan la compra de medios de comunicación social y su concentración y el flujo exponencial de la propaganda. Su incidencia sobre lo político provoca la ruptura con el principio de la igualdad en la competencia por el acceso al poder, que es dominador en la democracia hasta entonces conocida.

Cabe advertir que la idea mencionada, atribuida por la literatura política al sociólogo británico Colin Crouch, antes que darle su bienvenida a la forma distinta de entender la democracia que a manera de ejemplo se instala en Venezuela y copian otros países (Ecuador, en lo particular, cuyo Estado al igual que el venezolano monopoliza la industria petrolera durante un largo decenio de elevación de precios), realiza una crítica acre al debilitamiento y abandono progresivo que ocurre del paradigma democrático que se afirma durante la segunda mitad del siglo XX. Habla, desde la izquierda, de una suerte de retorno en negativo y por obra de la globalización tanto industrial como mediática a la fase pre-democrática y la titula posdemocracia por ocurrir luego de la experiencia democrática. Explica que pierde importancia el fenómeno de la organización social sobre todo laboral, en su diálogo con la sociedad política. Aprecia que declinan los actores y los partidos de ésta, atados para sobrevivir a las mismas reglas de competitividad que forja la aldea global y sus mercados desregulados. Se trata, son sus palabras específicas, de **"la reducción de los políticos a una figura más parecida a la de un tendero que a la de un gobernante, siempre tratando de adivinar los deseos de sus clientes para mantener el negocio a flote"**, según la recensión que de Crouch hace Segata, para Wordpress.

"La publicidad –dice el autor– no constituye una forma de diálogo racional", que es sustantivo de la democracia básica, como forma de decisión colectiva e informada sobre los asuntos de interés público.

Pues bien, se trata de la misma idea que con idéntico nombre vende Norberto Ceresole a Chávez Frías en 1995, cuando apenas inicia su marcha hacia la conquista del poder, al salir de la cárcel, por vía de los votos, ya no más –en apariencia– de las balas. Con una particularidad, esta vez se la plantea –a la posdemocracia– como una crítica feroz a la democracia conocida y quizás declinante en sus formas, y se aprovechan con gula los modos que cuestiona Crouch, a saber, los que ofrece la cultura global y sus mercados para acceder al control de la gente, que es auditorio, y ejercer sobre ella todo el poder de dominación y convencimiento.

Ceresole, neofascista, quien medra hasta el final de sus días como beneficiario de las causas más radicales que encuentra en su camino, desde dictadores militares hasta guerrilleros y fundamentalistas islámicos, se presenta, no obstante, como antiglobalizador. Mas, lo que le importa es aprovechar la pérdida o el agotamiento de las mediaciones institucionales del siglo XX y el cuadro de anomia sobrevenido, en lo interno y lo internacional, para que sus clientes ocupen el espacio como articuladores personales (líder –pueblo– fuerza armada) y mediante el uso efectivo de lo innovador, las redes de comunicación satelitales. De suerte que, los modos de comportamiento político que auspicia la posdemocracia carecen de signo ideológico y si lo tienen es de oportunidad, por necesidad de la propaganda que mejor sostenga a la audiencia. Silvio Berlusconi, a quien cuestiona Crouch y pone como ejemplo, es un hombre de derechas.

La esencia de la posdemocracia es la relación directa del líder –ahora animador y conductor de medios– con sus radioescuchas o televidentes, el pueblo mismo, sin interferencias ni mediaciones orgánicas. "Es apelar directamente al pueblo sin filtro alguno en parlamentos ni debates parlamentarios", a pesar de que las opiniones silvestres de la gente de ordinario son oscilantes y dan lugar a debates no democráticos, pues la democracia reclama de discusión reflexiva con conocimiento de causa, acerca de los grandes problemas, como lo plantea Dahrendorf, en su libro antes mencionado.

La "posdemocracia" de estirpe chavista viene a sugerir, así, algo así como lo planteado por Friedrich Nietzche en "Así habló Zaratustra": Muerto Dios todo vale, cede la moralidad y emerge el poder sin trascendencia, el poder por el poder. Y Chávez desde Venezuela compra esa tesis y la hace realidad, para tornar lo virtual en real y hacer de la realidad una ficción, en propiedad, para transformar la política en falsos positivos.

Hoy, qué duda cabe, la manipulación de las formas democráticas es la piedra angular del socialismo chavista, correista, moralista, o kirchnerista, un basurero de la historia animado con partituras electrónicas.

La cuestión central, lo observo en una de mis anteriores columnas, no es, en síntesis, si hoy tenemos más o menos comunismo en Venezuela, sino cómo resolvemos acerca de esos modos nuevos de acceder y conservar el dominio sobre la gente que todavía se plantean desde la carcasa del Estado –suerte de franquicia o de esqueleto sin carnes– a partir de un matrimonio morganático entre medios y dinero, para sostener a las audiencias inertes, anestesiadas, embobadas. Y ello significa, como siempre y en contradicción con el pensamiento democrático que se explica en el ideario Caldera, el dominio sobre la personalidad y el libre discernimiento de los individuos, haciéndolos masa autómata que participa electoralmente, cotidianamente si posible, para luego encarnar en los novísimos médicos forenses de la democracia, sea que vistan de laureles o endosen trajes de paisano.

Así se explica que los gobernantes de actualidad en América Latina (Maduro en Venezuela, Correa en Ecuador, y hasta el mismo Juan Manuel Santos en Colombia), o Pablo Iglesias ahora en España, antes que conductores políticos prefieren ser jefes de redacción de los medios de comunicación que regimientan o compran o a los que acceden mediando el acceso libre que tienen a los dineros públicos; o ser periodistas subterráneos, quienes gobiernan a través de las redes instantáneas moldeando minuto a minuto el imaginario, sin fijarlo, antes bien haciendo fotografías de los picos o instantes de la opinión para mostrarla como la opinión constante y replicarla ad nauseam.

José Hernández, columnista ecuatoriano de Sentido Común, es elocuente en su descripción acerca del fenómeno posdemocrático de Rafael Correa y del "correismo", como prolongaciones de Chávez y el chavismo en Venezuela:

> "La política para el correísmo se resume, entonces, en Correa: Vinicio Alvarado lo convirtió en un producto que, al igual que cualquier otro, debe seguir las leyes del mercado: estar siempre de moda, ser apreciado por los consumidores (buena salud en los sondeos y en las urnas) y no admitir, en el imaginario social, competidor alguno. Si Correa es todo, se entiende por qué él y sus seguidores no necesitan renovar idearios ni elaborar pensamiento político. Las encuestas y las guerras ganadas bastan. Ganar es el único desasosiego del producto-Correa. No convencer. No dialogar. No debatir. No demostrar que tiene la razón. Solo ganar. Ganar y sumar. Ellos han ganado más elecciones. Ellos lograron el mayor número de firmas para inscribir el movimiento. Ellos tienen más elegidos. Ellos tienen más votos en el país. Ellos han ganado más juicios. Ellos son más. La historia dará la razón solo a ellos...".

El poder, apalancado en el uso a profundidad de los medios de comunicación social y sus recursos, es al final obra de la propaganda, como en el nazismo. Sus elementos, potenciados con el recurso digital, se le emparentan. Venezuela, al caso, durante los últimos tres lustros, es un laboratorio de propaganda sobre obras que no existen pero adquieren realidad a través de una publicidad tupida y sostenida, visual o auditiva. Todos los autobuses del Estado, adquiridos recién y de suyo nuevos en Caracas, a manera de ejemplo tienen afiches que indican que se trata de un vehículo "destruido por el fascismo y recuperado por la revolución".

Otro columnista ecuatoriano, Roberto Aguilar, revisando la experiencia de la propaganda comunista tras la Cortina de Hierro, en lo particular la de Alemania oriental bajo Erich Honecker, advierte los puntos en común con la experiencia reciente:

a) Las ínfulas de refundación. "La sensación –literalmente producida por el aparato de propaganda– de que estamos viviendo los excitantes nuevos tiempos que conducen sin retorno a la nueva historia, coto exclusivo del hombre nuevo". Y cuenta el columnista cómo en el Ecuador la primera medida fue dejar que toda obra pública anterior se abandone y pierda hasta fijar en el imaginario el pasado como abandono, luego de lo cual se recuperan lentamente, como si fuesen obras nuevas del tiempo nuevo: "Es un cambio radical, una revolución".

b) La ilusión de que esa nueva historia se construye sobre el progreso material: "La ingente inversión social –dádivas directas y crecimiento de la burocracia pública, en el caso venezolano– que multiplica las oportunidades de desarrollo y ofrece a la población trabajo, estudio, salud, dignidad, orgullo...".

c) "El reconocimiento de que cada una de esas oportunidades es un don, algo que les es dado a una persona por intervención directa inesperada, casi milagrosa del Estado". Cuenta así el columnista lo habitual, a saber, la madre de un niño enfermo o con discapacidad mental quien llora sus miserias ante la televisión invitada allí por el mismo gobierno, hasta que recibe una llamada inesperada de la Presidencia de la República. "Basta con acercarse a pedir y se os dará".

d) "Este reconocimiento tiene una consecuencia: la población está atada al Estado por una insoslayable deuda de lealtad. Vive la servidumbre política y se siente obligada a la retribución".

En tal estado de cosas, no cabe duda que la actividad ciudadana, crítica y de control cede, no responde, haciéndose dominante el criterio de la gratitud. De allí que no sea fácil llevar al final y ponerle término a esas dislocaciones de la dignidad humana y la democracia de una manera ortodoxa. Pero si hay imaginación, hay esperanza.

De allí lo pertinente y como colofón al respecto del criterio de Javier Roiz (*El gen democrático*, 1996):

"En la democracia del fin del siglo XX ... el mundo interno (nuestro Yo individual) se conecta y desconecta, como nuestros vídeos internos, sin que podamos hacer nada, con centros de control que están fuera de nuestro alcance; y por último, los avances técnicos y sus manipulaciones nos disparan a un mundo que se ha hecho planetario ... La vida fluye por todas partes sin orden aparente ... El miedo amarga al ciudadano contemporáneo ... Pero llama la atención la fortaleza del individuo y su resistencia ante las agresiones políticas o las manipulaciones revolucionarias. Así las cosas, para lograr cambios que perduren, hay que acceder a lo que podríamos llamar los códigos fuentes del software ciudadano".

Volver a las raíces, no disimular la realidad y reinventar la utopía

El ideario o la cosmovisión democrática de Caldera, sobre el que Tristán de Ataide afirma que "es innegable que tan sólo el siglo XXI, al hacer el balance del siglo XX, podrá valorar con exactitud y sin incurrir en juicios temerarios" al ser su fuente la doctrina social de la Iglesia, rechaza de plano y en este orden la perversión que sufre la democracia bajo el yugo de prácticas políticas populistas que ocurren en la posdemocracia: "Hacer televisión es un arma, es como el sexo adolescente, aquí te cojo, aquí te mato", afirma Iglesias desde Madrid, a través del programa La Tuerka, en 2012.

Saber cómo ataja Caldera la realidad y la balancea de modo práctico con los ideales fundantes y que trascienden, es a mi entender un punto válido de anclaje para la eficaz comprensión de nuestra actual realidad y su manejo ético, en lo nacional como en lo global y occidental, a fin de jerarquizar las acciones que, pasada la tormenta, permitan ajustar la transición en curso, la anomia social y política, y la cosificación de la persona humana, reconstruyendo.

Él apunta –desde una perspectiva tridimensional– a la idea de la Justicia, que impone, frente a la realidad y para fijar los alcances descriptivos e interpretativos de la norma de la ley, resolver siempre de modo tal que se potencie a la dignidad humana, es decir, a todo aquello que fortalece el desarrollo autónomo de la personalidad; siendo indispensable "no olvidar que los más legítimos conceptos de la democracia han rehusado siempre encarnarse en el mero esquema de la forma, insistiendo más bien en la riqueza vital del contenido".

Dice Caldera, seguidamente, que "es necesario admitir que las formas vacías pueden servir y han servido frecuentemente para que las llene el egoísmo y la ambición de unos pocos, capaces de utilizar los instrumentos y de imponer por medios de coerción –que, aunque disimulados pueden llamarse físicos– sus intereses y su voluntad. Sería difícil estimar –añade– quien ha causado un mayor daño al prestigio de la democracia y a su poder de atracción sobre los pueblos: si los autócratas que al atropellarla de frente, provocan por contraposición la nostalgia por ella, o los traficantes de la democracia cuando se valen del engaño y del soborno sistemáticos para arrancar una falsificación de asentimiento colectivo a fines que no corresponden al bien común ni a la voluntad general".

Por lo mismo, debo hacer propia, como término de esta narrativa, la que hace Rafael Caldera y pide Tristán de Ataide sea considerada por las generaciones actuales y futuras: "La democracia, aparte de su contenido sustancial (que rechaza "el desconocimiento monstruoso de los derechos más elementales de cada ser humano"), se reviste de formas... Pero es indudable que las formas logradas hasta ahora distan de ser perfectas y que convertirlas en fetiches sería desconocer la dinámica que mueve la historia. Si los tiempos cambian, las formas tienen que adaptarse a los tiempos...". Y es ese, justamente, el debate pendiente de acometer entre los distintos liderazgos políticos e intelectuales del país, es el motivo del diálogo reclamado para que sea real y no panfletario, más allá de las urgencias y si acaso existe el propósito de la recuperación de Venezuela apostando a las generaciones del futuro.

No por azar y al final de su segunda presidencia reclama Caldera, incomprendido y sin ser oído, traer a la memoria colectiva todo aquello que logra la democracia durante la segunda mitad del siglo XX, a fin de despejar el espíritu de incertidumbre y escepticismo dominante. Ya fallecido, un equipo que dirige José Curiel Rodríguez, ministro de obras públicas durante su primera administración, sin ser el convocado para ello, por propia iniciativa salda esa deuda histórica con el libro *Del pacto de Puntofijo al Pacto de La Habana* (2014).

Pide Caldera, asimismo, se reflexione, por lo pronto, sobre los valores éticos de la democracia, en tarea que acomete, aquí sí, la Cumbre Iberoamericana de Jefes de Estado y de Gobierno en Isla de Margarita.

Lo cierto es que los venezolanos de esta hora, sobre todo sus élites políticas en general, ceden y se dejan, nos dejamos tentar por estos modos de comportamiento propios del populismo digital; a la vez que las "franquicias" partidistas se atrincheran en sus glorias dentro de un contexto democrático formal que ya no existe, el del Estado, cárcel de la ciudadanía, sin entender que la democracia deja de ser modelo de organización de los gobiernos para mudar en derecho humano de los pueblos, que han de garantizar los gobiernos tal y como reza el artículo 1 de la Carta Democrática.

Es un imperativo, en conclusión, entender las coordenadas del tiempo que nos acompaña y poner el final como principio, como su principio o ideal, si lo entendemos como desarrollo de la perfectibilidad que nos es connatural a todos los seres humanos y si asumimos a la vida y su forma más excelsa, la actividad política, atada de manera irrenunciable a la dignidad del hombre y su trascendencia. No es una herejía que eventualmente nos asumamos como viudos de las revoluciones americana y francesa e incluso de la gaditana de 1812, fuentes de los estándares de la democracia que atamos a un contexto formal que se debilita aceleradamente, a fin de que con coraje logremos reinventar la utopía democrática.

Basta observar la colisión que sufren los derechos humanos y su universalidad bajo el cruce de civilizaciones que avanza y los relativiza, subordinándolos al derecho a la diferencia; el Estado de Derecho con la fragmentación o pulverización de la leyes generales y abstractas, para darle paso a las cosmovisiones caseras y "g-localismos"; la separación de poderes y su complejo ritmo decisorio con la urgencia que demandan los asuntos globales y la aceleración de los cambios en el tiempo que ellos imponen; el ejercicio electoral con su secuestro por aristocracias digitales; la actividad orgánica de los partidos con las formas inorgánicas de participación política emergentes; la libertad de prensa con el periodismo subterráneo; en fin, la indiferenciación entre la vida pública y la vida privada por obra de la cibernética. Son todos asuntos que cabe discutir alrededor de la democracia, sin que admitan más dilación.

Si no la rescatamos renovándola, después de la democracia puede significar un diluvio existencial. Y en ello, debo decir que coincido con el "chavista" español Juan Carlos Monedero, quien critica que la "posdemocracia" indique nostalgia del pasado e indica que lo observable, según él, es "una detención de los procesos democráticos y, enfrente, nuevas formas de articulación política".

No comparto, empero, su miopía frente al resurgimiento e instalación de ese fascismo demodé y de corte caudillista bajo la Venezuela chavista o en el Ecuador de Correa, menos su afirmación en cuanto a que la democracia es conflicto permanente, lucha de todos contra todos, única regla que sí entienden, cabe decirlo, los causahabientes del mismo Chávez, Maduro y Cabello, por huérfanos de la fuerza comunicacional y ventajas carismáticas del primero. La premisa de la "democracia" conflictual es contradictoria con la otra afirmación de Monedero, a cuyo tenor el desafío democrático del siglo XXI implica criticar al igual que lo hacen los liberales "el paternalismo, la ineficiencia, el clientelismo" del Estado social de Derecho; desde la óptica marxista, cuestionar la "alienación, el debilitamiento de la conciencia crítica ciudadana"; o desde el pacifismo, censurar el "entramado militar económico, el keynesianismo de guerra, la violencia"; pecados todos que tienen como ejemplo a la llamada revolución bolivariana, enlatado virtual y propagandístico que luego se bautiza como Socialismo del Siglo XXI, para adormecer a las masas.

> *"Todos, desde nuestras responsabilidades, debemos ponernos la patria al hombro, porque los tiempos se acortan... Es necesario proyectar utopías, y al mismo tiempo es necesario hacerse cargo de lo que hay. Ser creativos no es tirar por la borda todo lo que constituye la realidad actual, por más limitada, corrupta y desgastada que ésta se presente... Si vamos a tratar de aportar algo a nuestra patria no podemos perder de vista ambos polos: el utópico y el realista, porque ambos son parte integrante de la creatividad histórica. Debemos animarnos a lo nuevo, pero sin tirar a la basura lo que otros (e incluso nosotros) han construido con esfuerzo"* (Cardenal Jorge Mario Bergoglio, 2005).

4 de febrero de 2015

APÉNDICE

DECLARACIÓN DE PANAMÁ SOBRE VENEZUELA DE LOS EX JEFES DE ESTADO Y DE GOBIERNO

Quienes suscribimos el presente documento, ex Jefes de Estado y de Gobierno Iberoamericanos, invitados por la Iniciativa Democrática de España y las Américas (IDEA) y preocupados por el curso que toma la grave alteración institucional, política, económica y social que afecta sin distinciones a nuestros hermanos venezolanos, hacemos constar lo siguiente:

La democracia y su ejercicio efectivo, fundamento de la solidaridad entre los Estados, consiste en el respeto y garantía de los derechos humanos, el ejercicio del poder conforme al Estado de Derecho, la separación e independencia de los poderes públicos, el pluralismo político, las elecciones libres y justas, la libertad de expresión y prensa, la probidad y transparencia gubernamentales, entre otros estándares, tal y como consta en la Declaración de Santiago de Chile adoptada por la Organización de los Estados Americanos en 1959, luego ampliada y desarrollada por la Carta Democrática Interamericana de 2001.

No obstante ello, el gobierno de Venezuela denuncia la Convención Americana de Derechos Humanos y sostiene una política de no reconocimiento ni acatamiento de las decisiones y pronunciamientos dictados por los órganos internacionales e interamericanos de tutela de derechos humanos, afectando gravemente el derecho al amparo internacional de derechos que consagra la Constitución de dicho Estado en beneficio de todas las personas.

En lo particular, es manifiesta la ausencia de independencia de la Justicia, la persecución judicial de quienes manifiestan y se expresan políticamente disidentes frente al señalado gobierno, la presencia reiterada de actos de tortura por funcionarios del Estado, la existencia de grupos para estatales armados y de apoyo al mismo gobierno, y el ambiente de total impunidad, a cuyo efecto se le exige la inmediata liberación de todos los presos políticos, entre otros del dirigente democrático Leopoldo López y los alcaldes Antonio Ledezma y Daniel Ceballos.

Sucesivamente, funcionarios de la policía política, sin rostros visibles, sin mediación judicial ni procedimiento de investigación previo, apresan por la fuerza al Alcalde Metropolitano de Caracas, Antonio Ledezma, quien es la segunda autoridad civil de elección popular más importante en la capital de Venezuela, y hoy se le mantiene recluido junto a otros presos políticos, en una prisión militar; hecho que, siendo atentatorio del ejercicio del poder con apego al Estado de Derecho, lo anuncia y celebra el Presidente de Venezuela en cadena nacional de radio y televisión –imponiendo previamente un *black out* informativo sobre la actuación arbitraria e ilegítima de sus funcionarios– acusando luego a Ledezma de suscribir junto al preso político Leopoldo López y la diputada María Corina Machado una opinión política en la que afirman el carácter antidemocrático del gobierno de Nicolás Maduro y señalan las vías constitucionales que, a juicio de éstos, permitirían superar de conjunto la crisis venezolana.

Rige en Venezuela, además, una hegemonía comunicacional de Estado, decidida por el mismo gobierno desde noviembre de 2004 en su documento La Nueva Etapa, El Nuevo Mapa Estratégico de la Revolución Bolivariana. Al efecto, se han dictado leyes de control de contenidos de la información y para el incremento de las sanciones penales por delitos de desacato, promoviéndose la censura y la autocensura de la prensa. La violencia contra periodistas, columnistas y twitteros tiene carácter sistemático y se les criminaliza. Han sido cerrados medios de comunicación social independientes, sea por decisión oficial o propia, por falta de insumos o papel periódico cuya importación controla el Estado, tanto como se han suspendido las señales de medios extranjeros o han expulsado a sus periodistas del territorio nacional.

La Relatoría para la Libertad de Expresión de la OEA, en su Informe de 2013 da cuenta, por una parte, que "en Venezuela se ha producido un proceso de reformas estructurales del marco jurídico y de aplicación de políticas públicas que han debilitado las garantías del derecho a la libertad de expresión en el país" y, por la otra, hay un "uso persistente de declaraciones estigmatizantes utilizadas por funcionarios públicos para descalificar a periodistas, medios de comunicación y miembros de la oposición que expresan ideas, opiniones o difunden información contraria a los intereses del Gobierno venezolano".

Desde 2009 la misma Comisión Interamericana de Derechos Humanos "considera que la falta de independencia y autonomía del poder judicial frente al poder político constituye uno de los puntos más débiles de la democracia venezolana, situación que conspira gravemente contra el libre ejercicio de los derechos humanos en Venezuela".

Dentro de dicho contexto, en medio de la aguda crisis venezolana mencionada, signada por la persecución y judicialización de la oposición democrática, el gobierno se ha hecho ahora de una "ley habilitante" a fin de legislar por vía de decretos ejecutivos sobre todas las materias del orden constitucional y para establecer sanciones, incluidas las penales, arguyendo la inminencia de un conflicto internacional e interior, y obviando la necesaria declaratoria –si fuese el caso– de un estado de emergencia que le obligaría someterse al control judicial y su observación por los organismos internacionales de derechos humanos.

Por lo mismo, cabe observar que sin la efectiva vigencia de un sistema de separación e independencia de los poderes públicos, que permita el control de los mismos, ninguno de los componentes esenciales de la democracia a los que alude la misma Carta Democrática Interamericana pueden llegar a tener verdadera aplicación en Venezuela; es decir, no puede haber posibilidad real de exigir y controlar la transparencia y probidad de las actividades gubernamentales, y la responsabilidad de los gobiernos en la gestión pública; no hay forma de garantizar el efectivo respeto de los derechos sociales ni la libertad de expresión y de prensa; no se puede asegurar la subordinación de todas las autoridades del Estado, incluyendo la militar, a las instituciones civiles del Estado; en definitiva, no se puede asegurar el respeto al Estado de derecho.

La alteración constitucional y democrática que sufre Venezuela se profundiza, asimismo, en el plano de lo económico y social, en razón, por una parte, de los señalamientos y evidencias que suministran gobiernos e instituciones financieras internacionales sobre actos de corrupción y lavado de dineros agravados que comprometerían a altos funcionarios y jerarcas militares venezolanos y, por otra parte, al constatarse el derrumbe de la economía venezolana, en la que si bien influye la caída internacional de los precios del crudo, sus dimensiones se explican en la ausencia de políticas públicas propias de una economía sana y moderna, que ha contribuido al señalado clima de corrupción y la dilapidación gubernamental de la riqueza nacional.

Ello ha generado una serie de problemas y desbalances en la economía venezolana, que van más allá de la caída internacional de los precios del petróleo y se han profundizado notablemente durante los últimos años. Éstos y aquéllos se presentan en los ámbitos fiscales, monetarios, financieros, cambiarios, petroleros y reales, dando lugar a una recesión muy profunda en el país y a una galopante inflación que mina la capacidad de compra y los ingresos familiares, acentúa la pobreza, genera desempleo y deteriora la calidad de vida de la población, particularmente la de aquellos que menos tienen.

Un gasto gubernamental desbocado y desordenado que cada vez se distancia más de sus ingresos, ha generado enormes y crecientes déficits, que hoy ya alcanzan niveles equivalentes a cerca de 20% del PIB. Eso no solo ha hecho que la deuda pública se incremente notablemente, particularmente la interna, sino también que el gobierno haya forzado al Banco Central de Venezuela (BCV) a financiar buena parte de esa brecha a través de la creación masiva de dinero sin respaldo que, a su vez, se ha traducido en un crecimiento dislocado de la oferta monetaria.

Así las cosas, cuando los consumidores acuden a los mercados o farmacias no encuentran los productos que buscan, pues la oferta se restringe cada vez con mayor intensidad, debido a:

- la hostilidad gubernamental a las pocas empresas privadas que subsisten a las ya expropiadas o confiscadas en procura de una economía de Estado;
- la imposición de restricciones de todo tipo a productores y comercializadores, entre ellas controles desmedidos de precios sin tomar en consideración el comportamiento de los costos, condenando a muchos a trabajar a pérdida;
- los muy limitados accesos a las divisas dentro de una economía que poco produce y casi todo lo importa, acumulándose deudas con los proveedores externos;
- la ineficacia creciente de las empresas públicas, muchas de ellas expropiadas o expoliadas al sector privado, que al pasar a manos del Estado producen mucho menos que antes.

En consecuencia, preocupados por el inmediato futuro de los venezolanos y obligados a contribuir con nuestra palabra a la afirmación de un clima de paz y de negociaciones que permitan abrirle senderos a una solución no violenta a la mencionada crisis, nos permitimos alertar sobre ello a los gobiernos de nuestros países y a la Cumbre de las Américas, así como expresar nuestro parecer en los términos siguientes:

a) La severa crisis democrática e institucional, económica y social que afecta a Venezuela y a todos los venezolanos no admite sino soluciones negociadas y sería irresponsable y hasta criminal reducirla o desfigurarla, en su origen y efectos, a una suerte de confrontación entre el gobierno de Nicolás Maduro y el llamado imperialismo norteamericano, o atribuirla a la mera caída de los ingresos petroleros.

b) Venezuela, a corto plazo y dentro del complejo ambiente que la afecta, signado por la persecución política de los opositores y la ausencia separación de poderes como de balances institucionales, vivirá un proceso electoral para la renovación de los representantes de la soberanía popular en la Asamblea Nacional; dado lo cual, sólo una observación internacional autorizada, imparcial, y técnicamente calificada, que acepte el Poder Electoral actualmente bajo control de militantes gubernamentales, podrá contribuir con la existencia de garantías para el debate político libre y el carácter justo, equitativo y transparente de los comicios planteados.

c) La corrección de los múltiples desequilibrios macroeconómicos existentes en Venezuela se logrará a través de la implementación de un amplio y complejo plan de ajuste, que incluye múltiples componentes como la racionalización del gasto gubernamental, la eliminación del financiamiento de gasto público deficitario por el Banco Central de Venezuela, la ampliación y diversificación de la producción interna; el estímulo y promoción de la inversión reproductiva; la desregulación de la economía. Pero su implementación, de suyo difícil y orientada a corregir los múltiples desequilibrios macroeconómicos existentes, puede generar efectos inmediatos que golpearían a toda la población, pero en especial al segmento de más bajos ingresos. Y ello reclamará la existencia de un liderazgo capaz de producir consensos democráticos, movilizar y asegurar un amplio apoyo político por la población, para lo cual será esencial la aplicación de una serie de planes sociales compensatorios efectivos, que mitiguen las adversidades.

d) La corrección de los severos desequilibrios que hoy se padecen en Venezuela exige un cambio radical en el manejo de la cuestión económica, un giro en su modelo político y económico, que tiene que hacerse dentro de un contexto de mucha amplitud. A su vez, tiene que responder a un esfuerzo que ayude a crear las condiciones que aseguren el éxito en la implementación ulterior de un plan de desarrollo sustentable de largo alcance; que busque no solo el progreso sostenido en lo económico, sino también la consecución de los objetivos de desarrollo permanente en materia política, institucional, social, ambiental, tecnológica, científica, cultural y de renovación ética. Solo así podrá salir Venezuela del atolladero que la atenaza, y logrará alcanzar el desarrollo y el progreso sustentable al que tiene derecho y deben aspirar todos los venezolanos, sin distinciones de ningún género.

En suma y como desiderata cabe concluir que la única posibilidad de restablecimiento de la democracia en Venezuela y de una efectiva garantía de los derechos políticos, económicos y sociales de los venezolanos, pasa por el rescate del principio y sistema de separación de poderes, mediante la designación de sus titulares respetando las garantías democráticas representativa y participativa establecidas en la Constitución, de manera de asegurar su independencia y autonomía, comenzando por el Poder Electoral y a fin de que puedan asegurarse con imparcialidad, el desarrollo de elecciones libres y justas.

Así lo refrendamos, en el día de hoy, nueve de abril de dos mil quince.

Nicolás Ardito Barletta, Panamá
Oscar Arias, Costa Rica
José María Aznar, España
Belisario Betancur, Colombia
Armando Calderón Sol, El Salvador
Felipe Calderón, México
Rafael Ángel Calderón, Costa Rica
Fernando H. Cardoso, Brasil
Laura Chinchilla, Costa Rica
Alfredo Cristiani, El Salvador
Fernando de la Rúa, Argentina
Eduardo Duhalde, Argentina
Sixto Durán Ballén, Ecuador
Vicente Fox, México
Felipe González, España
Lucio Gutiérrez, Ecuador
Osvaldo Hurtado L., Ecuador
Luis Alberto Lacalle, Uruguay
Ricardo Lagos, Chile
Ricardo Martinelli, Panamá
Hipólito Mejía, Rep. Dominicana

Luis Alberto Monge, Costa Rica
Mireya Moscoso, Panamá
Gustavo Noboa, Ecuador
Andrés Pastrana, Colombia
Sebastián Piñera, Chile
Jorge Quiroga, Bolivia
Miguel Ángel Rodríguez, Costa Rica
Julio M. Sanguinetti, Uruguay
Alejandro Toledo, Perú
Álvaro Uribe, Colombia
Juan Carlos Wasmosy, Paraguay

Es auténtico:

José María Aznar

Andrés Pastrana

ÍNDICE ONOMÁSTICO

-C-

Cabello, José David 68
Cabello, Diosdado 12, 14, 20, 22, 23, 26, 27, 31, 35, 36, 49, 54, 57, 59, 67, 68, 72, 73, 75, 77, 78, 93, 96, 105, 113, 117, 118, 131, 132, 133, 135, 141, 142, 144, 145, 148, 165, 171, 178, 181, 189, 190, 192, 194, 207
Caldera P., Juan José 197, 198, 199
Caldera P., Rafael Tomás 197, 216, 218, 219
Caldera, Rafael 16, 21, 22, 25, 51, 64, 67, 91, 95, 108, 109, 110, 147, 148, 174, 178, 197, 198, 213,218, 220, 224, 226, 230, 232, 233
Calderón Sol, Armando 240
Calderón, Felipe 214, 215, 227, 240
Calderón Rafael Ángel 240
Calles Rivas, Nelly 190
Capriles Radonski, Henrique 38, 50
Caputo, Dante 222, 223, 224
Cardozo Fernando H. 240
Carmona E., Pedro 87, 88, 151
Carrió, Lilia 104
Carter, Jimmy 53, 154, 223
Castro, Cipriano 36, 54, 94, 120, 168
Castro (Hermanos) 36
Castro, Fidel 60, 81, 87, 132, 162, 181, 192
Castro, Raúl 62, 128, 209
Carujo, Pedro 75, 108, 113
Carvajal, Hugo 174, 175, 176, 177
Ceballos, Daniel 203, 236
Ceresole, Norberto 199, 229
Coll, Pedro Emilio 35, 91, 165
Colón, Cristóbal 68
Correa, Rafael 33, 34, 63, 72, 80, 99, 100, 102, 128, 153, 170, 193, 194, 200, 204, 230, 234

Cortázar, Julio 120
Cristiani Alfredo 240
Crouch, Colin 228, 229
Cuadra, Álvaro 120
Cuevas Cancino, F. 23
Curiel Rodríguez, José 233

-CH-

Chacón, Arné 68
Chacón, Jesse 68
Chaderton, Roy 65, 90,91, 92
Chávez Frías, Argenis 67
Chávez Frías, Hugo R. 12, 15, 20, 24, 27, 37, 41, 47, 50, 66, 71, 87, 89, 137, 186, 207, 215, 223, 226, 229, 230, 234
Chinchilla Laura 240
Churchill, Wiston 71

-D-

Dahrendorf, Ralf 214, 229
Da Silva, Lula 63
Descartes, René 110
Dávila, Luis Alfonso 97, 100
Delgado, Arcadio 59
Delgado Chalbaud, Carlos 52, 64, 81, 98, 144
De la Rua, Fernando 240
Dostoievski, Fiodor 36
Duhalde, Eduardo 240
Durán Ballén, Sixto 240

-E-

Enríquez, Roberto 150
Erlich, Arturo 190
Escalante, Diógenes 168
Escalona, Rafael 69
Escobar Gil, Rodrigo 63
Espejo, Francisco 69

-F-

Farfán, Freddy 190
Felipe VI 164, 167
Ferrajoli, Luigi 173, 218
Flores, Carlos 106
Flores, Cilia 93
Fonseca, Olga 190

ÍNDICE GENERAL

2014 LA VENEZUELA ENFERMA

www.ingramcontent.com/pod-product-compliance
Lightning Source LLC
Chambersburg PA
CBHW020345270326
41926CB00007B/314